El método Nvidia

El método Nvidia

Jensen Huang y la creación
de un gigante tecnológico

TAE KIM

PAIDÓS EMPRESA

Obra editada en colaboración con Editorial Planeta - España

Título original: *The Nvidia Way*

© Tae Kim, 2025

Publicado originalmente por W. W. Norton Special Sales

© de la traducción, Beatriz García Alonso, 2025
Diseño de colección: Sylvia Sans Bassat
Composición: Realización Planeta

© 2025, Centro de Libros PAPF, SLU. - Barcelona, España

© 2026, Ediciones Culturales Paidós, S.A. de C.V.
Bajo el sello editorial PAIDÓS M.R.
Avenida Presidente Masaryk núm. 111,
Piso 2, Polanco V Sección, Miguel Hidalgo
C.P. 11560, Ciudad de México
www.planetadelibros.com.mx
www.paidos.com.mx

Primera edición impresa en España: octubre de 2025
ISBN: 978-84-234-3956-0

Primera edición impresa en México: febrero de 2026
ISBN: 978-607-639-172-3

Impreso en los talleres de Corporación en Servicios
Integrales de Asesoría Profesional, S.A. de C.V.,
Calle E # 6, Parque Industrial
Puebla 2000, C.P. 72225, Puebla, Pue.
Impreso y hecho en México / *Printed in Mexico*

Para Helena y Noah

Sumario

PARTE 4
Hacia el futuro (2013-presente)

Introducción

En otra vida, Jensen Huang debe de haber sido profesor. Es evidente que su medio de comunicación preferido es la pizarra. De hecho, en muchas de las reuniones a las que asiste en Nvidia, de la que sigue siendo CEO desde que la cofundara en el año 1993, de pronto se le ve levantarse con su rotulador de punta fina y su borrador en mano, acercarse a la pizarra blanca y comenzar a hacer un esquema de cualquier problema que se plantee o a esbozar un croquis con cuatro líneas para recoger una idea importante. Y le da igual que pueda haber alguien más hablando o dibujando en esa misma pizarra. Es más, le gusta alternar entre el papel de profesor y el de estudiante, y jamás se cansa de fomentar un espíritu colaborativo entre todos sus empleados, a quienes impulsa una y otra vez a desarrollar su pensamiento crítico y a sortear cualquier obstáculo que se les presente. Sus esquemas son tan sumamente precisos que serían superútiles para acompañar cualquier tipo de documento técnico. Sus compañeros acostumbran a referirse a él como «profesor Jensen», impresionados por su habilidad para explicar con claridad en su pizarra el concepto que sea, por complicado que parezca.

En Nvidia la pizarra es mucho más que la forma de comunicación por excelencia en las reuniones. Representa tanto la posibilidad como la efimeridad, esa convicción que tienen sus creadores de que toda idea, por exitosa y brillante que resulte, en cualquier momento podrá ser borrada y sustituida por otra más vanguardista. En todas y cada una de las salas de conferencias de las dos sedes de la empresa en Santa Clara, California, hay una pizarra, sin duda el mejor recordatorio de que cada día y cada reunión siempre son una nueva oportunidad, y de que la innovación es una necesidad, no una opción. El uso de la pizarra también exige un pensamiento activo e inevitablemente revela lo bien, o mal, que cualquier trabajador, incluso el más alto ejecutivo, conoce la materia que se trae entre manos. Día sí y día también, la pizarra blanca obliga a los empleados a demostrar todo su proceso de pensamiento en tiempo real frente a un público. Aquí no hay escapatoria y nadie puede esconderse detrás de diapositivas perfectamente diseñadas ni de convincentes y atractivos videos de marketing.

Asimismo, nada como la pizarra simboliza esa cultura única que hoy aún defiende Nvidia, esa humilde empresa de diseño de microchips que vio la luz en los años noventa (cuando solo era una más de entre las docenas de casas de tarjetas gráficas de ordenador), que luego se fue haciendo conocida para los amantes de los videojuegos que ansiaban un mejor rendimiento tanto en Quake, un conocido juego de disparos en primera persona, como en otros juegos, y que actualmente se ha convertido en el más grande proveedor de procesadores avanzados ideales para esta época que estamos viviendo en la que la inteligencia artificial (IA) es la gran protagonista. La arquitectura de los procesadores de la empresa es perfecta para la carga de trabajo de la IA, debido a su capacidad para resolver cálculos matemáticos simultáneos, algo esencial para el entrenamiento y la ejecución de los avanzados grandes modelos de lenguaje de los que se vale la inteligencia artificial. Nvidia intuyó desde el principio la enorme importancia que tendría la IA y, gracias a sus ambiciosas inversiones durante más de una década (durante la cual se mejoró la capacidad del hardware, se desarrollaron softwares de IA y se optimizó el rendimiento de la red), la plataforma tecnológica de la empresa logró posicionarse como ninguna para sacar partido de la revolución que vendría y de esta manera beneficiarse del actual *boom* de la IA. Hoy, la inteligencia artificial está en todos los sitios. Por ejemplo, numerosas empresas se están aprovechando de los servidores de IA alimentados por Nvidia para incrementar la productividad de los programadores, al generar el código de bajo nivel que a los desarrolladores resulta tan tedioso escribir. De igual modo, la IA está permitiendo automatizar tareas repetitivas de atención al cliente, así como está capacitando a los diseñadores para crear y modificar imágenes a partir de órdenes de texto, lo cual posibilita una iteración más rápida de ideas.

Como era de esperar, la reinvención de Nvidia ha merecido la pena: el día 18 de junio de 2024, la empresa logró superar a Microsoft y convertirse en la firma más valiosa del mundo, al llegar a una capitalización del mercado de 3.3 billones. Semejante hito lo alcanzó gracias a la inmensa demanda de sus chips de IA; basta con ver que el precio de las acciones de la empresa se había triplicado en los doce meses previos. Así las cosas, decir que invertir en Nvidia es una buena operación no es sino infravalorar considerablemente sus circunstancias. Entre su OPI a comienzos de 1999 y finales de 2023, los inversores en Nvidia gozaron del mayor rendimiento compuesto anualizado de cualquier fondo de inversión estadounidense de la historia, con una tasa de crecimiento anual compuesta superior al 33 por ciento.[1] De este modo, si un inversor hubiera adquirido 10 000 dólares en acciones de Nvidia en su debut en el mercado el día 22 de enero de 1999, esas acciones se habrían convertido en 13.2 millones a fecha de 31 de diciembre de 2023.

La cultura de Nvidia comienza con Jen-Hsun Huang, más conocido como Jensen entre sus amigos, empleados, proveedores, competidores, inversores y admiradores. (Y así me referiré yo también a él a lo largo de este libro). Ya se había labrado una cierta fama antes de la apoteósica irrupción de la IA, y hasta la revista *Time* en 2021 incluyó su nombre en la lista de las cien

---

1. Bessembinder, Hendrik, «Which U.S. Stocks Generated the Highest Long-Term Returns?», *S&P Global Market Intelligence Research Paper Series*, 16 de julio de 2024. Disponible en <http://dx.doi.org/10.2139/ssrn.4897069>.

personas más influyentes del globo. Sin embargo, y a medida que Nvidia se ha ido revalorizando y pasado del billón a los 2 billones y de estos a los 3 billones de dólares, su perfil también ha crecido desorbitadamente. En los tiempos que corren, es habitual verlo con su chaqueta de cuero de marca y su impactante cabello plateado, siempre peinado lateral, en infinidad de artículos y archivos de video, en muchos de los cuales se le describe como el «genio del que nunca has oído hablar».

Para quienes nos ganamos la vida cubriendo la industria de los semiconductores, Jensen es ya un viejo conocido. Lleva al frente de Nvidia las tres décadas de historia de la empresa, con mucho el mandato más largo de cualquier CEO tecnológico de ahora. Bajo su liderazgo, la compañía no solo ha logrado sobrevivir, sino que ha conseguido sobrepasar con creces a todos sus competidores en el implacable y volátil sector de los microchips, e incluso superar a cualquier otra empresa de las muchas que hay sobre la faz de la tierra. La mayor parte de mi carrera profesional me la he pasado siguiendo a Nvidia, primero como analista de acciones y actualmente como periodista, y he sido un testigo privilegiado de cómo los consejos de Jensen y su soberbia visión estratégica llevan años y años moldeando a la empresa. No obstante, he de decir que siempre he sido un observador externo, por lo que mi juicio depende tanto de la interpretación que yo hago como de los hechos concretos que contemplo. Por ello, para conocer los secretos del éxito de Nvidia, tuve que hablar con mucha gente de dentro y de fuera de la casa. E igualmente tuve que conversar con el propio Jensen y convertirme en su estudiante, del mismo modo que lo hacen sus empleados.

Tuve mi oportunidad tan solo cuatro días antes de que Nvidia se convirtiera en la empresa más importante del mundo. Nvidia se había enterado de que estaba escribiendo un libro y, a comienzos de junio de 2024, uno de sus representantes me ofreció concertar una reunión con Jensen justo después de su discurso en la ceremonia de graduación del California Institute of Technology. La idea me pareció tan fantástica que acepté sin dudarlo, y, pocos minutos antes de las diez de la mañana de aquel viernes 14 de junio de 2024, allí estaba yo, sentado frente a un escenario esperando a que Jensen hiciera su aparición estelar. El día había amanecido increíble en California, había un cielo azul radiante, y el sol brillaba y desprendía su agradable calor. Los estudiantes y sus familias ya habían ocupado sus asientos bajo una enorme carpa blanca. En ese momento, David Thompson, presidente de la junta directiva de Caltech, fue el encargado de presentar a Jensen, y aprovechó para bromear y decir que el CEO de Nvidia había despertado tanto interés durante su recorrido por el campus a primera hora que había tenido la sensación de ir paseando junto al mismísimo Elvis.

En el transcurso de su alegato, Jensen no vaciló al asegurar a los estudiantes que su graduación en Caltech sería uno de los momentos más destacados de su vida. Entonces mencionó que él también sabía algo sobre momentos. «Lo cierto es que tanto ustedes como yo estamos en un momento importante de nuestra trayectoria profesional. Estamos arriba —afirmó—. Quienes en estos años han prestado atención a la evolución tanto de Nvidia como mía de sobra saben a lo que me refiero. Y en su caso sucede que aún les quedan muchos muchos muchos muchos más momentos relevantes que vivir. Deben seguir subiendo y conquistando cimas. Yo también espero que esta de hoy no sea mi cima. Quiero seguir subiendo». Y allí, delante de todos aquellos recién graduados, se comprometió a continuar trabajando tan duro como hasta entonces para clavar la bandera de Nvidia en muchas más cimas, y animó a todos a seguir su ejemplo.

En cuanto Jensen terminó su discurso, me conminaron a dirigirme hacia el Keck Center for Space Studies y, una vez allí, me condujeron a una sala de conferencias forrada en madera de cuyas paredes colgaban fotos en blanco y negro de pilotos, astronautas y presidentes. Y allí estaba Jensen esperándome. Charlamos un poco antes de pasar a las preguntas que llevaba preparadas. Le confesé que era un fan de los videojuegos y que desde los años noventa me fabricaba mis propios ordenadores. Fui más allá y le revelé que la primera vez que había oído hablar de Nvidia fue al investigar un poco sobre tarjetas gráficas, y que desde entonces era fiel a la empresa y solo adquiría sus productos. Y luego le conté que, en el preludio de mi carrera, en un fondo de Wall Street, una inversión en Nvidia había sido mi primer gran éxito.

—Me alegro por ti —me soltó con rostro impasible—. Nvidia también fue mi primer gran éxito.

Y a partir de ahí pasamos a conversar sobre la historia de la empresa. Jensen es consciente de que muchos de sus antiguos empleados recuerdan con nostalgia los comienzos de Nvidia. Pero él desvió el tema y se centró en detallarme la etapa inicial de Nvidia y sus propios errores de entonces.

—De jóvenes, Tae, fuimos un desastre en infinidad de cosas. Nvidia no se convirtió en una gran empresa de la noche a la mañana. Tardamos treinta y un años en conseguirlo. Nada fue de repente —admitió—. Uno no desarrolla la tarjeta NV1 porque sea bueno. Y lo mismo con la NV2 —dijo, haciendo alusión a los primeros dos diseños de chip de la empresa, los cuales supusieron tal fracaso que estuvieron a punto de acabar con Nvidia—. Sobrevivimos solos. Indudablemente, éramos nuestro peor enemigo.

Y aquellas dos no fueron las únicas experiencias cercanas a la muerte. Hubo muchas más, pero siempre, entre el estrés y la presión, la empresa lograba aprender de sus errores. Incluso se las ingenió para conservar un grupo de empleados incondicionales, muchos de los cuales aún siguen en plantilla. Por supuesto, también hubo gente que no se quedó, y aquello obligó a la empresa a hacer nuevas incorporaciones.

—Cuando alguien se iba, alguien venía. Nuestra máxima era velar por la subsistencia de la empresa —me contó. De pronto pasó a utilizar la tercera persona—. Me habría encantado tener a Jensen fuera en esos primeros quince años de la empresa. Ojalá —se reía, queriendo decirme que no estaba nada orgulloso ni de la gestión inicial de la empresa ni de su ingenuidad ni de su falta de pensamiento estratégico.

Y así me vi, de repente, en la inusual e inesperada tesitura de tener que defender el pasado de Nvidia precisamente delante de su fundador. Y me atreví a decirle que aquellas primeras decisiones (sobre las que a estas alturas ya había leído un montón) no habían sido todas negativas. Aunque había habido errores, algunos de los fallos iniciales habían tenido que ver con factores que impredecibles o que quedaban fuera de su control o del de la empresa.

Ahora, a toro pasado, muchos de ellos parecían haber sido inevitables.

—Sí, bueno —dijo Jensen—. No me apasiona hablar del pasado.

Me di cuenta de que aquella era una actitud omnipresente en Nvidia: una empresa que tiene prohibido mirar atrás, que obvia tanto los errores como los aciertos y que solo quiere centrarse en el futuro. En definitiva, otra vez esa famosa pizarra en blanco de las oportunidades. No obstante, la Nvidia de hoy no puede entenderse sin comprender cómo ha llegado hasta el momento actual. Este libro es el primero en contar la historia de Nvidia, su historia completa, no solo la de Jensen Huang, si bien es evidente que es él quien está en el centro de todo. En las páginas que siguen, veremos cómo Jensen, Curtis Priem y Chris Malachowsky fundaron Nvidia en una mesa apartada de la cadena de restaurantes Denny's allá por 1993, lo que se le antojará un siglo a quien trabaje en el mundo de la tecnología. Si algo está claro, es que Nvidia jamás habría cobrado vida sin las aportaciones de cada uno de estos tres hombres. Y es que la perspicacia empresarial de Jensen y su rigurosa gestión fueron claves para el éxito inicial de Nvidia, como también lo fueron la pericia en arquitectura de chips de Priem y la experiencia en fabricación de Malachowsky.

Son tres décadas de historia hasta ahora y, para contarla, he entrevistado a más de cien personas. Muchas de ellas son empleados pasados o presentes de Nvidia, por lo que se conocen a la perfección todos los entresijos de la empresa. En este primer grupo están Jensen, los otros dos cofundadores y la gran mayoría de los altos directivos de antaño y de ahora. En otros grupos he incluido a los dos inversores en capital de riesgo que apostaron por Nvidia en sus orígenes, a distintos CEO de la industria tecnológica, a los socios que han ayudado a Nvidia a manufacturar y vender sus chips, y a todas aquellas empresas de semiconductores que compitieron con Nvidia y casi siempre perdieron.

Fueron todas estas entrevistas las que me hicieron empezar a comprender por qué Nvidia es tan especial. Nvidia no se define por su destreza tecnológica, que es más una consecuencia que su causa fundamental. Tampoco lo hace por sus recursos económicos ni por las nuevas oportunidades que surgen de su elevado valor de mercado. No se trata de su habilidad mística para predecir el futuro. Y tampoco es cuestión de suerte. En lugar de todo ello, hablamos de un diseño organizativo único y de una cultura de trabajo que he osado llamar «el método Nvidia». Esta cultura empresarial combina la inusual independencia de cada empleado con los estándares más altos posibles; se fomenta la máxima velocidad mientras se exige una calidad extrema; se permite que Jensen actúe como un estratega y ejecutor con línea de visión directa hacia todo el mundo y todas las cosas que acontecen en la empresa. Sobre todo, en Nvidia se exige a todas y cada una de las personas un nivel de esfuerzo y de resiliencia mental sobrehumano. No es ya que el trabajo en Nvidia sea duro e intenso, que lo es, sino que el estilo de gestión de Jensen es único en la Norteamérica corporativa.

Jensen dirige así la empresa porque está convencido de que el peor enemigo de Nvidia no es la competencia, sino ella misma, concretamente, esa peligrosa complacencia que tiende a apoderarse de toda empresa exitosa, sobre todo de aquellas con un palmarés tan extenso e impresionante como el de Nvidia. Como periodista, he observado que las empresas suelen terminar siendo disfuncionales a medida que van prosperando y creciendo, casi siempre debido a luchas internas y a empleados que dejan de centrarse en la innovación y en la atención del cliente, para velar solo por los triunfos de sus jefes. Este peloteo a sus superiores les impide hacer su trabajo de la mejor manera posible y los obliga a protegerse las espaldas para evitar la puñalada trapera que pudieran asestarles desde el despacho de al lado. Y eso precisamente es algo que Jensen se propuso eliminar en Nvidia.

—Con el paso de los años me fui dando cuenta de lo que sucedía. Veía que la gente quería proteger su territorio y, para ello, protegía sus ideas como oro en paño. Así, me propuse estructurar una organización empresarial que fuera muchísimo más plana —me explicó Jensen. Su antídoto para las traiciones, la obsesión por las métricas y las luchas internas es la responsabilidad pública y, cuando hace falta, la vergüenza pública—. Cuando tenemos algún líder que no lucha para que sus subordinados prosperen y que tan solo se limita a privarlos de oportunidades, siempre lo reprendo en público. No me supone ningún problema llamar la atención a quien se lo merece. Y cuando lo haces una o dos veces, el resto aprende la lección y nadie más vuelve a caer en lo mismo.

Esta cultura característica de Nvidia podría sonar extraña o inusualmente extenuante incluso dentro de la propia industria tecnológica. Sin embargo, sorprende que, entre todos los antiguos trabajadores de Nvidia con los que he tenido la suerte de conversar no hay ni un solo disidente. Todos afirman con convicción que en la empresa no existe ni rastro de las luchas internas y de la indecisión habituales de las grandes empresas. Incluso mencionan lo difícil que les resultó adaptarse a trabajar en otras empresas en las que no existía una comunicación franca y directa, y donde no parecía haber ninguna urgencia por hacer las cosas. Por ello, coincidieron al describirme cómo Nvidia no solo los empoderaba, sino que les exigía cumplir con su vocación profesional, una condición imprescindible para trabajar en la empresa.

He aquí el método Nvidia en estado puro. La inquebrantable creencia en que existe una recompensa tremenda para quienes se esfuerzan al máximo en hacer su trabajo lo mejor posible. El impulso para no dejar de perseverar incluso en la adversidad. O, como Jensen me aseguró convencido mientras me miraba fijamente a los ojos: la clave del éxito de su empresa reside en la «voluntad».

Más concretamente, es la voluntad personal de Jensen la que ha moldeado Nvidia. Ha sido él personalmente quien ha tomado las decisiones más determinantes para su empresa. Su habilidad para apostar de un modo tan acertado por las tecnologías emergentes se debe a su soberbio conocimiento técnico, pues hablamos de un fundador con formación en ingeniería. En este libro he querido sintetizar el método Nvidia en una serie de principios de los que todo el mundo puede aprender, y que, por qué no, todo el mundo podría aplicar en su vida. Y me he dado cuenta de que tras todos ellos acecha un mismo interrogante: ¿podemos separar a Nvidia de su CEO?

En el momento de escribir este libro, Jensen tiene sesenta y un años. Y lleva ya treinta y uno al mando de la empresa, más de media vida. Hoy, Nvidia es más grande, rentable y crucial para la economía mundial que nunca. Pero todavía sigue confiando ciegamente en Jensen como su líder empresarial y alma de la empresa. Apple sobrevivió al despido de Steve Jobs en 1985 y a su muerte en 2011; Amazon, Microsoft y Google también lograron salir adelante después de que Jeff Bezos, Bill Gates y Larry Page y Sergey Brin, respectivamente, quisieran dar el relevo. Es lógico pensar que, algún día, Nvidia también tendrá que enfrentarse a una transición similar. Nadie sabe cómo será la empresa en su etapa pos-Jensen (¿sobrevivirá su cultura empresarial? ¿Logrará mantener su impulso?).

A fin de cuentas, lo importante no es solo la pizarra, sino la persona que sostiene el rotulador. Este podrá reflejar su genialidad, pero no crear un genio de la nada.

PARTE 1

LOS PRIMEROS AÑOS
(ANTES DE 1993)

1

Una etapa de dolor y sufrimiento

Jensen Huang tenía tan solo cuatro años cuando su padre visitó Nueva York por primera vez y se enamoró perdidamente de la Gran Manzana. A partir de entonces, sus progenitores se fijaron una única meta: encontrar el modo de criarlos a él y a su hermano en el país de las oportunidades.

Sin embargo, no sería tarea fácil. Jensen nació en Taiwán el 17 de febrero de 1963. Sus padres, también taiwaneses, eran gente humilde y siempre estaban de un lado para otro en función del trabajo del padre. Finalmente se asentaron en Tailandia, donde vivieron una temporada larga. La madre de Jensen fue quien se encargó de enseñar inglés a sus dos hijos, para lo cual cada día escogía al azar diez palabras del diccionario y les pedía que las deletrearan y memorizaran su significado.[2]

Tras la ola de agitación política que sacudió a Tailandia, los padres de Jensen decidieron mandar a sus hijos con su tío y su tía a Tacoma, en Washington D. C. Esta ciudad portuaria de tamaño mediano, en su día conocida como la Ciudad del Destino por ser la terminal del ferrocarril del Pacífico norte, en los años setenta no podía estar más lejos del dinamismo de la metrópoli

---

2. Gurdus, Lizzy, «Nvidia CEO: My Mom Taught Me English», *CNBC*, 6 de mayo de 2018.

neoyorquina: era un lugar siempre húmedo y lúgubre que apestaba al azufre procedente de las plantas de fabricación de pulpa para papel situadas a las afueras de la ciudad. Los tíos de Jensen habían emigrado hacía poco a los Estados Unidos y no dudaron en hacer todo lo que estaba en su mano para ayudar a sus sobrinos a adaptarse al país, mientras aguardaban a que sus padres cruzaran el Pacífico para unirse a ellos.

Por aquel entonces ese par de muchachos era bastante difícil de llevar.

—Nos resultaba imposible permanecer sentados —recuerda Jensen—. Nos pasábamos el día comiendo todos los dulces que encontrábamos en la alacena. Saltábamos por los tejados, nos escapábamos por las ventanas, íbamos dejando barro por toda la casa y nos olvidábamos de cerrar las cortinillas de la ducha, por lo que inundábamos el cuarto de baño.[3]

Sus padres, pese a que todavía ni tan siquiera habían pisado territorio estadounidense, estaban determinados a mandar a sus hijos a un internado norteamericano para brindarles una buena educación. Así, tras mucho buscar, dieron con uno que les gustó: se llamaba Oneida Baptist Institute, estaba situado al este de Kentucky y aceptaba estudiantes internacionales. Sin embargo, para permitirse la matrícula, tuvieron que vender casi la mitad de sus pocas posesiones.

Jensen aún se acuerda de aquel primer viaje por las montañas de Kentucky, más allá del único edificio de la ciudad de Oneida, que albergaba la gasolinera, tienda de víveres y oficina de Correos. En el internado vivían unos trescientos estudiantes, que se dividían por igual en chicos y chicas. Mas enseguida se dieron cuenta de que aquella no era la escuela privada que la familia de Jensen pensaba. El Oneida Baptist Institute era en realidad un reformatorio para menores conflictivos. Se había fundado allá por 1890 para sacar de su entorno a los niños de familias enfrentadas con el objeto de evitar que se mataran unos a otros.

---

3. Yi, Matthew, «Nvidia Founder Learned Key Lesson in Pingpong», *San Francisco Chronicle*, 21 de febrero de 2005.

Fiel a su finalidad original, la escuela sometía a sus estudiantes a una estricta disciplina. Así, cada mañana, para asistir a sus clases, Jensen tenía que cruzar el Red Bird River sobre un puente colgante que parecía a punto de caerse a pedazos. Allí entró a formar parte del equipo de natación, dedicó horas a jugar al fútbol americano y probó por primera vez alimentos como las salchichas Fráncfort, las galletas y los estofados. Además, acudía a la iglesia dos veces por semana, y los sábados y domingos acostumbraba a ver el por aquella época famoso programa de televisión «The ABC Sunday Night Movie». Algunas tardes a última hora también se entretenía jugando al ajedrez con el encargado de mantenimiento de la escuela, al que, en ocasiones, incluso ayudaba a reponer las máquinas expendedoras a cambio de un refresco gratis. En sus esporádicos desplazamientos a la ciudad, aprovechaba para saborear las paletas de helado que se compraba en la tienda. El resto de las veces no le quedaba otra más que conformarse con las manzanas que caían del árbol que estaba justo enfrente de la ventana de su habitación.

Entre aquellas paredes, lo más importante eran sus quehaceres diarios. Todos los estudiantes tenían su obligación. Por lo fortísimo que era, al hermano de Jensen se le encomendó trabajar en las explotaciones de tabaco. Jensen, por su parte, era el encargado de limpiar su residencia, que constaba de tres pisos.

—A mí me tocaba limpiar los baños —contaba—. Y aquello no se me olvidará nunca.[4]

La relativa juventud de Jensen, así como probablemente también su distinto origen étnico, lo convirtieron en el objetivo de los matones. Hay que decir que, aunque aquella escuela había sido diseñada para reformar a sus estudiantes, en la práctica la vigilancia del centro resultaba bastante laxa, por lo que Jensen recibió más de una paliza en sus primeros meses en el campus. Hasta el compañero con el que compartía habitación se dedicó a intimidarlo: el muchacho era ocho años mayor que Jensen y tenía todo el cuerpo cubierto de tatuajes y de cicatrices de arma blanca. Al

4. «A Conversation with Nvidia's Jensen Huang», *Stripe*, 21 de mayo de 2024, video, 10:02.

final, Jensen aprendió a superar su miedo. Con el tiempo trabó amistad con su colega de cuarto, a quien enseñó a leer, y este, a cambio, lo introdujo en el mundillo del levantamiento de peso. Jensen no tardó en aficionarse a la disciplina, y ello le dio no solo fuerza, sino también confianza en sí mismo. Así, entre sesión y sesión, desarrolló su capacidad y cultivó su deseo de levantarse solo por mucho que las cosas vinieran mal dadas.

Años después, Jensen, ya en su papel de ejecutivo, diría que su robusta mentalidad peleona vendría de aquella etapa inicial en Kentucky.

—Es algo que aprendí en mis primeros días en aquella escuela. Nunca comenzaré una pelea, pero tampoco jamás huiré de ninguna. Así que, si alguien quiere provocarme, más le vale pensárselo dos veces —advertía.[5]

Unos cuantos años después, los padres de Jensen se mudaron de Tailandia a Beaverton, en Oregón, una ciudad situada a las afueras del área metropolitana de Portland. Nada más llegar sacaron a sus hijos del internado de Kentucky y los matricularon en una escuela pública. Aunque Jensen se sentía feliz de regresar con sus padres, al mirar atrás, se daba cuenta de que su estancia en el Oneida Baptist había sido muy formativa.

—Ya no suelo tener miedo. No me asusta ir a lugares a los que nunca antes haya ido. Soy capaz de tolerar un alto nivel de malestar.[6]

En el cuarto piso del edificio Elks Club, ubicado en el centro de Portland, en el interior de un salón de baile profusamente decorado con lámparas de araña y techos en relieve, un hombre llamado Lou Bochenski había inaugurado un club de tenis de mesa llamado Paddle Palace. Abría diariamente de diez de la mañana a diez de la noche, y ofrecía un interesante programa para jó-

5. Shiels, Maggie, «Nvidia's Jen-Hsun Huang», *BBC News*, 14 de enero de 2010.

6. Dumaine, Brian, «The Man Who Came Back from the Dead Again», *Fortune*, 1 de septiembre de 2001.

venes entusiastas. Tras la escuela, Jensen solía terminar en el Paddle Palace, donde descubrió tanto su talento como su pasión por el deporte. Además, entre aquellas paredes retornaría a sus tareas de limpieza, en esta ocasión para sacarse algún dinerillo extra, ya que Bochenski le pagaba por fregar los suelos del Paddle Palace.

Aquello no era solo una obra de caridad por parte de Bochenski. Su hija, Judy Hoarfrost, formó parte del «equipo diplomático de ping-pong» que visitó China en el año 1971. De hecho, Hoarfrost y sus ocho compañeros de equipo constituyeron el primer grupo de americanos en visita de estado a China desde la Revolución comunista de 1949. Aunque los jóvenes perdieron casi todos los partidos, aquel viaje fue el primer paso para romper el hielo entre los Estados Unidos y China, y, además, contribuyó a elevar el perfil del tenis de mesa en Norteamérica. Bochenski asumió la obligación de descubrir a jóvenes promesas del tenis de mesa y hacer de ellas talentos a nivel nacional.

Tanto Hoarfrost como Bochenski quedaron impresionados con la habilidad y la ética de trabajo de Jensen,[7] hasta tal punto que en 1978 Bochenski escribió una carta a la revista *Sports Illustrated* para alabar a Jensen, a quien no dudó en considerar el «joven más prometedor» del Pacífico Noroeste. Además, con toda la intención señaló que, a diferencia de otros adolescentes cuyas familias se gastaban 10 000 dólares al año en viajar a torneos, Jensen se ganaba a base de esfuerzo hasta el último centavo que necesitaba para cubrir los gastos de las competiciones.

«Es un magnífico estudiante y sueña con convertirse en campeón del tenis de mesa. Solo lleva jugando tres meses, pero los animo a no perderlo de vista en un año», escribió, persuadido, Bochenski.[8] En aquel momento, Jensen tenía solo catorce años.

En una ocasión, Jensen fue a Las Vegas para participar en un torneo nacional de tenis de mesa. Sin embargo, las luces y los sonidos de la ciudad le resultaron demasiado atractivos, y, en lu-

7. Entrevista con Judy Hoarfrost, 2024.
8. «19th Hole: The Readers Take Over», *Sports Illustrated*, 30 de enero de 1978.

gar de descansar antes de sus partidos, se pasó la noche en vela recorriendo arriba y abajo el Strip de Las Vegas, la calle principal de la ciudad. El torneo lo perdió por mucho, y el joven jamás olvidó el amargor de su fracaso.

—Cuando tienes trece o catorce años y vas por primera vez a Las Vegas, te resulta imposible centrarte en el partido —confesó tres décadas más tarde—.[9] Hoy, me arrepiento de no haberme centrado más en el torneo.

Con quince años disputó el campeonato Open Junior Doubles de los Estados Unidos. En esta ocasión ya sabía lo que podía pasar cuando uno se distraía, y consiguió quedar tercero.

Jensen siempre fue un buen estudiante. Aprender cómo interactuar con los demás, sin embargo, suponía un desafío.

—Era muy introvertido. Siempre fui increíblemente tímido —se describe a sí mismo—. Lo único que me hizo salir del cascarón fue empezar a servir mesas en Denny's.

A los quince años su hermano lo ayudó a conseguir un empleo en uno de los establecimientos que aquella cadena de restaurantes tenía en Portland. Allí estuvo trabajando en el servicio de comidas 24 horas durante varios veranos de su etapa en el instituto y en la universidad. Jensen comenzó haciendo lo que mejor sabía, así que se ocupó del trabajo sucio de lavar platos y limpiar baños.

—Puedo decir que limpié más baños que cualquier otro CEO en toda la historia de los CEO —rememoraría años después.[10] Luego se convirtió en ayudante de camarero y, finalmente, terminó sirviendo mesas.

Está convencido de que Denny's le proporcionó un gran número de habilidades fundamentales para la vida, entre ellas, aprender a navegar por el caos, trabajar bajo presión, comunicarse con clientes y gestionar errores (en este caso concreto pro-

9. Yi, Matthew, *op. cit.*
10. «2021 SIA Awards Dinner», *SIAAmerica*, 11 de febrero de 2022, video. Disponible en <https://www.youtube.com/watch?v=5yvN_T8xaw8>.

cedentes de la cocina). Aquella experiencia también le enseñó a hallar la satisfacción en la calidad del trabajo, sin importar lo pequeña que fuera la tarea, así como a cumplir con su deber de acuerdo con los estándares más altos posibles. Daba igual que se tratara de limpiar el mismo retrete por enésima vez que de interactuar con un nuevo cliente que pisara por primera vez un Denny's y no supiera qué pedir. Recuerda presionarse una y otra vez para dar lo mejor de sí mismo, aunque eso se tradujera en perseguir un objetivo absurdo, como pudiera ser el de llevar más tazas de café a la vez que cualquier otro camarero de la plantilla. En definitiva, su paso por la restauración le enseñó a enorgullecerse del trabajo diario.

—Estoy convencido de que fui el mejor lavaplatos, ayudante de sala y camarero de todos los que han trabajado allí.

Excepto en lo referente a una de las opciones del menú.

—Odiaba los batidos porque odiaba hacerlos —me dijo, y es que había que dedicar mucho tiempo a preparar un solo batido, y luego aún más a recogerlo todo. Por eso mismo se afanaba en convencer a los clientes para que se pidieran mejor una Coca-Cola, y, cuando veía a alguno empeñado en un batido, siempre le preguntaba: «¿Estás seguro?».[11] Sin darse cuenta, estaba empezando a familiarizarse con otro aspecto importante de la vida laboral: la disyuntiva entre tener un alto nivel de exigencia y ser eficiente con el propio tiempo.

Jensen asistió al instituto Aloha, en Beaverton, Oregon, y allí enseguida hizo amigos en los clubes de matemáticas, informática y ciencias. Se pasaba el tiempo libre programando BASIC en un Apple II y jugando a videojuegos en terminales teletipos, los cuales se asemejaban a máquinas de escribir eléctricas e iban conectados a un *mainframe* más grande.

Se enamoró perdidamente de los videojuegos, en particular del juego de *mainframe* Star Trek, el cual se basaba en el clásico

11. «The Moment with Ryan Patel: Featuring NVIDIA CEO Jensen Huang | HP», *HP*, 26 de octubre de 2023, video, 1:47.

juego de mesa de Hasbro conocido como Hundir la flota.[12] También invertía muchas horas con los juegos de Atari y Konami en arcade, entre ellos Asteroids, Centipede y Galaxian.[13] Jensen no tenía ordenador en casa, por lo que siempre debía irse a algún sitio para poder jugar.

—Nosotros no teníamos dinero —contaba.[14]

El precoz Jensen se había saltado un curso en la escuela primaria en Tailandia y después le habían subido otro en el Oneida Baptist Institute de Kentucky. Así, con solo dieciséis años se graduó en el instituto Aloha y después decidió matricularse en la Oregon State University de Corvallis, tanto por lo asequible de la matrícula como porque a esa universidad asistiría también su amigo Dan Venheiden. Ambos escogieron la especialidad de Electrotecnia y cursaron muchas asignaturas juntos. Deseoso de ganar experiencia laboral, Jensen solicitó una y otra vez una estancia de prácticas en una empresa tecnológica local llamada Techtronic Industries, pero su petición fue repetidamente denegada.

Durante su segundo año, Jensen conoció a Lori Mills, una de las tres chicas de entre los doscientos cincuenta estudiantes inscritos en Ingeniería Eléctrica.

—Era el más joven de la clase. Era diminuto y estaba delgaducho. Pero tenía una frase infalible para ligar —narraba Jensen, que a estas alturas de su vida ya había superado sus dificultades y adquirido destrezas sociales—: ¿Quieres ver mis deberes?[15]

Y la frase funcionó. Él y Mills empezaron a salir y contrajeron matrimonio poco después de su graduación en 1984. Por aquel entonces, Jensen fue invitado a entrevistarse con algunos de los mayores fabricantes de chips y semiconductores del país. De entrada, el joven ingeniero puso el foco en Texas Instruments, cuyas oficinas abarcaban varios códigos postales, pero la entrevista fue mal y no lo seleccionaron. Después tuvo entrevistas con otras

12. «Jen-Hsun Huang», *Charlie Rose*, 5 de febrero de 2009.
13. Entrevista con Jensen Huang, 2024.
14. «2021 SIA Awards Dinner», *SIAAmerica*, 1:04:00.
15. «The Moment with Ryan Patel», *HP*, 3:07.

dos empresas con sede en California. La primera fue Advanced Mico Devices o AMD, una empresa que Jensen tenía idealizada tras haber visto un póster con uno de sus procesadores en Oregon State. La segunda empresa era LSI Logic, y se dedicaba a la fabricación de microchips personalizados conocidos como circuitos integrados de aplicación específica o ASIC, ideales para usos técnicos y científicos.

Pese a que recibió ofertas de ambas empresas, finalmente se decantó por AMD, ya que conocía bien su prestigio. De día se dedicaba a diseñar microchips, y de noche y los fines de semana cursaba materias en Stanford para obtener su máster en Ingeniería Eléctrica. Al margen de trabajar y de continuar adelante con sus estudios, Jensen tuvo su primer hijo con Lori, Spencer, y después llegó la niña de la casa, Madison. Con tantos frentes abiertos, le resultaba imposible cursar varias asignaturas a la vez, por lo que sacarse el título de máster se convirtió en un largo y arduo proceso que finalmente llegó a su fin ocho años después de haberlo iniciado.

—Tengo un horizonte a muy largo plazo —explicaba—. Para algunas cosas me impaciento, pero, para otras, soy infinitamente paciente. Seguiré trabajando duro.[16]

Con su trabajo, su máster y su familia, Jensen había conseguido hacer realidad el sueño de tantos padres inmigrantes que habían hecho auténticos sacrificios para mudarse a los Estados Unidos, con el fin de brindar a sus hijos la oportunidad de un futuro mejor.

—Los sueños de mi padre y las aspiraciones de mi madre respecto de nuestro éxito en la vida fueron los que nos trajeron hasta aquí —agradeció Jensen casi treinta años después cuando fue preguntado sobre su pasado—. Les debo todo a los dos.[17]

Pese a ello, el pozo de la ambición de Jensen se fue haciendo cada vez más y más profundo. Sus ganas de hacerlo todo a la

16. «Jen-Hsun Huang, NVIDIA Co-Founder, Invests in the Next Generation of Stanford Engineers», *School News*, Stanford Engineering, 1 de octubre de 2010.

17. Gurdus, «Nvidia CEO».

perfección y, al tiempo, lo más eficientemente posible lo llevaron a cuestionarse su propio trabajo diseñando microprocesadores. Aunque era muy bueno diseñando procesadores para AMD, su labor le resultaba tediosa, pues por aquella época aún se hacía todo a mano.

Uno de sus compañeros se había marchado a LSI y estaba empeñado en que Jensen se fuera con él. Y Jensen, como la mayoría de la gente en la industria de la fabricación de chips, había escuchado que LSI estaba trabajando en unas novedosísimas herramientas de software que prometían agilizar y facilitar enormemente el proceso de diseño de los chips. Aquella idea despertó su curiosidad. Y aunque sabía que eso supondría asumir un riesgo, sintió la necesidad de trabajar en una empresa que, en su opinión, parecía completamente ligada al futuro de la industria de los chips. Esa fue una señal temprana de su incansable e innovadora naturaleza, la cual lo llevaría a preferir la vanguardia, aun cuando eso significara dejar atrás la tranquilidad y la seguridad.

Así fue como se lanzó sin pensarlo y se unió al equipo de LSI. En esta nueva empresa lo situaron en un puesto técnico y empezó a trabajar directamente con clientes. Le asignaron una *start-up* conocida como Sun Microsystems y allí conoció a dos ingenieros, Curtis Priem y Chris Malachowsky, quienes estaban trabajando en un proyecto secreto que prometía revolucionar el modo en que las personas utilizaban las terminales informáticas, esto es, ordenadores de alto rendimiento construidos para llevar a cabo tareas técnicas o científicas especializadas, como el modelado en tres dimensiones o el diseño industrial.

Por supuesto, la suerte estuvo de su lado y tuvo mucho que ver en que Jensen consiguiera esta nueva oportunidad. Pero su talento y sus habilidades fueron aún más cruciales. Él lo tiene claro: lo que lo hizo crecer de limpiar baños a gestionar divisiones enteras de una empresa de microchips fueron su voluntad y su capacidad de no dejar de esforzarse y tolerar cada vez más sufrimiento, que eran mucho más férreas que las del resto.

—La gente con expectativas muy altas tiene un nivel de resiliencia mínimo. Y, desgraciadamente, la resiliencia es fundamental para el éxito —asegura—. La grandeza no es sinónimo de inteligencia. La grandeza la da el carácter.[18] En su opinión, el carácter solo se forja a base de contratiempos y adversidades. Para Jensen, el trabajo consiste justamente en eso, en perseverar ante todo lo malo que en ocasiones llega a abrumarte.

Por eso mismo, cuando alguien le pide consejo para alcanzar el éxito, su respuesta es la misma por mucho que avance el tiempo:

—Te deseo enormes dosis de dolor y de sufrimiento.

18. «Jensen Huang», Stanford Institute for Economic Policy Research, 7 de marzo de 2024, video, 38:00.

2

La revolución gráfica

De adolescente, Curtis Priem fue un autodidacta y aprendió solo a programar escribiendo juegos en el laboratorio informático de su instituto en Fairview Park, Ohio, justo a las afueras de Cleveland. La escuela contaba con un terminal Teletype Model 33 ASR Coupler, el cual estaba conectado a un ordenador *mainframe* situado a unos 16 093 kilómetros que transmitía datos a través de una línea telefónica a una velocidad de unos diez caracteres por segundo. Escribía en BASIC y luego pasaba las instrucciones a una cinta de papel perforado que introducía en el lector de cintas del Teletype para ejecutar sus programas remotamente en el *mainframe*.

El proyecto más ambicioso de Priem era un juego de billar. El programa mostraba todas las bolas dispuestas sobre una mesa de billar empleando caracteres de texto, y los jugadores, por turnos, debían especificar el ángulo y la velocidad con los que querían golpear la bola blanca. Entonces el *mainframe* calculaba las colisiones y las posiciones resultantes de las bolas. El programa era enorme: el rollo de cinta perforada medía casi 23 centímetros de diámetro, y se tardaba casi una hora en imprimir cada nueva versión que Priem hacía del programa. Cuando lo tuvo terminado, lo presentó a una feria científica local y ganó el primer premio.

Las hazañas de programación de Priem atrajeron el interés de Elmer Kress, director del Departamento de Matemáticas de Fairview Park. Así fue como Kress se convirtió en el mentor de Priem y le permitió acceder al único terminal *mainframe* de la escuela siempre que quisiera, una vez que los demás estudiantes ya no lo necesitaran para sus tareas. Priem se convirtió un as de la programación y pronto aprendió incluso a digitalizar imágenes a mano con una rueda monocroma e incluso creó un programa que le permitiera manipular esas imágenes en el ordenador. La andadura de Priem en el mundo de los gráficos por ordenador comenzó con el simple acto de escalar y rotar una foto digitalizada de Kress.

A la hora de escoger universidad, Priem se centró en tres: Massachusetts Institute of Technology, Case Western Reserve University y Rensselaer Polytechnic Institute (RPI). Dos los factores lo llevaron a decantarse por este último centro: el primero, que en el RPI los profesores, no sus ayudantes, impartían clases desde el primer año, y el segundo, que acababa de anunciar la inminente adquisición de un ordenador *mainframe* IBM 3033 avanzado, el cual se pondría a disposición incluso de los estudiantes de nuevo ingreso. Aunque Priem fue aceptado en las tres universidades, desde el principio tuvo claro que su lugar estaría donde el nuevo IBM.

En el RPI, Priem se metió de lleno en el mundo de los ordenadores. Construyó él mismo su propio ordenador multibus al conectar un procesador Intel 8080 a dos unidades de disquete de 20 centímetros y a un monitor. Y, por supuesto, pasó una infinidad de tiempo con el IBM 3033 de la universidad, un *mainframe* del tamaño de una habitación que estaba ubicado en el Voorhees Computer Center del RPI y que generaba calor suficiente como para calentar todo un edificio en invierno.

Sin embargo, el rumbo de Priem amenazó con cambiar en su segundo año de carrera, cuando su padre perdió el trabajo. De pronto, sin un ingreso fijo, sus progenitores no podían permitirse pagar su formación. Pidieron ayuda al RPI, pero el centro no ofrecía ninguna ayuda directa más allá de un trabajo en el laboratorio de ingeniería del campus, y el salario de Priem era insuficiente para cubrir los gastos de matrícula. Para poder pagar sus dos últimos cursos en el RPI, Priem se inscribió en un programa de experiencia laboral patrocinado por General Motors, que pretendía acelerar el acceso de ingenieros prometedores a puestos directivos. Cada verano, Priem y su compañero becario en GM trabajaron en un determinado número de proyectos en distintas plantas de ensamblaje. Durante una de las estancias, Priem programó las máquinas que producirían los paneles de la carrocería moldeados por compresión para el Pontiac Fiero.

En 1982, cuando Priem se graduó en Ingeniería Eléctrica, General Motors le ofreció una beca completa para que continuara con sus estudios de posgrado, con la condición de que se quedara trabajando en la empresa al terminar. El RPI también lo invitó a seguir en el centro como investigador graduado en el ámbito de los gráficos.

No obstante, Priem tenía otros planes. Dos años antes, un par de emprendedores de California llamados Steve Jobs y Steve Wozniak transformaron su *start-up* de ordenadores personales en una OPV de éxito, y se embolsaron la friolera de más de 100 millones de dólares en el proceso. Los ingresos de Apple alcanzaron casi los 300 millones con las ventas del ordenador Apple II, con lo que la empresa se convirtió en la de mayor crecimiento de la historia. El Apple II demostró que había un mercado inmenso para los ordenadores personales, que eran más pequeños, más baratos y mejores, en términos de productividad y entretenimiento, que los *mainframes* y los miniordenadores. La aparición de los ordenadores personales brindó a los ingenieros como Priem la oportunidad no solo de dedicarse a su pasión, que en su caso era la creación de tarjetas gráficas de última tecnología, sino, además, de hacerlo en un entorno capaz de remunerarlos generosamente.

En ese contexto, Priem decidió aceptar una oferta de trabajo en Vermont Microsystems, una empresa emergente de hardware que parecía estar en lo más alto. Se ubicaba en un antiguo molino textil a las afueras de Burlington, a unas tres horas en coche del campus del RPI. Vermont Microsystems desarrollaba sus propias tarjetas insertables, entre las cuales se incluían tarjetas gráficas para fabricantes de ordenadores. Un día, en el transcurso de una feria comercial en Chicago, un representante de IBM visitó el estand de la empresa y preguntó si Vermont Microsystems podría crear una tarjeta gráfica específica para un ordenador personal IBM. Como es habitual entre las *start-ups*, los representantes que estaban en la feria respondieron que por supuesto. Pero lo que no dijeron fue que contaban concretamente con una persona en plantilla que tenía los conocimientos y las destrezas necesarias para desarrollar tal tarjeta, y que esa persona era el recién graduado y contratado Curtis Priem, de solo veintitrés años.

De la noche a la mañana, Priem pasó de ser un ingeniero más en plantilla a convertirse en el principal arquitecto de diseño de la tarjeta que se convertiría en la unidad de procesamiento gráfico profesional de IBM, más conocida como PGC, la cual salió al mercado en el año 1984. Esta PGC representaba una mejora sustancial respecto de las posibilidades gráficas de las tarjetas de los primeros ordenadores personales de IBM. Aquellos primeros ordenadores personales utilizaban un Monochrome Display Adapter, más conocido como tarjeta MDA, la cual únicamente podía renderizar texto verde sobre un fondo negro de ochenta caracteres de ancho y veinticinco de alto. Los modelos posteriores ya empezaron a utilizar tarjetas CGA o Color Graphics Adapters, las cuales permitieron a los ordenadores personales manipular elementos pictóricos individualmente (píxeles) con una resolución de hasta 640 × 200 y una profundidad de hasta dieciséis colores. Sin embargo, los ingenieros seguían demandando un mayor espacio para desempeñar su trabajo y se fueron cansando de la limitada variedad de morados, azules y rojos que las tarjetas podían renderizar.

La PGC de Priem ofrecía la posibilidad de más colores y a resoluciones más altas que cualquier otra tarjeta gráfica del mercado para ordenadores IBM: era capaz de renderizar hasta 256 colores a la vez a resoluciones de hasta 640 × 480 píxeles. La tarjeta también podía ejecutar rutinas de gráficos con independencia de la unidad central de procesamiento (CPU), lo que llevaba a tiempos de renderizado más rápidos. Priem hizo que la tarjeta arrancara en modo de compatibilidad CGA y únicamente activara sus características avanzadas cuando fuera necesario.

Pese a su emoción inicial por el trabajo y a las relevantes responsabilidades que le fueron confiadas de repente, Vermont Microsystems terminó siendo nada en comparación con Apple. La empresa tuvo serias dificultades para contratar a otros ingenieros cualificados, en parte debido a su rotunda negativa a ofrecer a sus empleados opciones sobre acciones o participaciones, una estrategia que muchas *start-ups* solían seguir para atraer y retener talento, y mantenerlo motivado, pese a vivir con el inherente riesgo y la presión de una empresa que puede quedarse sin dinero más pronto que tarde. Daba igual lo duro que Priem trabajara y la calidad de las tarjetas de gráficos que desarrollara, entre aquellas cuatro paredes nunca llegaría a amasar la misma fortuna que Steve Jobs.

Por ese motivo decidió empezar a buscar en dirección oeste, por la zona de Silicon Valley. Reservó unas vacaciones en el norte de California, aunque, en realidad, el objetivo de su viaje era buscar trabajo. Así, nada más llegar, en lugar de ir a la playa, se fue directo a un puesto de prensa, y allí se hizo con un ejemplar del *San Jose Mercury News*, el cual abrió por la sección de «Se necesita personal». Entre las muchas ofertas de empleo de nuevas *start-ups*, hubo una que le llamó especialmente la atención: un puesto de ingeniero de hardware en una empresa llamada GenRad, la cual, en ese preciso momento, era líder mundial en fabricación de equipos de ensayo para placas de circuito y microprocesadores. Eso significaba que la empresa tenía acceso a las primeras versiones de los últimos chips de la mayoría de los grandes fabricantes, un horizonte al que Priem no pudo resistirse.[19] Obtuvo una entrevista en GenRad y no tardó en recibir una apetitosa oferta.

De regreso en Vermont, Priem presentó su dimisión. Había estado dos años trabajando en Vermont Microsystems y, en ese

19. Van Veen, Frederick, *The General Radio Story* (autopublicación, 2011), p. 153.

tiempo, había sido el gran artífice de uno de sus productos de más alto nivel hasta la fecha. Priem se marchó el mismo día en que la empresa envió sus primeras tarjetas a IBM. Justo cuando daba comienzo la fiesta de lanzamiento, Priem aprovechó para despedirse de sus superiores y, acto seguido, se encaminó hacia la puerta.

En aquel momento él no tenía ni idea de ello, pero GenRad estaba atravesando una profunda crisis. Pese a su exitosa OPV en 1978 y su dominio de casi el 30 por ciento del mercado de los ensayos electrónicos, un porcentaje que lo ponía muy por delante de sus rivales Teradyne y Hewlett-Packard (HP),[20] una serie de traspiés en la gestión hacía tambalear gravemente la existencia de la empresa. Su directiva se había gastado millonadas para tener acceso al mercado de los semiconductores, pero la operación había resultado un fracaso. Para construir un foso económico alrededor del negocio, los ejecutivos comenzaron a insistir en que los fabricantes tenían que subcontratar por completo sus labores de prueba de chips a GenRad, lo cual causó cierta fricción con los clientes más grandes de la empresa como IBM y Honeywell. Sumado a ello, la fusión frustrada con otra compañía del sector llamada LTX condujo a una crisis de confianza con la alta dirección de GenRad, la cual fue seguida de un éxodo de talento que no hizo sino fortalecer a sus rivales. Poco después de la llegada triunfal de Priem, GenRad experimentó una caída en picado de la que ya le fue imposible recuperarse. Tras dos años de turbulencias corporativas, Priem recurrió a un cazatalentos de la industria tecnológica para que le encontrara un puesto en otra empresa.

Un hombre llamado Wayne Rosing le propuso una entrevista en Sun Microsystems. Sun había sido pionera en el desarrollo de estaciones de trabajo informáticas UNIX de alto nivel, las cuales había vendido por cientos o incluso miles de dólares. Había sido fundada en 1982 por tres recién graduados de la Universidad de Stanford, Scott McNealy, Andy Bechtolsheim y Vinod Khosla.

20. *Ibidem*, pp. 171-175.

Rosing había sido empleado de Apple; de hecho, había liderado el equipo de ingenieros que estaban detrás del ordenador de escritorio Lisa, que vio la luz en 1983, más o menos al tiempo que Priem pasaba los días desarrollando tarjetas PGC para IBM. En aquella época se suponía que Lisa iba a revolucionar el mundo de los ordenadores de sobremesa para siempre: prometía ser el primer ordenador personal para un mercado masivo en contar con una interfaz gráfica de usuario (GUI) en lugar de una línea de comandos de solo texto, y también el primero en disponer de un almacenamiento en disco duro de cinco megabytes en una era en la que la mayoría de los ordenadores no tenían ninguno. No obstante, la ausencia de un software capaz de competir con otras estaciones de trabajo de valor similar y su desorbitado precio de casi 10 000 dólares condenaron a muerte a Lisa aun antes de su salida al mercado. Tras las calamitosas ventas, Apple contrató los servicios de otra empresa para que se llevara todas las unidades sin vender y las enterrara en un vertedero de Utah. Días después Rosing dejó Apple para siempre.

Durante el desarrollo de Lisa, Rosing había invertido una cantidad ingente de tiempo en valorar las posibilidades de las máquinas de la competencia. La única tarjeta gráfica que envidiaba era la PGC de Priem. Sin duda, era el tipo de tarjeta que quería, pero no podía funcionar en un equipo Lisa, pues este llevaba incorporado un procesador de gráficos básico que únicamente soportaba una pantalla monocroma con una resolución de 720 × 364 píxeles, ni de lejos el rendimiento de las máquina IBM alimentadas por PGC. Tras unirse a Sun Microsystems, Rosing se prometió aprovechar la cada vez mayor habilidad técnica para renderizar bonitos gráficos a color más rápidamente. Para ello necesitaba a alguien capaz de diseñar potentes chips gráficos. De ahí su interés en Curtis Priem.

Durante la entrevista que le hizo a Priem, cuando Rosing le preguntó al joven ingeniero si en Sun podría desarrollar una tarjeta gráfica como la PGC, su respuesta no pudo ser más escueta: «Sí».

Aquello era exactamente lo contrario de lo que los ejecutivos de Sun querían que Rosing hiciera. En ese momento, la empresa estaba centrada en el lanzamiento de una nueva línea de ordenadores conocida como SPARCstation. Se trataba de estaciones de trabajo basadas en UNIX y especialmente diseñadas para unas aplicaciones científicas y técnicas específicas, en particular programas de diseño asistido por ordenador (CAD) y de fabricación asistida por ordenador (CAM), los cuales podrían utilizarse para diseñar objetos físicos complejos, que podían ir desde puentes a aviones, pasando por diversas piezas mecánicas. En Sun se tenía el convencimiento de que las herramientas CAD y CAM harían que el diseño industrial se tornara mucho más rápido, barato y preciso que con el dibujo a mano.

Berni Lacroute, el vicepresidente de ingeniería de Sun y jefe inmediato de Rosing, estaba seguro de que la SPARCstation llegaría a dominar el mercado de las CPU. Él mismo se encargó de dirigir el equipo de la SPARCstation y puso el foco en mejorar el procesador principal del dispositivo, en lugar de solo trabajar en sus posibilidades gráficas. Se sentía satisfecho con la solución gráfica aportada por la anterior generación de estaciones de trabajo de Sun, en las que la mayor parte del renderizado acontecía dentro de la CPU.

Sin embargo, Rosing estaba en total desacuerdo. Su experiencia con el modelo Lisa de Apple le había demostrado la importancia de un rápido procesamiento gráfico. Sabía bien que para el usuario típico de la estación de trabajo ni una rápida computación ni un gran almacenamiento compensarían jamás un procesamiento gráfico tórpido. Creía firmemente que la SPARCstation debería tener pantallas de última generación que pudieran renderizar millones de píxeles y cientos de colores. Mas, para conseguirlo, veía imprescindible sacar el procesamiento de los gráficos fuera de la CPU y pasarlo a unos chips aceleradores de gráficos, como bien podía ser la PGC de Vermont Microsystems. Y todo ello debería hacerlo a espaldas de su jefe.

Por eso, cuando Priem pidió a Rosing que le aclarara el encargo, la respuesta tuvo un final casi completamente abierto.

—Curtis, tú haz lo que quieras. Preocúpate solo de que entre en un búfer de fotogramas del mismo tamaño que el de la última estación de trabajo —le respondió Rosing—. Si consigues que quepa en ese espacio, tendrá un lugar en la placa base.[21]

Aquellas palabras fueron lo más próximo a la carta blanca que Priem, o cualquier otro ingeniero, soñaba con conseguir en todo proyecto. Priem tenía libertad para diseñar y construir lo que imaginara, siempre y cuando funcionara dentro de las restricciones en cuanto a rendimiento de datos del búfer de fotogramas, esa memoria que la SPARCstation dedicaba al procesamiento gráfico.

Priem se dio cuenta de que no podía acometer el proyecto en solitario, necesitaba ayuda. Una ayuda que muy pronto le llegaría de manos de otro ingeniero, Chris Malachowsky, a quien Sun Microsystems había captado y contratado procedente de Hewlett-Packard. Los dos hombres compartirían oficina, y en poco tiempo serían conocidos por todos como «el equipo del armario». En tándem, trabajarían en secreto en algo en lo que el jefe de su jefe no quería que nadie trabajara.

A diferencia de su compañero de oficina, Chris Malachowsky había llegado tarde al mundo de los ordenadores. Nació en Allentown, Pensilvania, en mayo de 1959, era hijo de un obstetra y de una terapeuta ocupacional convertida en ama de casa, y creció en Ocean Township, en Nueva Jersey. En su adolescencia amaba tanto la carpintería que llegó a plantearse ser ebanista, pero sus padres lo presionaron para que estudiara Medicina. Por aquel entonces nunca se planteó ni la electrónica ni la tecnología como su vocación.

Con diecisiete años se graduó del instituto y se matriculó en la Universidad de Florida, prestigiosa por la formación que brindaba tanto en Medicina como en Gestión de la Construcción, y ubicada lo más lejos de los gélidos inviernos de Nueva Jersey que Malachowsky podía aspirar a estar. Además, el programa de pre-

21. Entrevista con Chris Malachowsky, 2023.

medicina que ofrecía la escuela giraba en torno a una filosofía única: el objetivo era que los futuros médicos tuvieran una amplia base de conocimiento, y, para ello, debían recibir clases que fueran más allá de las ciencias biológicas. Para cumplir tal requisito, Malachowsky se inscribió en la asignatura de Física y obtuvo la nota más alta en el apartado dedicado a la electricidad. A medida que progresaba, se iba dando cada vez más cuenta de que llevaba la ingeniería en las venas.

Aun así, no se detuvo a pensar mucho en ello hasta el descanso para comer durante la prueba de admisión para entrar en Medicina. En aquel receso, se recostó sobre una mesa de pícnic y se quedó absorto contemplando el sol de Florida e imaginando su vida como médico siguiendo los pasos de su padre. ¿Realmente era eso lo que quería? Pasarse el día de guardia, trabajar cuatro o cinco días seguidos y apenas dormir. Se preguntó: «¿De verdad sueño con saberme los nombres de todos los medicamentos habidos y por haber?».

—No —concluyó—. Me gusta el mundo de la ingeniería. Mejor seré ingeniero.

Una vez terminado el examen, regresó directo a la casa que tenía alquilada. Tan solo hizo una breve parada en un 7-Eleven que le pillaba de camino para comprar unas cuantas latas de cerveza, y, nada más llegar, llamó a sus padres.

—Papá, mamá, tengo una noticia buena y otra mala —les anunció—. La buena es que el examen no me pareció tan difícil. Y la mala es que realmente no quiero ser médico.

Guardó silencio esperando una respuesta, seguro de que sus padres se habrían disgustado. Sin embargo, los dos expresaron su alivio.

—¡Menos mal! —exclamó su madre—. Nunca te has detenido a leer ni un solo prospecto de un medicamento. No pensábamos que la medicina fuera tu vocación. Teníamos la sensación de que lo estabas haciendo por tu padre.

Malachowsky se especializó en electrotecnia y, gracias a sus buenas notas, enseguida consiguió un trabajo en Hewlett-Packard, en California. Terminó trabajando en el Departamento de Fabricación como responsable de la producción de un nuevo miniordenador de 16 bits que HP estaba desarrollando en su laboratorio de investigación y desarrollo.

—La experiencia fue bárbara para mí, puesto que me permitió aprender cómo se construye un ordenador de verdad —afirmaba.

Si bien, en la teoría, mucha gente sabía diseñar un chip de ordenador, lo cierto es que, en la práctica, un número muy reducido de personas eran capaces de diseñar uno que pudiera ser fabricado en grandes cantidades y diera beneficios. Cuando Malachowsky llegó a HP, se dio cuenta de que su experiencia práctica en el Departamento de Fabricación le aportaría una perspectiva fundamental de la industria que muy pocos parecían poseer. Por si fuera poco, HP tenía fama de moldear a jóvenes ingenieros para convertirlos en disciplinados veteranos a través de sus múltiples programas de mentoría y formación. Malachowsky estaba seguro de que su estancia en la empresa lo prepararía para cualquier oportunidad que pudiera venir después.

Tras su paso por la planta de fabricación de HP, fue invitado a unirse al laboratorio de investigación de la empresa para que se centrara en el desarrollo de nuevos chips. A partir de ese momento trabajó en la línea de producto de los miniordenadores HP-1000 y aprendió a escribir software de control embebido para sus periféricos del ordenador. Tiempo después dirigió el equipo que estuvo detrás de la CPU del HP-1000, la cual se fabricó en el mismo edificio en el que él había dado sus primeros pasos en HP.

En aquella época Malachowsky dedicaba sus días a idear el que sería el elemento más crucial del modelo HP-1000, y, al tiempo, se dispuso a estudiar un máster en Informática en la cercana Santa Clara University. Cuando finalizó sus dos grandes proyectos, el chip y el máster, él y su mujer, Melody, con quien se había casado al año siguiente de terminar la carrera, empezaron a pensar en el mejor lugar para formar una familia.

Al principio se plantearon trasladarse a la oficina satélite que HP tenía en Bristol, Inglaterra, pero a su esposa no le convencía la idea de mudarse tan lejos. La familia de ella residía al norte de Florida, y los padres de él, en Nueva Jersey. Justo a mitad de camino estaba el Triángulo de Investigación de Carolina del Norte, emplazamiento tanto de las universidades de talla mundial de Duke y de la UNC como de las oficinas de los gigantes tecnológicos IBM y Digital Equipment Corporation, más conocida como DEC.

Antes de dar el paso de cruzar el charco, Malachowsky decidió probar suerte y buscar trabajo en otras empresas, aunque solo fuera para tener soltura en las entrevistas. La primera invitación que recibió le llegó de la recién nacida división de superordenadores de Evans and Sutherland, una empresa gráfica más conocida por sus simuladores de vuelo de alta gama para entrenamientos militares. Pero rápidamente descartaron su candidatura, pues los entrevistadores consideraron que cuestionaba en exceso el *statu quo* y que, por tanto, no encajaría bien en la empresa. (Malachowsky decía tener la certeza de que sus predicciones no auguraban nada bueno al futuro de la empresa. Y llevaba toda la razón, pues el primer superordenador de Evans y Sutherland no logró venderse y el inminente final de la Guerra Fría llevaba consigo el fin de la demanda de simuladores para uso militar).

La segunda entrevista práctica la tuvo en Sun Microsystems, a la que se había presentado para un puesto inespecífico ligado al desarrollo de chips gráficos. Aunque Malachowsky no tenía ninguna experiencia previa en el ámbito de los gráficos, su curiosidad siempre lograba sacar lo mejor de él, y, sin dudarlo, se mostró dispuesto a acudir a una entrevista con el ingeniero jefe, Curtis Priem. Lo que comenzó como una mera sesión preparatoria terminó cambiando por completo el rumbo de la vida de Malachowsky y el de toda la industria tecnológica en su conjunto.

—Curtis era el que dominaba los gráficos —recordaba luego Malachowsky—. Yo me convertí en un mandado. Dime lo que tengo que hacer, explícame qué hace falta, y yo me las ingeniaré para hacerlo.

Con el fin de producir los gráficos que Rosing quería (pero que el jefe de Rosing no), Priem diseñó un acelerador de gráficos monstruoso. Contenía dos ASIC específicos: el controlador de memoria intermedia para imágenes (FBC), el cual renderizaba imágenes de alta resolución rápidamente, y el motor y cursor de transformación (TEC), que era capaz de calcular en poco tiempo el movimiento y la orientación de los objetivos según el usuario los iba manipulando. En lugar de confiar en la CPU para que llevara a cabo todas estas tareas, como hasta entonces se había hecho con las primeras estaciones de trabajo de Sun, el acelerador de Priem podría encargarse de hasta el 80 por ciento de la carga computacional, lo que significaba que los chips gráficos específicamente concebidos para ello asumirían el limitado número de funciones que podían hacer mejor, y la CPU quedaría libre para ocuparse de la miríada de otras tareas para las que estaba mejor preparada.

En la teoría el diseño era bueno, pero ahora era responsabilidad de Malachowsky idear el modo de hacerlo realidad. A diferencia de HP, Sun no fabricaba sus propios chips. Así, en lugar de ello, Malachowsky tuvo que confiar en LSI Logic, una empresa cuya sede estaba en la cercana Santa Clara y que en ese momento era líder mundial en el desarrollo de ASIC para fabricantes de hardware. Para Malachowsky fue providencial: LSI acababa de presentar una nueva arquitectura de chips denominada «sea-of-gates», con la cual podían integrarse más de diez mil matrices de puerta en un único chip, una hazaña que hasta entonces ningún otro fabricante había logrado. Por mucho que los prototipos de LSI fueran impresionantes, Priem debía diseñar chips aún más grandes para que fueran capaces de producir la potencia de procesamiento necesaria para su SPARCstation. Los directivos de LSI se dieron cuenta de lo ventajoso que sería tener a Sun Microsystems como su gran cliente y acordaron firmar un contrato, aunque, tal y como Malachowsky señalaría después, parecían nerviosos, pues dudaban de su capacidad para cumplir con semejantes volúmenes de entregas.

Para cerciorarse de que Priem y Malachowsky lograran el chip que habían ideado, LSI encomendó la dirección del proyecto de Sun a una de las que parecían ser sus futuras estrellas, el casi recién llegado Jensen Huang.

—Aquel jovencito acababa de incorporarse a la empresa desde AMD, donde había desempeñado un gran trabajo con microprocesadores —señaló Malachowsky—. Curtis sabía perfectamente lo que quería, yo me encargaba de diseñarlo y Jensen nos ayudaba a desentrañar la mejor manera de construirlo.

Juntos trabajaron con ahínco en el proceso de fabricación que dejaba el diseño de Priem listo para salir al mercado. Y según fueron surgiendo los problemas, cada uno se centró en su campo de especialidad para tratar de resolverlos. Pese a ello, al tratarse de un pequeño equipo tan volcado en un proyecto sumamente exigente y un trabajo bajo tanta presión, fue inevitable que surgieran tensiones.

—Curtis es brillante. Tiene una mente rapidísima —aseguró Malachowsky—. Se le ocurre una idea y llega a la solución al instante, y nosotros no tocamos ni a las migajas. Realmente tengo la sensación de que mi mayor contribución es ayudarlo a él a articular [sus ideas] al resto, de tal manera que le presten su ayuda. Mis destrezas comunicativas resultaban igual de importantes que mi pericia técnica.

A veces, y por eso mismo, la comunicación se tornó un conflicto encarnizado.

—Chris y yo tuvimos muchos roces y peleas a muerte. Nunca llegamos a las manos, pero nos gritamos mucho el uno al otro —rememora Priem—. Me solía preguntar mi parecer respecto a alguna decisión sobre un chip. Entonces, cuando le decía lo que él quería oír, yo seguía porque me costaba mucho calmarme. Y ahí era cuando Chris decía: «No, no, ya está. Ya me diste la respuesta».

Ahí era cuando Priem salía del despacho hecho una furia, y el resto del equipo, que en esta época eran dos ingenieros de hardware llamados Tom Webber y Vitus Leung, se quedaban mirando a Malachowsky alarmados. Al final, uno de los dos solía terminar preguntando siempre si iba a desintegrarse el equipo.

—Está todo bien —se limitaba a contestar reiteradamente Malachowsky.

También Jensen solía ver más proyección de futuro que peligro en estas peleas tan acaloradas. Acostumbraba a referirse a ellas como ejemplos de «afilar la espada». Según él, al igual que una espada solo se vuelve más afilada cuando se topa con resistencia al pulido, las mejores ideas son las que surgen de discusiones y debates airados, aun cuando los desencuentros puedan resultar incómodos. En estos momentos de su vida él también estaba aprendiendo a encarar los conflictos en lugar de huir de ellos, una enseñanza que acabaría definiendo su filosofía en Nvidia.

—Rompimos con todas las herramientas con que LSI Logic contaba en su cartera habitual —recuerda Malachowsky—. Jensen era lo suficientemente brillante e inteligente como para decir: «Mira, ya me ocuparé de estos problemas al final. Por ahora puedes pasarlos por alto. Y estos mejor trata de solucionarlos tú, porque no sé si yo podré».

Fue en el año 1989 cuando los tres finalizaron las especificaciones para el nuevo acelerador de gráficos de Sun. El FBC requeriría 43 000 puertas y 170 000 transistores para llevar a cabo correctamente su trabajo. Por su parte, el TEC precisaba 25 000 puertas y 212 000 transistores. Todos ellos irían juntos en un único acelerador de gráficos que se conocería en su conjunto como el motor de gráficos GX o, más breve, el GX.

El equipo del armario gráfico logró otro empujón más cuando ya estaban a punto de lanzar los nuevos chips. Bernie Lacroute, el mismo ejecutivo que había mostrado su antipatía hacia los chips gráficos tan solo unos años antes, le preguntó a Wayne Rosing si había cumplido su orden de no destinar ningún esfuerzo a mejorar las capacidades gráficas de su SPARCstation. Rosing le respondió con una negativa.

—Bien hecho —espetó Lacroute.[22]

GX comenzó como un complemento opcional, por el que Sun cobraba a sus clientes un extra de 2 000 dólares. GX conseguía hacer todo más rápido en la pantalla de visualización: geometría de dos dimensiones, *wireframing* de tres..., hasta la mundana

---

22. Entrevista con Curtis Priem, 2024.

tarea de desplazarse verticalmente por el texto se hacía más rápido y mejor con los aceleradores GX que sin ellos.

—Por primera vez probablemente en la historia, uno se podía desplazar por el texto que mostraba una ventana más rápido de lo que se tardaba en ver —contó Priem—. Eso permitía subir y bajar en un documento grande sin necesidad de cargar la memoria intermedia.

Sin embargo, la mejor demostración con diferencia del potencial gráfico de GX era un juego en el que Priem había estado trabajando en su tiempo libre. En su etapa en Vermont Microsystems, había empezado a idear un juego de simulador de vuelos que recreaba el A-10 Warthog, el famoso avión de ataque a tierra de la Fuerza Aérea de los Estados Unidos. Un escuadrón de Warthogs estacionó en las proximidades de la Vermont Air National Guard Base en Burlington. Después del trabajo, le gustaba aparcar su coche en el extremo final de la carretera de la base y ver despegar los aviones a reacción. Su simulador le permitía acercarse aún más, pues lo había ideado para que le permitiera volar en el A-10 como destructor de tanques durante un conflicto imaginario de la Guerra Fría. Sin embargo, su ordenador personal, un Atari 800, no tenía un procesador gráfico lo suficientemente potente como para renderizar la compleja física de un A-10 en vuelo. Nunca terminó el juego. De hecho, ninguna de las tarjetas que por aquel entonces estaban en el mercado fueron capaces de recrear el juego que Priem había imaginado.

Hasta que llegó la SPARCstation con GX. Y entonces por primera vez fue posible un simulador de vuelo realista. Priem adquirió una estación de trabajo para su uso personal valiéndose de su descuento de empleado del 60 por ciento, gracias al cual se evitó pagar miles de dólares. Así, después de pasar sesenta horas a la semana dedicado en cuerpo y alma a su trabajo, al terminar se iba a casa y se sumergía en su proyecto de un programa simulador, para el cual aprovechaba todas las ventajas de los nuevos chips GX. Tiempo después, por fin fue capaz de alcanzar su sueño y finalizar el juego, al que puso por nombre Aviator.

Aviator situaba a los usuarios en la cabina del piloto no del A-10, sino del avión de combate de alto rendimiento F/A-18, y los enfrentaba a otros F/A-18 en un combate aéreo. El juego recreaba a la perfección las armas de los F/A-18, incluidos misiles Sidewinder, pistolas y bombas. Priem renderizó las batallas de Aviator de un modo realista, para lo que adquirió datos por satélite con el fin de trazar con precisión las elevaciones y los contornos del terreno, y añadió un mapeo de texturas. Incluso diseñó un adaptador de hardware para permitir que las palancas de mando compatibles con ordenadores personales funcionaran en estaciones de trabajo de Sun, de tal manera que los jugadores no tuvieran que utilizar el teclado para controlar sus naves virtuales.

Priem contó con un socio para el juego: Bruce Factor, quien trabajaba en el Departamento de Marketing de Sun y aceptó encargarse de la mercadotecnia del producto y gestionar las ventas. Factor rápidamente se dio cuenta de que Aviator podía ser más que un pasatiempo, y que incluso podía ayudar a que Sun mejorara sus estaciones de trabajo. El juego era un medio fantástico para demostrar las posibilidades gráficas del GX, ya que funcionaba a una alta resolución (1280 × 1024 píxeles) y se veía en 256 colores en un momento en el que la mayoría de los juegos de ordenador únicamente conseguía resoluciones de hasta 320 × 200 píxeles. Aviator también permitía que clientes con múltiples estaciones de trabajo de Sun en red pudieran jugar unos contra otros en tiempo real valiéndose del nuevo protocolo multicanal de Sun, un tipo de red de área local rudimentaria (LAN) que ya entonces presagiaba la locura por las fiestas LAN que se desataría en los años noventa y primeras décadas de los dos mil.

Priem y Factor regalaron copias gratuitas de Aviator a cada uno de los agentes de ventas de Sun Microsystems. Así, los representantes de la empresa las usaron como forma de demostrar las capacidades del ordenador, y a menudo incluso adquirieron más copias para regalárselas a los clientes de sus estaciones de trabajo.

—Estaba logrando sacar el máximo rendimiento posible al hardware —dijo Priem—. Aviator se convirtió en un asunto serio. De hecho, su demo fue la más utilizada por los agentes de ventas de Sun Microsystems para demostrar el rendimiento de una estación de trabajo estándar.

Aviator fue oficialmente lanzado al mercado en 1991. Se presentó en el congreso anual del Grupo de Interés Especial sobre Gráficos por Computadora y Técnicas Interactivas (SIGGRAPH, por sus siglas en inglés). Para ello, Priem y Factor instalaron una red de once estaciones de trabajo para que los asistentes al acto pudieran probar y competir unos contra otros.

El desarrollo de Aviator enseñó a Priem algunas lecciones importantes más allá del diseño del juego. El videojuego fue hackeado por un empleado de Sun dos días antes de su lanzamiento, por lo que la gente pudo jugar sin pagar absolutamente nada. Por ello, para evitar futuros hackeos, Priem sacó una nueva versión que se podía deshabilitar a sí misma en caso de detectar cambios en el código y que le enviaría a él un correo electrónico con la información de los usuarios que estuvieran tratando de piratear el software. Tiempo después, Priem incorporaría una tecnología de cifrado de clave privada similar en su primer diseño de chip de Nvidia.

Tras unos pocos años de ventas escasas como complemento, los chips de GX se volvieron estándares en todas las estaciones de trabajo de Sun. Su éxito impulsó aún más las carreras de Priem y Malachowsky, quienes pasaron a ser arquitectos gráficos con su propio grupo, denominado grupo de Opción de Gráficos de Bajo Nivel. Mientras tanto, la apuesta de LSI por el chip había dado sus frutos generosamente. Los beneficios de la empresa pasaron de 262 millones de dólares en 1987 a 656 millones en 1990, debido en gran parte al volumen de ventas de GX, incluso aunque el precio de cada unidad había bajado de los casi 375 dólares que se pedían por los modelos iniciales de dos chips hasta los más o menos 105 dólares que costaban las últimas versiones de un solo chip. Jensen fue ascendido a director de la división CoreWare de LSI, encargada de hacer chips personalizados para proveedores de hardware de terceros empleando una biblioteca de diseños y propiedades intelectuales reutilizables.

Curiosamente, el éxito de GX tuvo el efecto contrario en Sun Microsystems. A principios de los años noventa, ya se había alejado mucho de ese entorno ágil propio de una *start-up* que en su día había dado a Rosing, Priem y Malachowsky la libertad para seguir sus instintos y desarrollar su virtuosismo técnico. La cultura empresarial se estaba volviendo más burocrática, más controlada y, por tanto, más lenta. Los equipos de proyectos ya no competían por dar con la idea más innovadora, sino que su lucha consistía en crear presentaciones de PowerPoint con las que seducir a un mayor número de ejecutivos. Dicho de otro modo, Sun Microsystems se había politizado.

Aquel ya no era el entorno de trabajo en el que Malachowsky y Priem querían estar. Priem, en concreto, renegaba una y otra vez de una cultura empresarial en la que «era más fácil sabotear o arruinar un proyecto ajeno que dar con una tecnología mejor». Él solo quería crear buenas tarjetas gráficas y no tenía ningún interés en las luchas corporativas.

El proyecto de diseñar un nuevo chip se frenó en seco en Sun, ya que las propuestas (muchas de las cuales tenían buena pinta sobre el papel, pero luego resultaban técnica o económicamente inviables) se aprobaban un trimestre y se tiraban por tierra al siguiente.

—En dos años, no salió nada nuevo de aquel edificio —se quejó Malachwsky—. Para mí, que habían cosechado tantísimo éxito hasta ese momento que les preocupaba más protegerlo que seguir persiguiéndolo. Se habían quedado paralizados por su pavor al fracaso. Perdieron la energía de la noche a la mañana.

Y, peor aún, Sun encima trató de aniquilar una gran parte del progreso que Priem y Malachowsky habían logrado con GX. Durante una ronda de propuestas, el equipo de Priem sugirió una nueva generación de aceleradores gráficos que incorporarían una tecnología de memoria de video de última generación del fabricante de chips coreano Samsung. Sin embargo, Priem cayó ante un rival llamado Timothy Van Hook, quien estaba empeñado en que la mejor manera de ampliar los límites gráficos de las estaciones de trabajo de Sun era encomendando a la CPU funciones gráficas tridimensionales de gama más alta en lugar de depender de un chip gráfico dedicado.[23] Priem, desde su pers-

23. Van Hook, sin embargo, fue un pionero de los gráficos por derecho

pectiva técnica, estaba convencido de que esa idea jamás funcionaría. Pero daba igual, pues Van Hook contaba con una ventaja frente a Priem: tenía enchufe con Andy Bechtolsheim, uno de los cofundadores de Sun. Sin un apoyo dentro de semejante categoría, Priem sabía de sobra que ni su equipo ni él tendrían la más mínima oportunidad.

—Andy se presentó un día y me dijo que nuestra línea de producto estaba acabada —contó Priem.

Enseguida se dio cuenta de que su trabajo en Sun tenía los días contados. Cada vez había más rumores de que los altos cargos de Sun querían disolver el equipo, despedirlo a él y recolocar a Malachowsky en otro proyecto de chips. Después de seis años trabajando codo con codo con Priem, Malachowsky se sentía indignado por cómo estaban tratando al que era su amigo y uno de los ingenieros con más talento de la empresa.

—Chris conocía todas las batallas que tuve que librar, sabía que me estaba llevando todos los golpes de la directiva de Sun —siguió Priem—. Respetó el que yo quisiera cargar con todo solo. Había veces en que me sentía tan sumamente castigado por el vicepresidente del área de gráficos que salía a caminar con alguien de Recursos Humanos, dábamos vueltas al edificio mientras yo lloraba y me desahogaba. Fue una etapa muy dolorosa.

El hecho de que Bechtolsheim se decantara por la idea de Van Hook fue la gota que colmó el vaso para los dos, cuyo éxito en GX de pronto parecía no significar nada en una empresa que veían cada vez más disfuncional.

—Nos dimos cuenta de que nuestro tiempo era limitado y de que ninguno de los dos queríamos seguir trabajando en Sun —dijo Priem. En aquel momento ya tenían un nuevo proyecto en mente: resucitar el acelerador de última generación que Sun había dejado pasar—. ¿Por qué no nos centramos en desarrollar un chip de prueba para Samsung? —propuso a Malachowsky—. Podemos convertirnos en consultores y mostrarles el valor de este nuevo dispositivo de memoria que están comprometidos a desarrollar.

---

propio. Años más tarde sería él quien diseñara la arquitectura gráfica de la Nintendo 64.

A Malachowsky le pareció buena idea. Sabían cómo construir chips, y sabían que tenían un buen plan para construir uno bueno. Sin embargo, esa ventaja también podría tornarse fácilmente una responsabilidad: en el multimillonario mundo de los semiconductores en el que tanto hay en juego, ninguna empresa se pensaría dos veces lo de robarle una idea a un par de ingenieros si esta pudiera darles la más minúscula ventaja competitiva. Justo por eso, lo más cauto sería no meterse en problemas a menos que contaran con un socio con un ojo experto para los negocios que complementara su dominio técnico.

Ahí fue cuando a Malachowsky se le ocurrió una idea brillante.

—¡Conocíamos a la persona ideal! —recordó más tarde—. Teníamos un buen amigo que estaba metido en el mundo de las licencias tecnológicas y los sistemas de construcción de chips para otros. Así que nos pusimos en contacto con Jensen.

Malachowsky y Priem pidieron ayuda a Jensen Huang para redactar un contrato que sentara las bases de su colaboración con Samsung. Los tres empezaron a reunirse con el fin de trazar su estrategia comercial para lidiar con la compañía coreana. Un buen día, Jensen preguntó:

—¿Por qué estamos haciendo esto para ellos?[24]

---

24. Entrevista con Chris Malachowsky, 2023.

3

El nacimiento de Nvidia

La idea de Curtis Priem y Chris Malachowsky de crear una empresa de chips gráficos surgió en el momento adecuado. Y es que en el año 1992 tuvieron lugar dos grandes desarrollos (uno en hardware y otro en software) que aceleraron la demanda de mejores tarjetas gráficas. El primero tuvo que ver con la adopción por parte de la industria informática de un bus de interconexión de componentes periféricos (PCI), un tipo de conexión hardware que transfería los datos entre las tarjetas de expansión (como los aceleradores gráficos), la placa base y la CPU, con un ancho de banda mucho mayor que el permitido por el bus de arquitectura estándar de la industria (ISA, por sus siglas en inglés). El proceso de diseñar tarjetas de alto rendimiento sería más sencillo, y habría un mercado muchísimo mayor para los productos resultantes.

El segundo desarrollo fue el lanzamiento de Microsoft del Windows 3.1, especialmente diseñado para exhibir lo último en cuanto a capacidades de los gráficos por ordenador. Con él se introdujeron las fuentes TrueType, las cuales renderizaban textos con un pixelado perfecto en todos los programas de Microsoft, y, además, el software permitía reproducir videos de alta calidad con su nuevo formato de codificación de video Audio Video Interleave (AVI). Lo más importante es que los desarrollos ya no quedaban escondidos en el interior del ordenador. Con sus llamativos salvapantallas, sus interfaces personalizables y sus constantes empujoncitos para animarnos a usar Windows Media Player, el sistema operativo perdió su timidez y empezó a alardear de su proeza gráfica. En los primeros tres meses tras su lanzamiento el día 6 de abril de 1992, Windows 3.1 llegó a vender casi tres millones de copias, con lo que demostró que había una fortísima demanda de programas que podían aprovecharse del mejor procesamiento gráfico de los PC.

Así fue como Priem y Malachowsky concluyeron que el mercado de los ordenadores personales representaba una oportunidad muchísimo más prometedora para su *start-up* que el de las estaciones de trabajo. En parte tenían muy en mente el simulador de vuelo de Priem, el cual planeaban poner a disposición de cualquier jugador que poseyera un ordenador personal, en lugar de restringirlo únicamente a quienes tuvieran acceso a un hardware de Sun Microsystems en su lugar de trabajo. Como ya sucediera en Sun, Priem y Malachowsky no fabricarían ellos mismos ni los chips ni las placas de circuito con el objeto de no incrementar costes. En vez de ello, se centrarían en diseñar el mejor chip posible y externalizarían su producción a empresas de semiconductores, las cuales ya tenían implementada una cara infraestructura de producción.

Con todo y con eso, Priem no sabía bien cómo llegar a estar a la altura de la competencia.

—Tenía claro que Chris y yo éramos buenos, pero no sabía si seríamos lo suficientemente buenos en comparación con el resto del mundo —confesó.

Los ordenadores de Sun siempre habían tenido una interfaz gráfica similar a Windows, y los ordenadores personales con Windows muy pronto precisarían soportar un entorno de sistema operativo multiventana similar, una especificación que Priem y Malachowsky ya habían creado. Eran muy conscientes de que su experiencia y maestría serían muy apreciadas en el mercado de los ordenadores personales.

—Cuando tienes diez ventanas abiertas, has de contar con todos los tipos de protecciones de seguridad y abstracciones

—advirtió Malachowsky—. Y precisamente estas eran el tipo de cosas con las que los ordenadores personales no tenían necesidad de lidiar, puesto que contaban con un entorno DOS que básicamente se apoderaba de toda la pantalla.

A finales de 1992, Priem, Malachowsky y Jensen solían quedar con frecuencia en el Denny's que hacía esquina entre Capital y Berryessa, en el distrito de San José Este, para trazar el plan capaz de convertir su idea en un negocio.

—Nos reuníamos allí los tres, pedíamos un café con recarga gratuita y luego, pues, ya sabes, echábamos horas y horas soñando despiertos —cuenta Malachowsky.[25]

Priem recuerda saborear muchísimos pasteles en Denny's y deleitarse con los copiosos desayunos Grand Slam, que consistían en tortitas de suero de mantequilla con huevos, beicon y salchichas. Jensen no se acuerda a ciencia cierta de lo que solía pedir, pero está casi seguro de que sería el sándwich Super Bird, a base de pavo, queso suizo fundido, tomate y su complemento favorito, el beicon.[26]

Por aquel entonces, Jensen aún tenía que convencerse de dejar su puesto de trabajo. Entre mordisco y mordisco, aturdía a Curtis y a Chris con preguntas sobre la magnitud de esa oportunidad que tenían en mente.

—Pero ¿cómo de grande es el mercado de los ordenadores personales? —preguntó Jensen.

—Es grande —le respondieron a una, lo cual era cierto, pero su respuesta obviamente no estaba lo suficientemente detallada como para satisfacer a Jensen.

—Chris y yo nos sentábamos allí y nos limitábamos a observar a Jensen —decía Priem de su amigo, quien, al parecer, se pasaba las horas muertas analizando el mercado de los ordenadores personales y la posible competencia. Claro que pensaba

25. «Jensen Huang», *Sequoia Capital*, 30 de noviembre de 2023, video, 5:13.
26. «Jen-Hsun Huang, NVIDIA Co-Founder, Invests in the Next Generation of Stanford Engineers», *School News*, Stanford Engineering, 1 de octubre de 2010.

que había un sitio para su *start-up*, pero, aun así, no quería dejar su empleo hasta tener la seguridad de que todas las piezas de su modelo de trabajo encajaban. Agradecía enormemente que Chris y Curtis lo consideraran de algún modo esencial, aunque recuerda que por aquella época no podía evitar pensar:

—A mí me encanta mi trabajo y ustedes lo odian. A mí me va genial, y a ustedes, de pena. ¿Por eso quieren que lo deje todo y me una a ustedes?

Al final les prometió unirse a ellos si eran capaces de demostrarle que su *start-up* lograría generar unas ventas de 50 millones de dólares anuales.

Jensen recuerda con gran cariño sus eternas conversaciones alrededor de la mesa del Denny's.

—Chris y Curtis eran dos ingenieros brillantes, los mejores informáticos que he conocido nunca —aseguraba—.[27] La suerte tiene siempre mucho que ver con el éxito, y mi suerte ha sido que se cruzaran en mi camino.

Al cabo de un tiempo, Jensen se convenció de que era posible obtener unos ingresos de 50 millones de dólares. Como el gran jugador de videojuegos que era, estaba persuadido de que el mercado iba a crecer exponencialmente.

—Nosotros mismos crecimos en la generación de los videojuegos —explicaba un día—.[28] Para mí, era obvio que los videojuegos y los juegos de ordenador eran una fuente infinita de entretenimiento.

Enseguida la cuestión giró en torno a quién haría el primer movimiento. Priem estaba preparado para ser él quien diera el primer paso, pues, tal y como estaban las cosas en Sun, de todas maneras dejaría la empresa en pocos meses. Sin embargo, Lori, la mujer de Jensen, no quería que su marido dejara LSI hasta que Malachowsky también abandonara su puesto en Sun, y Melody, la esposa de Malachowsky, se oponía a que su marido

27. «2021 SIA Awards Dinner», *SIA America*, 11 de febrero de 2022, video, 1:11:09. Disponible en <https://www.youtube.com/watch?v=5yvN_T8xaw8>.

28. «Jen-Hsun Huang», *Stanford Online*, 23 de junio de 2011, video, 9:25.

dejara Sun hasta que Jensen se comprometiera de verdad con ellos.

Así las cosas, en diciembre de 1992 Priem movió los hilos para presionar a sus dos amigos. Envió una carta de renuncia a Sun Microsystems con fecha de 31 de diciembre y al día siguiente, solo en su casa, fundó su nueva empresa, «simplemente para dar el pistoletazo de salida», recordó tiempo después.

El suyo fue un paso arriesgado. Priem no tenía nombre para su empresa. No tenía ninguna financiación. No tenía empleados. Y ni tan siquiera tenía a Malachowsky y a Jensen aún a bordo. Lo único que tenía era una idea y una cierta influencia sobre sus amigos.

—Los presioné a ambos diciéndoles que no podíamos dejar que Curtis volara solo —contó Priem, y añadió que incluso casi les hizo sentir culpables—. Pienso que se juntaron y dijeron que, si Curtis lo había dejado todo, ellos tenían que hacer lo mismo. Porque los dos lo hicieron a la vez, de manera que así resolvieron el problema con sus respectivas mujeres y dejaron claro que éramos un equipo.

Malachowsky aceptó quedarse en Sun Microsystems el tiempo necesario para concluir su último proyecto, una nueva actualización de una programación GX. Una vez que los ingenieros comprobaron que el chip era cien por cien perfecto, se sintió cómodo anunciando que pisaría la empresa por última vez a principios de marzo de 1993.

—Un buen ingeniero nunca puede dejar atrás sus responsabilidades —dijo.

Y un buen ingeniero tampoco puede irse a ningún sitio sin sus herramientas de trabajo. Por eso, antes de marcharse, Malachowsky pidió llevarse con él a su nueva *start-up* sus estaciones de trabajo en Sun. Wayne Rosing, que continuaba siendo su jefe, aceptó y, durante sus últimos días allí, Malachowsky se aseguró de actualizar todos los dispositivos que pudo.

—Los actualicé todos, me cercioré de que salieran de allí con la máxima capacidad de memoria, las unidades de disco con mayor capacidad y el monitor más grande —confesó Priem.

Jensen también quería concluir en buenos términos su etapa en LSI. Por eso, durante las primeras seis semanas de 1993, él mismo se ocupó de distribuir sus proyectos entre otros líderes de la empresa. Oficialmente se unió a Priem el 17 de febrero, justo el día en que celebraba su treinta cumpleaños.

Rosing consideraba que Priem, su protegido, estaba cometiendo un error mayúsculo. En enero, cuando Priem aún volaba solo, Rosing invitó a su ya exingeniero a un lugar fuera de la oficina en el que varios empleados de Sun estaban trabajando en un proyecto secreto. Tras convencer a Priem para que firmara una cláusula de confidencialidad, Rosing le reveló que Sun estaba desarrollando un nuevo lenguaje de programación de propósito general, el cual se acabaría convirtiendo en Java. Aunque el proyecto era mucho más que prometedor, Rosing consideraba que avanzaba demasiado lento para llegar a ser útil. Por esa razón, le preguntó a Priem si él estaría interesado en diseñar un nuevo chip que pudiera liberar carga de procesamiento a la CPU y acelerar así la ejecución del nuevo lenguaje.

Fue una tentación para Priem, especialmente porque aún no estaba seguro de si Jensen y Malachowsky acabarían cumpliendo su promesa de unirse a él en la nueva empresa.

—De haber dicho que sí, mi trayectoria profesional habría tomado un rumbo completamente diferente.

Aunque pensó detenidamente en la propuesta de Rosing, en realidad no tenía ningún interés en diseñar una CPU y le atraía infinitamente más la idea de desarrollar su propio procesador de gráficos con sus amigos, aun cuando eso conllevara un enorme riesgo. Así que rechazó la oferta de Rosing.

Impertérrito, Rosing volvió a intentarlo en febrero. En esta ocasión, ya no se molestó en pretender separar al grupo, sino que trató de llevarse a los tres a la vez. Les ofreció autorizar a su *startup* la explotación de todo el porfolio de patentes de Sun, que incluía todos los diseños del antiguo chip GX de Priem y Malachowsky. A cambio, ellos tendrían que comprometerse a hacer sus nuevos chips compatibles tanto con los gráficos GX de Sun como con los ordenadores personales de IBM.

Tras escuchar con atención la propuesta de Rosing, los tres hombres se retiraron al aparcamiento del campus de Sun para debatir la decisión. Priem consideró todas las implicaciones de la propuesta y dijo que le parecía «interesante». Esa alianza les daría un gran cliente de renombre desde el principio y los mantendría a salvo de cualquier posible reclamación por infracción de derechos de autor por parte de su antigua empresa. Sin embargo, también tenía una desventaja, y era que el acuerdo los obligaría a dedicar menos tiempo y recursos al mercado de los ordenadores personales, que era en el que, en su opinión, más oportunidades de éxito tenían. Además, tampoco estaban seguros de que fueran capaces de conseguir que un único chip funcionara tanto en las plataformas de Sun como de los ordenadores personales. Por ello, acordaron declinar la oferta de Rosing y seguir su camino en solitario.

Durante el intercambio de opiniones en el estacionamiento, Priem les confesó que ya tenía en mente las especificaciones básicas para un nuevo acelerador de gráficos para ordenadores personales. Tendría más colores y trabajaría con una memoria intermedia mayor que la de los chips GX que él y Malachowsky habían desarrollado para Sun. En muchos aspectos, sería una auténtica evolución del chip GX en el que tanto habían estado trabajando durante seis años. Les dijo que Microsoft había llamado a su nuevo sistema operativo Windows NT porque esa NT hacía alusión, en inglés, a *next technology* ('próxima generación'). Por tal razón él estaba convencido de que quería llamar a su chip GX Next Version o GXNV.

En inglés, el nombre sonaba a GX envy ('la envidia de GX'), un fenómeno bastante común entre la competencia de estaciones de trabajo de Sun. Priem había escuchado un sinfín de historias sobre sus rivales, entre ellos Digital Equipment Corporation, que había perdido clientes por culpa de los equipos de ventas de Sun, provistos con gráficos GX y copias del juego Aviator. El nombre indicaba que estaban dispuestos a hacerlo otra vez, pero ahora a su manera.

No obstante, para enfatizar la clara ruptura con su pasado (y posiblemente también para evitar la más remota posibilidad de recibir una denuncia por violación de derechos de autor), Jensen sugirió a Priem «dejar fuera lo de GX». De esta forma, su chip se conocería como NV1.

Los tres cofundadores comenzaron trabajando en los exteriores del adosado de Priem en el barrio de San Jose, en Fremont, con poco más que una visión y las estaciones de trabajo de Sun que se había llevado consigo Malachowsky. Priem vació todas las habitaciones a excepción de su dormitorio, trasladó todos los muebles al garaje y montó mesas plegables grandes para todos los equipos. Durante las primeras semanas apenas tenían nada que hacer. Día tras día los tres se juntaban y hablaban de comida.

—¿Qué hicieron anoche? ¿Qué cenaron? —recuerda Jensen que se preguntaban unos a otros. El gran momento del día giraba en torno a la decisión de qué prepararse para comer al mediodía—. Suena patético, lo sé, pero así era.

Después de un tiempo, acordaron hacer su primera compra oficial de hardware y pidieron un ordenador personal compatible con IBM de Gateway 2000, el fabricante de ordenadores por correo electrónico que se había hecho famoso por enviar los dispositivos en cajas en blanco y negro con estampado de vaca. Nada más llegar, la máquina rompió los esquemas de Priem y Malachowsky, cuya vida profesional hasta ese momento se había centrado en los hardwares y softwares de Sun Microsystems.

—Nosotros no éramos gente de ordenadores personales —decía Malachowsky—. Resulta que íbamos a comernos el mundo, pero no teníamos ni idea de ordenadores personales.

Por fortuna, no estarían solos mucho tiempo. Las noticias volaban, y en cuanto se corrió la voz de la nueva empresa de los tres cofundadores, varios de los ingenieros veteranos de Sun Microsystems dejaron sus puestos y se unieron a la incipiente *startup*. Enseguida se produjeron dos contrataciones que fueron cruciales para el negocio: la primera fue la de la Bruce McIntyre, un programador de software que había pertenecido al equipo de GX, y la segunda la de David Rosenthal, un arquitecto de chips que se convirtió en el principal científico del grupo.

—No me puedo creer la cantidad de gente fascinante que se unió a nosotros. De pronto tuvimos a docenas de personas trabajando a nuestro lado sin recibir ni un sueldo —contaba Priem—. No les pudimos pagar nada hasta junio, yo creo, que fue cuando conseguimos la primera financiación.

McIntyre y Priem cogieron un chip gráfico de Sun GX y lo incorporaron a una base que podían conectar a su Gateway. La interfaz del hardware resultó fácil, pero la integración del software fue mucho más complicada. El hardware de Sun procesaba las instrucciones de un modo que el sistema operativo de Microsoft era incapaz de comprender. Tardaron más de un mes en remapear los registros gráficos del GX para que funcionara con Windows 3.1, pero, al final, y con gran esfuerzo, el equipo solventó el problema. Como no podía ser de otro modo, el primer juego que añadieron a Windows fue la última versión del Aviator de Priem, el cual renombraron como Zone5.

Ahora, por fin, la *start-up* contaba con su propia plantilla. También tenía un producto viable con el que poder demostrar a todos su valía. Lo único que les faltaba para existir legalmente era un nombre oficial. Priem ya tenía preparado un listado de posibles opciones. A la cabeza estaba Primal Graphics, una denominación que sonaba bien y combinaba las primeras letras de los apellidos de dos de los cofundadores del proyecto: PRIem y MALachowsky. Al resto también les gustaba, pero todo el equipo coincidía en que, para ser justos, el nombre de la empresa debía incluir también a Jensen. Para desgracia de todos, resultaba imposible dar con un nombre que sonara atractivo. Entre los posibles candidatos estaban Huaprimal, Prihuamal y Malhuapri, por lo que al final tuvieron que desistir de la idea de combinar los nombres.

La mayoría de las opciones que proponía Priem incorporaban NV en alusión al primer diseño de chip que habían planeado. Así, empezaron a barajarse nombres como iINVention, eNVironment e iNVision, palabras cotidianas que otras empresas ya habían añadido a sus marcas, como una de papel higiénico que se había registrado como Envision para hacer destacar la sostenibilidad de su línea de productos. Otro nombre también resultaba demasiado parecido a una marca de inodoros controlados por ordenador.

—Todos esos nombres que se nos ocurrían apestaban —bromeaba Priem.

La última opción que les quedaba era Invidia, una invención de Priem, que dio con ella tras buscar el significado de la palabra *envy* ('envidia') en el diccionario, en cierto sentido, un recuerdo a su trabajo en GX, pues él y Malachowsky pensaban que sus rivales, tanto dentro como fuera de Sun, habían envidiado su éxito.

—Optamos por dejar caer la I y nos quedamos con NVidia en honor al chip NV1 que estábamos desarrollando, y con la esperanza secreta de que algún día Nvidia despertara la envidia de todos.

Ya con un nombre en mente, Jensen buscó un abogado y escogió a James Gaither, uno de los legalistas del conocido despacho Cooley Godward. Se trataba de un bufete de tamaño mediano, con algo menos de cincuenta abogados en plantilla. Aun así, habían logrado labrarse un nombre, y se habían convertido en los abogados de referencia para las *start-ups* que arrancaban su andadura en Silicon Valley. En su primera reunión, Gaither preguntó a Jensen cuánto dinero tenía en el bolsillo. Jensen le dijo que 200 dólares.

—Inviértelo todo —le aconsejó Gaither. Y, cuando lo hizo, le dijo que ya tenía una gran participación accionarial en Nvidia.

En los estatutos de constitución de Nvidia los tres socios tenían la misma participación en la empresa. Cuando Jensen volvió al chalé les pidió a sus socios que cada uno de ellos invirtiera 200 dólares para «adquirir» su parte.

—Hicimos un buen negocio —declaró luego Jensen con la aridez que lo caracterizaba.

Nvidia nació oficialmente el día 5 de abril de 1993. Ese mismo día, Priem condujo hasta el Departamento de Vehículos a Motor para solicitar una matrícula personalizada en la que pusiera: NVIDIA.

Llegó la hora de la primera prueba de viabilidad de Nvidia, la búsqueda de financiación. El mundo del capital de riesgo era mucho más pequeño en 1993 de lo que es hoy. Las firmas de capital de riesgo de Silicon Valley, la mayoría de las cuales, tanto antes como ahora, tenían su sede en Sand Hill Road, en Palo Alto, solo representaban alrededor del 20 por ciento del total de las inversiones de riesgo del país y competían con importantes casas con sede en Boston y Nueva York. Toda la industria del capital de riesgo tenía su nicho en la economía, pues se trataba de un desembolso anual de 1 000 millones de dólares (casi 2 000 millones en los dólares de hoy).[29] En la actualidad, las firmas de capital de riesgo de Bay Area son las que dominan la industria, pues invierten más de la mitad de los 170 000 millones de dólares que se distribuyen cada año.

Aun así, dos cosas han permanecido constantes en lo referente al capital de riesgo. La primera es que los fundadores cuyas *start-ups* ya producen beneficios son mucho más exitosos en sus planteamientos que los de las *start-ups* que no tienen productos en el mercado, y esto era especialmente cierto a principios de los años noventa, cuando el interés de riesgo en las empresas que comenzaban estaba en su nivel más bajo en diez años. La segunda es que, como sucede con muchas otras cosas en el mundo empresarial, el éxito depende tanto de los contactos que tiene uno como de lo robusto que es el negocio. En el caso de Nvidia, las redes de sus fundadores eran lo suficientemente extensas como para compensar el aún inexistente flujo de ingresos de la compañía.

La decisión de Jensen de facilitar al máximo su salida de LSI Logic resultó en el pago inmediato de dividendos durante el proceso de captación de fondos de Nvidia. Cuando presentó su dimisión, su superior no tardó en presentarle al CEO de LSI, Wilfred Corrigan, un ingeniero británico que había sido pionero en varios procesos de fabricación de semiconductores y principios

29. National Science Board, «Science and Engineering Indicators–2002», NSB-02-01 (Arlington, VA: National Science Foundation, 2002). Disponible en <https://www.nsf.gov/ publications/pub_summ.jsp?ods_key=nsb0201>.

del diseño que aún están en vigor hoy. El jefe de Jensen quería que Wilf, como se conocía al alto ejecutivo en la empresa, hiciera cambiar de opinión al joven ingeniero y lo convenciera para que no abandonara la firma del todo. Sin embargo, en cuanto Corrigan tuvo noticias de la idea que tenía Jensen de crear una nueva generación de chips gráficos, no pudo resistirse a preguntarle:

—¿Puedo invertir?[30]

Corrigan interrogó a Jensen respecto del mercado destinatario de la *start-up* y de su posición estratégica. «¿Quién se dedica a jugar a videojuegos?» y «Ponme un ejemplo de una empresa de videojuegos» fueron algunas de sus preguntas. Seguro de sí mismo, Jensen le respondió que, si ellos construyeran esa tecnología, se fundarían cada vez más empresas. Las que ya había, como S3 y Matrox, se habían dedicado siempre a desarrollar tarjetas gráficas 2D aceleradas, y los juegos con gráficos en 3D estaban en ese preciso instante empezando a despegar.

Con todo y con eso, Corrigan seguía siendo escéptico y dudaba de si el negocio que Jensen perseguía sería realmente viable.

—Apuesto a que volverás pronto —le dijo Corrigan—. Te dejaré reservado tu sitio.

No obstante, Corrigan prometió a Jensen que le presentaría a Don Valentine, de Sequoia Capital. Valentine ya había invertido en LSI Logic allá por 1982, y aquello le había garantizado una buena paga cuando la empresa se hizo pública un año más tarde. E incluso le había ido todavía mejor con otras inversiones en empresas tecnológicas como Atari, Cisco y Apple. A principios de 1990, estaba considerado «el mejor inversionista de riesgo del mundo».[31]

Aunque Corrigan pudiera albergar sus dudas en cuanto al potencial de Nvidia, no dudaba en absoluto del potencial de Jensen. Por eso, cuando telefoneó a Valentine tras su conversación con el joven ingeniero que iba a dejar su empresa, no trató de venderle la idea de la *start-up*, sino la magnificencia de Jensen.

30. Entrevista con Jensen Huang, 2024.
31. «Jensen Huang», *Sequoia Capital*, 30 de noviembre de 2023, video.

—¡Hola, Don! —le saludó—. Uno de nuestros muchachos va a dejar LSI Logic para fundar su propia empresa. Es un tipo realmente inteligente. Muy bueno. Les aconsejo que no lo dejen escapar.[32]

Valentine se comprometió a reunirse con Jensen, Priem y Malachowsky, e hizo que un socio menor concertara una cita con ellos a finales de mayo. Mientras tanto, los tres seguían siendo libres para tratar de llegar a otros posibles inversores.

A mediados de abril, semanas después de su incorporación a Nvidia, los tres cofundadores visitaron las oficinas centrales de Apple para conversar sobre las necesidades gráficas de la línea Macintosh. Mas de aquella reunión no salió nada.

Tres semanas más tarde, los tres amigos se dirigieron a las instalaciones de Kleiner Perkins Caufield & Byers, otra empresa de capital de riesgo que, al igual que la de Sequoia, había abierto sus puertas en los años setenta y ya había hecho un buen número de inversiones que les habían salido redondas. Entre ellas destacaban las de America Online, Genentech y Sun Microsystems, por la que los cofundadores de Nvidia los habían conocido. En aquella reunión, uno de los socios de Kleiner dio mucha importancia a la cuestión de las placas de circuitos, e insistió en que Nvidia debía empezar a fabricar internamente sus placas. Sin embargo, los planes de Nvidia consistían en diseñar los chips gráficos, que serían fabricados por alguien externo, y después vender el chip a un socio dedicado a placas, quien debería encargarse de incorporarlo a la tarjeta gráfica y, por último, venderla a fabricantes de ordenadores personales.

Aquella insistencia por parte del socio no tenía ningún sentido para Malachowsky.

—¿Por qué razón vamos a competir por unos centavos en una resistencia? —cuestionaba—. Quiero decir, no tenemos ninguna experiencia en ese campo. Nosotros debemos centrarnos en aquello en lo que somos buenos y, si no les gusta, pues que no les guste.

Parte de esta actitud se debía a la bravuconería típica, por no decir necesaria, del fundador de una *start-up*, pero otra parte era

32. Entrevista con Mark Stevens, 2024.

también consecuencia de esa practicidad que derrochaba Malachowsky. Los tres tenían la ambición de llegar a dominar el mercado de los gráficos de los ordenadores personales, y para ello
debían destinar todos sus recursos a la mejor oportunidad que
surgiera, en lugar de dispersarlos probando suerte en distintos
mercados. Ese fue justo el motivo por el que habían rechazado la
oferta de Wayne Rosing de fabricar chips que pudieran funcionar tanto en las estaciones de trabajo de Sun como en los ordenadores personales compatibles con IBM. Y ahora ese mismo
criterio los obligaba a dar por zanjadas las conversaciones con
Kleiner Perkins.

En su siguiente reunión, esta vez con Sutter Hill Ventures, el
trío se mostró ya más relajado. De nuevo, y gracias a sus contactos, no partían de cero. Sutter Hill ya había invertido también en
LSI Logic y habían hablado con Wilf Corrigan para informarse
sobre Jensen. Y Corrigan dijo las mismas maravillas de él que las
que había dicho a Don Valentine. No obstante, Sutter Hill ya
había hecho algunas inversiones en empresas gráficas y la firma
se mostraba recelosa respecto de si una nueva *start-up* realmente lograría destacar en un mercado, a su juicio, extremadamente
competitivo y mercantilizado. El único socio que mostró su fas-
cinación por Nvidia fue Tench Coxe, que se había unido a la empresa unos cuantos años antes.

—Fue una apuesta de negocio controvertida —rememoraba
Coxen después—. De los cinco que éramos en Sutter, yo era con
diferencia el más joven.

A Coxe lo dejaron boquiabierto los tres cofundadores. Además, él sabía del apoyo que Corrigan le brindaba a Jensen. Por
ello, en la reunión tanteó más bien la capacidad profesional de
Priem y Malachowsky, y quedó fascinado por su dominio de los
gráficos 3D y de los sistemas operativos de ordenadores.

Aquella reunión tan positiva que mantuvieron con Sutter
Hill fue un buen augurio de la gran prueba que tendrían que pasar dos días después: meterse en el bolsillo a Don Valentine en
Sequoia. Aunque Nvidia aún no tenía listo su chip para poder
mostrárselo, sí que pudieron presentarle la tarjeta gráfica Sun GX
que habían hackeado para que funcionara con su ordenador per-

sonal Gateway 2000 y les valiera como prueba del concepto que tenían en mente. En aquel momento el chip tenía ya cuatro años, pero seguía siendo mucho más capaz que cualquier otra de las tarjetas gráficas de Windows que había en el mercado. Para demostrarlo, jugaron una sesión de veinte minutos de Zone5, y optaron por ejecutar la demo no en un monitor estándar, sino a través de uno de los primeros auriculares de realidad virtual que había ideado otra *start-up*. Tenían la certeza de que sus deslumbrantes gráficos bastarían para persuadir a cualquiera.

Lo que el equipo de Nvidia no sabía era que Valentine odiaba las demos con todas sus fuerzas. El fundador de Sequoia ya había estado en tantísimas presentaciones de este tipo que sabía que a los emprendedores les encantaba presumir de su tecnología y llenarse la boca presentándola de tal manera que entrara por los ojos. Sin embargo, para él lo relevante no era un producto llamativo, sino que sus creadores conocieran a la perfección el posible mercado del producto y su posición competitiva. Muy a su pesar, los cofundadores de Nvidia habían caído en su propia trampa.

Los tres se dieron cita en las oficinas de Sequoia de Sand Hill Road, tal y como habían acordado con Mark Stevens, un socio recién ascendido que previamente había trabajado en Intel y que ahora era el especialista en semiconductores de la empresa. El muchacho fue el encargado de conducirlos a una sala de conferencias oscura con paneles de madera, y allí fue donde mostraron su demo. Cuando terminaron, Valentine reculó para evaluar la *start-up* a su estilo, con un bombardeo de preguntas diseñadas no solo para poner a prueba la pericia de los fundadores, sino para verlos responder bajo presión. Tiempo después, Malachowsly se referiría a aquel encuentro con Valentine como un «tribunal de enjuiciamiento».

—¿Qué son ustedes? —Valentine preguntó a los tres cofundadores—. ¿Son una empresa de videojuegos? ¿Acaso son más bien una empresa de gráficos? ¿Una firma de audios? Tienen que ser una empresa de algo en concreto.

Priem se quedó paralizado por un momento sin saber qué decir. Y de pronto soltó una respuesta:

—Somos todas ellas.

Y continuó con una extensa y profundamente técnica explicación de cómo ellos eran capaces de integrar en el chip que planteaban todas las especificaciones por las que Valentine les preguntaba. Aunque Priem no estaba diciendo nada que no fuera cierto sobre el potencial de NV1, su agitada respuesta fue tan densa que solo un ingeniero podría entenderla. Para Priem, su plan era la mejor señal de su ambición y pericia: tenían la capacidad de desarrollar un solo chip que podía ir dirigido a distintos mercados al mismo tiempo, lo que expandía el potencial del chip sin incrementar demasiado su complejidad técnica. A Valentine, sin embargo, le daba la sensación de que Priem sonaba indeciso.

—¡Escojan una, demonios! —estallaba—. De no ser así, fracasarán, porque no tienen ni idea de quiénes son.

Fue entonces cuando Valentine les preguntó dónde creerían que estaría Nvidia en diez años. Priem respondió al instante:

—Poseeremos nuestra propia arquitectura I/O.

Aquella fue otra respuesta típica de un ingeniero a una pregunta que era básicamente empresarial. A lo que Priem se refería era a que veía a futuras generaciones de chips de Nvidia acelerando no solo el mundo de los gráficos, sino también el de otras operaciones de la placa base como las relacionadas con el sonido, los puertos de juegos y el trabajo en red. Sin embargo, y de nuevo, su respuesta resultaba incomprensible para la gente de Sequoia. De hecho, y según Malachowsky, la profusa explicación hasta confundió a sus cofundadores.

Stevens salió al paso para intentar llevar la conversación a un nivel más práctico. Por eso quiso saber a quién tenían en mente los creadores de Nvidia para la fabricación de sus chips. Los cofundadores contestaron a la vez que habían pensado encargárselo a SGS-Thomson, una empresa europea de semiconductores que hacía bien poco había evitado caer en bancarrota reduciendo costes y externalizando su producción a Singapur y Malasia. En cuanto lo escucharon, Valentine y Stevens se miraron el uno al otro y sacudieron la cabeza. Preferían que Nvidia operara con la casa Taiwan Semiconductor Manufacturing Company (TSMC), la cual tenía mejor fama.

Jensen procuró entonces reconducir nuevamente la conversación hacia los temas preferidos de Valentine, que tenían más que ver con estrategia y posicionamiento en el mercado, pero, llegados a este punto, hasta él se sentía atosigado por el aluvión de preguntas y por el hecho de que el equipo de Nvidia pareciera incapaz de responder satisfactoriamente a ninguna de ellas. Por consiguiente, la reunión concluyó sin ningún compromiso por parte de Sequoia.

—Lo cierto es que hice un trabajo horrible en nuestra propuesta de negocio —reconoció Jensen, quien no dudó en asumir toda la responsabilidad del desastre acontecido en el encuentro—. Me compliqué mucho yo solo al explicar qué estábamos construyendo, para quién y por qué íbamos a tener éxito.

Tras la reunión, Valentine y Stevens comentaron lo que les habían dicho. Ambos coincidieron en que los tres cofundadores eran brillantes y en que su proyecto de incorporar los gráficos en 3D a la plataforma de los ordenadores personales era, cuanto menos, prometedor. Aunque ninguno de sus socios jugaba a videojuegos, Sequoia ya había invertido en Electronic Arts, la empresa dueña de un software de juegos de ordenador que había salido hacía poco a bolsa y que ya le había hecho ganar dinero. También tenían acciones en S3, la primera empresa en dedicarse a los chips de aceleradores de gráficos en 2D y a la que los cofundadores de Nvidia pensaban que podían derrotar, por lo que sabían de sobra que el mercado era viable, Además, Valentine se arrepentía de haber dejado pasar la ocasión de invertir en Silicon Graphics, la cual ahora dominaba el mercado de las estaciones de trabajo de gráficos de alto final.

Los socios de Sequoia se reunieron con los cofundadores de Nvidia dos veces más a mediados de junio. En la última reunión por fin decidieron invertir.

—Wilf dice que va a darles el dinero. Así que, muy a mi pesar, porque yo estoy en contra, se los daremos. Pero, les advierto, si pierden mi dinero, acabaré con ustedes —espetó Valentine al equipo de Nvidia.

De este modo, a finales de ese mismo mes, Nvidia logró 2 millones de dólares en financiación de serie A de Sequoia Capital y Sutter Hill Ventures, un millón de cada uno.

La empresa disponía del dinero suficiente para financiar el desarrollo de su primer chip y comenzar a pagar a sus empleados. Aquel fue un momento de gloria para Jensen, Priem y Malachowsky: lo habían logrado gracias a su reputación, no a su plan de negocio ni a su demo. Sin duda, fue una lección que Jensen nunca olvidaría.

—Tu reputación prevalecerá siempre aun cuando tu habilidad para redactar tu plan de negocio resulte inadecuada —sentenció.

PARTE 2

EXPERIENCIAS CERCANAS A LA MUERTE (1993-2003)

4

La apuesta por el todo

Finalmente, Nvidia pudo dejar de solo hablar de su primer chip y empezar a construirlo. La primera exigencia del negocio implicaba sacar la empresa de las instalaciones adicionales de Priem y trasladarse a una oficina de verdad. Gracias al dinero de Sutter Hill y Sequoia, Nvidia pudo permitirse alquilar un conjunto de oficinas en un edificio de una sola planta ubicado justo al lado de Arques Avenue, en Sunnyvale. El lugar no era el ideal (de hecho, en las inmediaciones estaba el banco Wells Fargo, el cual fue asaltado varias veces en el tiempo en que la empresa estuvo allí), pero, aun así, el lugar daba a los empleados de Nvidia un mayor sentido de pertenencia.

Por primera vez la empresa podía permitirse pagar a su plantilla. Antes de su campaña de recaudación de fondos, Nvidia únicamente contaba con un puñado de empleados que trabajaban sin nómina, pero con la promesa de que, más pronto que tarde, el dinero comenzaría a fluir. En ese momento, por fin, la firma pudo iniciar una serie de contrataciones, y veinte nuevos profesionales se unieron a la plantilla para desempeñar roles de ingenieros y operativos.

Una de las incorporaciones fue Jeff Fisher, quien había dejado su puesto de fabricante de chips gráficos en Weitek para ponerse al mando del Departamento de Ventas de Nvidia. Durante la entrevista, Fisher se quedó impresionado con la valía de cada uno de los cofundadores de Nvidia.

—Unos tipos fantásticos. Los tres son diferentes, pero todos ellos son superinteligentes —recordaba—. Jensen se ve que lleva la ingeniería en las venas, pero sabe hacer muchas otras cosas. Y Curtis es un ingeniero empeñado en solucionar la cuestión de la compatibilidad delante-detrás de la arquitectura unificada. Chris, por su parte, tenía el don de idear transistores como ninguno.

Robert Csongor, otro de los primeros empleados de Nvidia, vivió su primer día en la empresa con tantísima emoción que hasta convenció a Jensen para sacarse una foto juntos delante del letrero de Nvidia que daba la bienvenida a la oficina.

—Un día seremos grandes y famosos —insistía Csongor—, y nos partiremos de risa al ver esta foto.

Antes de aumentar el personal de Nvidia, los tres cofundadores decidieron establecer una cadena de mando. Priem y Malachowsky querían mantener la misma relación comercial que en su momento habían tenido en Sun: Priem sería el responsable de todo lo relacionado con la arquitectura de chips y los productos en calidad de director técnico, y Malachowsky se encargaría de coordinar los equipos de ingeniería e implementación. Ambos dieron por sentado que Jensen Huang sería quien tomara las decisiones empresariales.

—Podría decirse que básicamente dejamos la pelota en su tejado y, un buen día, le dijimos: «Jensen, tú eres el que dirige el negocio. Ocúpate tú de todas esas cosas de las que ni Chris ni yo no tenemos ni idea» —contaba Priem.

Huang recuerda que Priem había sonado incluso más directo:

—Jensen, tú eres el CEO, ¿no? ¡Pues venga![33]

Con los roles completamente definidos y los equipos de proyectos cerrados, Priem se lanzó de cabeza al diseño del chip NV1.

33. «Jen-Hsun Huang», *Stanford Online*, 23 de junio de 2011, video, 45:37.

Pero sucedía que, en el mundo de los gráficos de PC, las restricciones eran incluso más duras que para la SPARCstation de Sun. La generación de CPU de Intel, los cuales alimentaban la mayoría de los ordenadores personales, tenía dificultades para realizar los cálculos matemáticos de punto flotante de alta precisión que se utilizaban en el renderizado gráfico. Además, la capacidad de fabricación de los diseñadores de chips era escasa y no muy avanzada, lo cual limitaba considerablemente el número de transistores que Nvidia podía encajar en un único chip. Por si fuera poco, las memorias de semiconductores, imprescindibles para que los aceleradores gráficos pudieran hacer sus cada vez operaciones más complejas, tenían un precio excesivamente elevado dada la mayor demanda de ordenadores personales, y podían llegar a costar la friolera de 50 dólares por megabyte.

Priem y su equipo planearon desarrollar un chip capaz de mostrar gráficos a una resolución de 640 × 480 píxeles, con texturas de alta calidad y altas velocidades de renderizado. Sin embargo, tenían que partirse la cabeza para sortear las limitaciones de los ordenadores personales. Su primer gran problema tenía que ver con el coste de la memoria. Si para su NV1 seguían los métodos estándares de diseño de chips, este necesitaría una memoria integrada de cuatro megabytes, lo que se traducía en un coste de 200 dólares. Ya únicamente esto hacía que cualquier procesador gráfico que incorporara el chip resultara inasequible para la mayoría de los jugadores, que estaban acostumbrados a precios mucho más bajos. Antes de esta primera era de potentes chips 3-D para ordenadores personales, la mayoría de los procesadores gráficos 2-D costaban menos de 10 dólares y empleaban una cantidad limitada de memoria.

Priem trató de solventar el problema con un nuevo procesador de software para trabajar texturas, al cual luego denominó mapeado de texturas. Así, la NV1 renderizaría polígonos 3D empleando cuadriláteros en lugar del texturizado inverso tradicional, el cual se basaba en triángulos. El cambio a cuadriláteros exigiría una menor fuerza computacional y, por consiguiente, menos recursos en cuanto a memoria. Tan solo había un inconveniente, era grande: los desarrolladores de software tendrían que rehacer completamente sus juegos para que pudieran beneficiarse del mapeado de texturas de Priem. Se dieron cuenta de que si NV1 intentaba ejecutar un juego desarrollado con un proceso de texturizado inverso más antiguo, el resultado sería un renderizado lento y una pobre calidad gráfica. No obstante, Priem confiaba en que en el fragmentado mundo de los gráficos de videojuegos de ordenadores personales, en el que por suerte aún no había un estándar dominante, el proceso técnicamente eficiente de Nvidia pudiera proclamarse vencedor.

Y como si lo de inventar un nuevo proceso de renderizado de texturas no fuera suficiente, Priem también quiso que su NV1 mejorara las capacidades de audio de los juegos. En aquella época, el líder del mercado del sonido era la tarjeta de audio de SoundBlaster, la cual, según Priem, producía una música bajísima e irrealista. De ahí que añadiera a la NV1 una síntesis por tabla de ondas de alta calidad, la cual recreaba los sonidos digitalizados de los instrumentos, mientras que las muestras de audio de SoundBlaster eran completamente sintéticas.

Este estándar sonoro alternativo supuso otra decisión arriesgada. Combinar gráficos y audio en una sola tarjeta planteaba un movimiento cuanto menos inusual, ya que la mayoría de los ordenadores hasta la fecha contaban con tarjetas separadas para cada función. Sin embargo, Priem tenía el convencimiento de que esto reflejaba una importante ineficiencia del mercado que aguardaba a ser corregida por otra tarjeta multifunción que fuera técnicamente superior. Aun así, la adopción del nuevo formato no estaba en absoluto garantizada. Con un producto tan fuerte como era SoundBlaster, a Priem no le quedó otra que recurrir a desarrolladores de software para rogarles que cambiaran de un estándar inferior, pero ampliamente adoptado, a otro de su propiedad que producía mejores resultados sonoros, pero cuya implementación exigía más trabajo.

Mientras Priem trabajaba en el diseño, Jensen se centraba en convencer a Intel para que respaldara su nueva tarjeta. Su contacto en Intel era un joven ejecutivo de nombre Pat Gelsinger, que se encargaba de gestionar las revisiones de su estándar de bus de Interconexión de Componentes Periféricos (PCI) para ordenado-

res personales que todas las siguientes tarjetas gráficas emplearían. Jensen quería que el PCI añadiera distintos tipos de modos
de rendimiento para que la NV1 pudiera aprovecharse de ellos,
pero Gelsinger se mostraba reacio.

—Recuerdo conversaciones acaloradas en las que Jensen y yo
defendíamos distintos puntos de vista en lo referente a la arquitectura —rememora Gelsinger.[34]

Al final, fue Jensen quien salió victorioso. Intel apostó por un
estándar más abierto, con mejores capacidades y que fomentara
la innovación. Aquella fue una victoria no solo de Nvidia, sino de
toda la industria gráfica en su conjunto, ya que, con un estándar
más abierto, los fabricantes de periféricos podían pasar a dictar
el ritmo de los avances tecnológicos sin tener que esperar a que
Intel se pusiera al día. Según Gelsinger, Nvidia debía su futuro
éxito a «la plataforma de PCI abierta que hacía posible que sus
dispositivos gráficos realmente tomaran la delantera a cualquiera».

Mientras el diseño de su NV1 iba tomando forma, Jensen y
Malachowsky forjaron una alianza con la fundición que se ocu-
paría de fabricar todos sus chips, la europea SGS-Thomson.
Por mucho que Don Valentine y Mark Stevens se hubieran
mostrado críticos con la idoneidad de SGS-Thomson como socio, Nvidia aprovechó la relativa debilidad del fabricante de
chips con sede en Europa como una ventaja a su favor para la
negociación. Su acuerdo dio a SGS-Thomson la autorización
exclusiva para fabricar el chip NV1 para Nvidia y también para
crear una versión simplificada del NV1 que su socio experto en
fundición podría revender como un chip de gama media con su
propia marca blanca. A cambio de ello, el fabricante pagaría a
Nvidia aproximadamente un millón de dólares al año para que
escribiera un software que permitiera el control de procesos y
se ocupara de todas las actualizaciones de los conductores de
los grandes sistemas operativos de Windows. En esencia,
SGS-Thomson aceptó financiar por completo el Departamento
de Software de Nvidia, formado por alrededor de una docena

34. Entrevista con Pat Gelsinger, 2023.

de profesionales, para así garantizarse el privilegio de fabricar el chip NV1.[35]

Fue en el otoño de 1994 cuando SGS y Nvidia presentaron su NV1 en CODEX, en Las Vegas, una de las mayores ferias informáticas de todo el globo. Habían preparado tres prototipos que habían instalado en ordenadores de trabajo. Instantes antes de que el encuentro arrancara, Priem y otro ingeniero aún estaban depurando los conductores del software, por lo que decidieron llevarse uno de los prototipos de vuelta al hotel para seguir trabajando allí en él. Los otros dos los dejaron colocados en su puesto. Un guarda de seguridad que iba recorriendo el recinto había recomendado a la empresa que contratara a alguien que vigilara sus equipos por la noche. Sin embargo, el grupo de Nvidia había desoído el consejo.

Por desgracia, al día siguiente, en cuanto llegaron para montar, vieron que todas sus cosas habían desaparecido. Las puertas se habían quedado sin llave, y alguien debió entrar por la noche y había robado sus prototipos. Afortunadamente, aún les quedaba el chip que tenían en el hotel, así el NV1 pudo ser presentado oficialmente tras el acto de inauguración de la feria.[36]

En medio de todo aquel ajetreo que se respiraba en la feria, el equipo de Nvidia logró sacar un hueco para presentarse a los representantes de Sega, el gran fabricante japonés de videojuegos y consolas.[37] La impresionante demostración de la NV1 ejerció tal impacto en sus empleados que la casa Sega decidió comenzar a trabajar con Nvidia en la planificación de su nueva videoconsola. De este modo, el 11 de diciembre de 1994, Jensen y Curtis volaron hasta Tokio para proponer a la directiva de la firma nipona un acuerdo para el desarrollo de un chip.[38]

Aquel fue el primer paso para la que debería haber sido una relación larga y beneficiosa para las dos empresas. En mayo de

35. Entrevista con Dwight Diercks, 2024.

36. Peddie, Jon, *The History of the GPU: Steps to Invention* (Cham, Suiza: Springer, 2022), 278.

37. *Idem.*

38. Entrevista con Curtis Priem, 2024.

1995, Sega y Nvidia firmaron un acuerdo de colaboración de cinco años, conforme al cual Nvidia se comprometió a construir su próximo chip, el NV2, en exclusiva para la siguiente videoconsola de Sega. A cambio, los japoneses impulsarían el lanzamiento del NV1 para ordenadores personales, por un lado, transfiriendo varios de los juegos originalmente desarrollados para su actual consola, la Sega Saturn, y, por otro, reescribiéndolos para que facilitaran el mapeo de texturas de la NV1. Y aún más: Sega adquirió acciones preferentes de Nvidia por un valor de 5 millones de dólares.

Una vez definidos todos los términos comerciales, por parte de Nvidia fue Curtis Priem quien tomó el mando del proyecto junto con Sega, ya que el trato cerrado exigía una importante colaboración tecnológica. En el año 1995 viajó en seis ocasiones a Japón para coordinar la puesta en marcha de los planes conjuntos de las dos empresas. Así, supervisó *in situ* las especificaciones de diseño para la nueva consola que saldría al mercado con la NV2, y se ocupó incluso de trabajar en cómo el dispositivo que leería los cartuchos del juego realizaría la compresión del color. Además, ayudó a Sega a entender las posibles dificultades con que se toparían al transferir a un PC sus juegos para Saturno.

Su NV1 reunía todo lo necesario para garantizar un lanzamiento exitoso. Contaban con un enfoque de mercado único, pues el suyo era el único acelerador multimedia de un solo chip con distintas y novedosas características de texturizado y renderizado. Sus primeras ventas alcanzaron niveles significativos gracias a un pedido de 250 000 chips de Diamond Multimedia, el principal socio de placas de Nvidia, que incorporó el chip en una tarjeta gráfica de 300 dólares, que comercializaron bajo la marca Edge 3D. Nvidia encontró también un entregadísimo compañero de lanzamiento en Sega, que no solo adquirió el compromiso de apoyar el chip, sino que incluso prometió hacer lo mismo con el siguiente. El chip se anunció oficialmente en mayo de 1995, y toda la empresa confiaba en que sería un éxito sin precedentes.

Sin embargo, Nvidia había malinterpretado gravemente el mercado. Por primera vez en los últimos dos años, los precios de las memorias se habían desplomado, pues los usuarios habían pasado de pagar 50 dólares por megabyte a 5, lo que significaba que la cicatería de NV1 con la memoria integrada había dejado de ser la ventaja competitiva que ellos habían previsto. Como resultado, pocos desarrolladores de juegos sintieron la necesidad de reescribir sus softwares para que soportaran el nuevo estándar gráfico de Nvidia. Las transferencias a PC de Sega, entre las que se incluían Virtual Fighter y Daytona USA, terminaron siendo algunos de los únicos títulos específicamente diseñados para ejecutarse en la NV1. Todos los demás juegos funcionaban malamente en el nuevo chip de Nvidia, el cual recurría a un wrapper para realizar el texturizado inverso y, por tanto, no podía escapar de un renderizado más bien lento.

Fue un único juego, el *shooter* en primera persona DOOM, el que selló el destino del NV1. En el momento del lanzamiento del chip, DOOM era, con diferencia, el juego más popular del globo: sus cinéticos, visuales y horribles combates de un ritmo rapidísimo no se parecían en nada a ninguna otra experiencia de juego producida hasta la fecha. En gran parte, esto se debía a la soberbia maestría técnica de John Carmack, el diseñador del juego y cofundador de su editor, id Software. Carmack había desarrollado el juego utilizando un estándar 2-D Video Graphics Array (VGA) y había aprovechado todos los trucos de hardware que conocía para lograr el máximo impacto visual. Durante todo el tiempo Priem se había mostrado convencido de lo que, según él, sucedería: que la mayoría de los diseñadores de juegos se pasarían a los gráficos acelerados 3D y se olvidarían de los VGA. Así las cosas, el chip NV1 solo soportaba parcialmente gráficos VGA y se apoyaba en un emulador de software para complementar sus capacidades de VGA, lo cual derivaba en un lento rendimiento para los jugadores enganchados a DOOM.

Ni tan siquiera la icónica banda sonora de DOOM y su diseño de sonido funcionaban adecuadamente en el NV1. El formato de audio registrado por los creadores del chip, el cual Priem había incluido más como floritura que como imperiosa necesidad, no era en absoluto compatible con SoundBlaster, que era el formato estándar de la industria, obra del gran creador de tarjetas de sonido Creative Labs. Sin embargo, la mayoría de los fabricantes de ordenadores personales exigían que sus periféricos fueran compatibles con SoundBlaster, y esta resultó ser una máxima que no cambiaría tan fácilmente como Priem había esperado. Para tratar de solventar la situación, Priem escribió otro emulador, en esta ocasión diseñado para producir sonido en lugar de elementos visuales. No obstante, sabía que se rompería cada vez que Creative Labs actualizara su formato, y que permanecería roto hasta que Nvidia fuera capaz de dar con un parche. Por consiguiente, los usuarios del NV1 tendrían que soportar largas temporadas durante las cuales los sonidos de sus juegos no funcionarían adecuadamente.

Aquella fue una dura e importante lección respecto del valor de la retrocompatibilidad y de los múltiples peligros de innovar solo porque sí. La nueva tarjeta de Nvidia, que de inicio se había pensado para sobrepasar los límites de la industria gráfica, no podía seguir el ritmo del juego más afamado del momento. De hecho, se fue hundiendo precisamente por la falta de juegos verdaderamente compatibles y el apoyo constante que la mayoría de los fabricantes de juegos seguían prestando a los estándares técnicos que eran inferiores, pero estaban ampliamente adoptados.

—Nosotros pensábamos que habíamos desarrollado una grandísima tecnología y un grandísimo producto —dijo Malachowsky—. Y resulta que solo habíamos desarrollado una gran tecnología. Pero no teníamos ningún gran producto.

Las ventas fueron funestas, y la mayoría de las unidades vendidas durante la campaña navideña fueron devueltas. En la primavera de 1996, Diamond Multimedia solicitó el reembolso de casi todos los 250 000 chips que había pedido inicialmente.

Jensen era consciente de que Nvidia había cometido graves errores con su NV1, que iban desde el posicionamiento hasta la estrategia de producto. Habían sobrediseñado la tarjeta y la habían cargado de funcionalidades que no interesaban a nadie. Además, en los tiempos que corrían, el mercado solo perseguía el rendimiento de gráficos más rápido para sus mejores juegos y a un precio decente. Nada más. Aparte, los fabricantes de ordenadores también advertían a Nvidia de que, al combinar las funcionalidades de video y audio en un único chip, la empresa tenía más complicado hacerse con un contrato.

—Lo más gracioso era que lo que estaba condenando a muerte al chip NV1 no era lo más importante, que eran los gráficos —apuntaba Michael Hara, por aquel entonces director de Marketing de Nvidia—.[39] Nos estaban matando los audios. Y es que los juegos de aquella época tenían que ser compatibles con Sound-Blaster, y NV1 no lo era.

—Nos fascina realmente su tecnología de gráficos, así que, muchachos, si alguna vez deciden desligarse de la parte de audio, vuelvan a vernos —recordaba Hara que les decían una y otra vez.

La NV1 no podía compararse con otras tarjetas gráficas diseñadas de un modo más restringido. Pero Nvidia se convenció de que haría dinero desarrollando cosas por las que los clientes nunca pagarían un extra.

—Nos estábamos diluyendo en demasiadas áreas distintas —rememoraba Jensen—.[40] En aquel momento aprendimos que era infinitamente mejor hacer pocas bien en lugar de querer abarcar demasiadas, por bonitas que quedaran luego en una trabajada presentación de PowerPoint. Nadie va a unos grandes almacenes a comprarse una navaja suiza. Eso es algo que solo te regalan por Navidad.[41]

Nvidia había destinado casi 15 millones de dólares a la fabricación de su NV1. Una cantidad procedente de las inversiones iniciales tanto de Sutter Hill y Sequoia como de SGS-Thomson y Sega.[42] La empresa contaba con unas fuertes ventas de su NV1 para recuperar la mayor parte de los costes de desarrollo, con

39. Entrevista con Michael Hara, 2024.

40. «Jen-Hsun Huang, NVIDIA Co-Founder, Invests in the Next Generation of Stanford Engineers», *School News*, Stanford Engineering, 1 de octubre de 2010.

41. «Jensen Huang», *Sequoia Capital*, 30 de noviembre de 2023, video, 13:57.

42. Stokes, Joe, «Nvidia Cofounder Chris Malachowsky Speaks», Ars Technica, 3 de septiembre de 2008.

vistas a empezar a trabajar en su segundo chip. Sin embargo, los malos resultados significaban que Nvidia se enfrentaba ahora a una crisis de liquidez. Jensen, Priem y Malachowsky necesitaban conseguir dinero, y enseguida, porque, de no ser así, su sueño pronto llegaría a un abrupto final que ellos mismos se habrían buscado.

Durante una de las reuniones de la primerísima directiva de Nvidia, su director Harvey Jones, anterior CEO de Synopsys, una empresa de software dedicada al diseño de chips que era líder en su sector, interrogó a Jensen con relación al NV1:

—¿Cómo lo posicionarías?

En ese momento, Jensen no se percató de que Jones no le estaba preguntado solo sobre la fabricación del NV1 o las especificaciones del producto. Le estaba preguntando cómo pensaba él que Nvidia conseguiría vender su nuevo chip en una industria hipercompetitiva. Sabía mejor que nadie que los productos debían presentarse en los términos más claros y precisos para sobresalir.

—Me planteó una pregunta muy sencilla. Pero por aquel entonces yo no tenía ni idea de lo sencilla que era. Me resultaba imposible contestar porque no entendía lo que me estaba preguntando —se acordaba Jensen—.[43] La respuesta es enormemente profunda. Te pasarás toda tu vida profesional tratando de responderla.

Dadas las repercusiones que tuvo el fracaso del NV1, Jensen se arrepintió una y otra vez de no haberse tomado un poco más en serio la pregunta de Jones. Le frustraba el hecho de que tanto él como su equipo se hubieran esforzado tantísimo para obtener tan poca recompensa, y se culpaba de ello magnificando sus deficiencias como líder de la nueva empresa.

—Hay que reconocerlo. Fuimos malos en nuestro trabajo —indicaba—. Aquellos primeros cinco años de nuestra empresa...

43. «Dean's Speaker Series | Jensen Huang Founder, President & CEO, NVIDIA», Berkeley Haas, 31 de enero de 2023, video, 32:09.

Teníamos a gente buenísima trabajando superduro, pero lo de crear una empresa era algo completamente nuevo para nosotros.

Jensen juró que aprendería todo lo que pudiera sobre liderar un negocio para evitar que él y su recién estrenada empresa volvieran a cometer los mismos errores. En su búsqueda de respuesta a la pregunta de Jones, reparó en el libro *Posicionamiento: La batalla por su mente*, de Al Ries y Jack Trout. En él, sus autores insistían en que el posicionamiento no tiene que ver con el producto en sí mismo, sino con la mentalidad del cliente, la cual está modelada por su conocimiento previo y su experiencia. La gente tiende a rechazar y filtrar todo aquello que no se alinea con el mundo que ve, y eso dificulta el proceso de que cambien de opinión de forma racional y lógica. Sin embargo, las emociones pueden variar de un momento a otro, y un buen comercial ha de ser capaz de manipular a la gente y hacerla sentir de un determinado modo en cuanto a un producto si la empresa sabe usar el mensaje correcto. Según Ries y Trout, los compradores potenciales no quieren ser persuadidos. Desean ser seducidos.

No obstante, la seducción exige un mensaje sencillo, y el mensaje de Nvidia sobre su NV1 había sido demasiado complicado. No era superior a la competencia en nada obvio y, por contra, sí resultaba inferior en determinadas circunstancias.

—El cliente siempre está pensando en alternativas —advertía Jensen.

Y en la cabeza del cliente, con esas alternativas podía hacer aquello que con NV1 no podía: jugar a DOOM. Por muchas voces que se alzaran en contra diciendo que estas empleaban antiguos estándares de gráficos o que no sacaban partido a las capacidades de mejora del rendimiento de NV1, lo cierto es que nada podría compensar ese único mensaje negativo y fácil de entender que se había extendido. Daba igual las veces que Nvidia pregonara las innovadoras capacidades sonoras y gráficas de su NV1, no había nada que pudiera contrarrestar lo que los propios jugadores veían y oían, o no oían.

El gran desastre del NV1 puso en jaque la relación de la empresa con Sega. La compañía japonesa había encargado a Nvidia que desarrollara el chip NV2 para la nueva consola que sustituiría a la Saturn y sería una continuación de la exitosa y temprana consola Genesis. El nombre en clave del NV2 en Nvidia era Mutara, en recuerdo del lugar en donde se libró la batalla espacial climática en *Star Trek II: La ira de Khan*, durante la cual el dispositivo Genesis se quema y hace colapsar la Nebulosa Mutara hasta convertirla en un nuevo planeta capaz de albergar vida. Del mismo modo, en ese momento de su historia Nvidia necesitaba que su chip NV2 infundiera un nuevo aliento a la empresa, que estaba atravesando serias dificultades.

Desde el comienzo, el panorama parecía de todo menos prometedor. Pese a la implicación directa de Priem y a sus numerosos viajes a Japón, los programadores de Sega se quejaban cada vez más de la tecnología de renderizado de gráficos de Nvidia. De ahí que, en 1996, Sega informara a Nvidia de que la empresa no utilizaría el NV2 en su próxima consola. Sin embargo, Jensen había sido muy perspicaz al incluir en el contrato inicial una cláusula según la cual Sega debería pagarles un millón de dólares si Nvidia lograba producir un prototipo de chip que funcionara y que se pudiera instalar en una placa base integrada aproximadamente del mismo tamaño que la antigua placa base de Sega Genesis/Mega Drive.

Priem asignó a un solo ingeniero, Wayne Kogachi, la misión de desarrollar el prototipo NV2. Se trataba de un trabajo solitario y nada agradecido. Kogachi únicamente tenía un chip y una placa base con los que jugar. Al resto del equipo de ingenieros Priem les encomendó trabajar en el nuevo chip de la empresa, al cual llamaron NV3. Las pocas veces que Kogachi interactuaba con sus compañeros solía ser para participar en las chiquilladas que se les ocurrían a última hora de la noche, como una vez en que todo el Departamento de Ingeniería encontró divertido ponerse a medir y a registrar el perímetro de la circunferencia de la cabeza de cada uno, entregados a una divertida frenología.

—Wayne era el que tenía la cabeza más grande de todos los que trabajábamos en Nvidia —recuerda Priem entre risas.

Tras dedicar todo un año al proyecto, Kogachi finalmente ideó un prototipo de NV2 que funcionaba con las especificaciones de Sega. Semejante hito generó unos ingresos de un millón de dólares, un dinero que fue su verdadera tabla de salvación en mitad de la crisis que estaban atravesando. Aun así, no era suficiente para paliar todos los males que rodeaban a Nvidia. La mayoría de ese millón de dólares se destinó de inmediato a la investigación y el desarrollo del NV3, y lo que quedó ni tan siquiera era suficiente para pagar los salarios de los muchos empleados a los que se había contratado contando con la gran cantidad NV1 y NV2 que se pensaba vender. Sin embargo, nada había salido como esperaban, y sus dos proyectos de chip habían resultado un fiasco. Con el fin de preservar el poco capital que todavía manejaba la empresa, Huang tomó la determinación de despedir a la mayoría de su plantilla. Así, Nvidia pasó de más de cien empleados a solamente cuarenta.[44]

—Teníamos un equipo de marketing, teníamos un equipo de ventas y, de pronto, nos vimos con una hoja de ruta entre manos que dejaba por completo de ser viable —contaba Dwight Diercks, uno de los pocos ingenieros de software que logró salvarse del sacrificio.

Mientras Nvidia se esforzaba en rebobinar y aprender de sus errores con los chips NV1 y NV2 para no volver a tropezar con la misma piedra con su NV3, en cuyo desarrollo estaba volcado todo el equipo, en el mercado de los gráficos para ordenadores personales surgió un nuevo competidor formidable. Tres alumnos de Silicon Graphics llamados Scott Sellers, Ross Smith y Gary Tarolli fundaron su empresa, 3dfx, en 1994, exactamente un año después de la creación de Nvidia. En los años noventa, Silicon Graphics, o SGI, era el fabricante más conocido de estaciones de trabajo de gráficos de alto final que se empleaban para los efectos especiales de las películas generados por ordenador, entre ellos los dinosaurios de Steven Spielberg en *Parque Jurásico*. Los fundadores de 3dfx intentaron seguir sus pasos y lograr el mismo nivel de rendimiento para el mercado de los ordenadores

44. Entrevista con un exempleado de Nvidia, 2023

personales a un precio que los jugadores de videojuegos pudieran permitirse. En el otoño de 1996, dos años después del desarrollo, la empresa anunció que estaba preparada para lanzar el que sería su primer chip gráfico, denominado Voodoo Graphics.

3dfx decidió presentar su Voodoo Graphics en una conferencia organizada en San Francisco por el banco de inversiones orientadas a la tecnología, Hambrecht & Quist. Allí, un ejecutivo de nombre Gordon Campbell organizó una sesión para mostrar cómo su chip 3dfx era capaz de producir gráficos de alto nivel con calidad empresarial para equipos económicos de usuarios. La pieza clave de su demostración fue un cubo 3D, renderizado con tal precisión que podía pasar por algo conseguido por una estación de trabajo SGI.

—A mí me habían asignado el sótano, y allí estaba, en una habitación minúscula, con un PC, un proyector y nuestro primer chip en una tarjeta —explicaba Campbell.[45]

La sesión de 3dfx estaba programada para que tuviera lugar a la misma hora que la sesión principal a cargo del CEO de Silicon Graphics, Edward McCracken. Al principio, a la presentación de Campbell no asistió apenas nadie, ya que la mayoría de la gente parecía tener más interés en escuchar el recorrido de McCracken por la historia de SGI. Sin embargo, en mitad de su ponencia, la estación de trabajo SGI de McCracken (con un precio de venta al público de 85 000 dólares), se rompió y obligó a detener por completo la charla. Con la multitud allí congregada cada vez más inquieta, empezó a escucharse que en el piso de abajo la sesión parecía ser prometedora, pues una pequeña *start-up* había conseguido desarrollar un chip para gráficos 3D que estaba a la misma altura que los dispositivos de SGI, pero que era compatible con la tarjeta del ordenador personal de un usuario cualquiera.

—Hubo una especie de estampida —relata Campbell—. «Tienes que ver esto», decía la gente empujando hacia la sala de abajo.

45. «3dfx Oral History Panel», Computer History Museum, 29 de julio de 2013, video.

Estos duelos no solo se convirtieron en parte de la tradición corporativa de 3dfx, sino que también condicionaron el mensaje de marketing para su Voodoo Graphics, que saldría a la venta en octubre de 1996. 3dfx se vendía a sí misma como la única *start-up* que podría llevar el nivel de rendimiento de SGI a los ordenadores personales por una fracción de su precio. Era en estas cuestiones en las que incidían en todos los materiales de presentación de su Voodoo Graphics; así, como afirma Ross Smith, el responsable de marketing de 3dfx, lo enviaron a una empresa llamada Orchid, la cual pasó a ofrecer el chip Voodoo Graphics en su tarjeta gráfica Righteous 3D.

> El año pasado en Comdex [*sic*], Bill Gates jugó a The Valley of Ra en el estand de Orchid en un simulador Voodoo Graphics basado en un motor de realidad virtual de SGI de un millón de dólares. Y ese mismo rendimiento de gráficos 3D en tiempo real está ahora disponible para todos los usuarios de ordenadores personales por solo 299 dólares en Orchid. ¡No se pierdan Righteous![46]

Conscientes de ello o no, lo cierto es que 3dfx seguía los principios exactos sentados por Al Ries y Jack Trout en *Posicionamiento*. La empresa mostraba al mundo su producto como una clara alternativa a las otras tarjetas del mercado y apelaba a las emociones de sus consumidores (ese sentimiento de «ganarle la partida al sistema» al lograr un rendimiento descomunal a un muy buen precio, en lugar de tratar de convencerlos con hechos y estadísticas de rendimiento).

3dfx ofrecía más que palabrería. En junio de 1996, Id Software lanzó el último juego de su nueva serie de *shooters* en primera persona, Quake. Al igual que DOOM había hecho tres años antes con las tarjetas en 2D, la versión original de Quake llevaba al límite las posibilidades de las tarjetas gráficas 3D, en este caso renderizando todo en 3D en tiempo real. En enero de 1997, id Software lanzó una versión actualizada de Quake, denominada

46. Orchid Technology, «Orchid Ships Righteous 3D», nota de prensa, 7 de octubre de 1996.

GLQuake, la cual añadía soporte para la aceleración del hardware de gráficos en 3D, algo para lo que Voodoo Graphics hacía un trabajo magnífico.

—Nuestras ventas se desataron. Fue una locura —rememora el ingeniero jefe de 3dfx, Scott Sellers.[47]

Los beneficios de la empresa alcanzaron unas cifras estratosféricas, al pasar de 4 millones de dólares en el ejercicio fiscal de 1996 a 44 en 1997 y 302 en el año fiscal de 1998, tras el lanzamiento de la versión mejorada de la tarjeta gráfica Voodoo2. La inmensa mayoría de la demanda procedía de los jugadores de Quake. Se convirtió en la aplicación estrella que motivaba a los compradores a mejorar su hardware con el objetivo de disfrutar de un mejor rendimiento gráfico y de una calidad superior, para así hacer la experiencia de juego todavía más inmersiva.

Los altos ejecutivos de 3dfx sabían bien que Nvidia estaba pasando un muy mal momento económico, por lo que se plantearon adquirir a su decadente rival. Si bien era cierto que sus dos primeros chips no habían conseguido triunfar, Nvidia aún tenía en nómina a algunos de los mejores ingenieros gráficos que había en Silicon Valley. Sin embargo, al final la dirección de 3dfx optó por no hacer ningún movimiento. Su junta directiva consideraba que la bancarrota de Nvidia era algo inevitable, por lo que les saldría más barato esperar que Nvidia colapsara, y entonces ellos podrían adquirir su talento y todos sus activos a un precio de ganga.

—El error que cometimos en 3dfx es que deberíamos haberlos rematado entonces, cuando estaban por los suelos —confiesa Ross Smith—. El hecho de no adquirir Nvidia en aquel momento fue un enorme error táctico por nuestra parte. Los teníamos contra las cuerdas.

—Estábamos plenamente convencidos de que, si sacaban el chip RIVA 128 y había errores, la empresa estaría acabada para siempre —admite Sellers, haciendo alusión al chip que nació como NV3 y que tiempo después se comercializaría como la serie RIVA—. El tiempo jugaba en su contra. Por eso, pensába-

47. «3dfx Oral History Panel», Computer History Museum.

mos que, si esperábamos un poco, serían ellos los que vendrían rogando a nosotros.

Sí que hicieron un intento de empujar a Nvidia al precipicio. Sellers ya había trabajado antes con Dwight Diercks en otra pequeña *start-up* y sabía que el ingeniero de Nvidia era excepcionalmente bueno programando conductores de software para chips gráficos, algo fundamental para que una tarjeta tenga éxito. Por eso, Sellers no se cortó un pelo al cortejar a Diercks para tratar de persuadirlo para que abandonara el barco de Nvidia, que se estaba hundiendo, y se uniera al de 3dfx, que estaba en su momento de gloria.

—Estuvimos a punto de conseguirlo —afirmó después Sellers, con un ápice de arrepentimiento en la voz.[48]

Diercks, por su parte, consideró seriamente aquella oportunidad.[49] Sin embargo, terminó quedándose en Nvidia por dos razones. Una fue la curiosidad: quería ver cómo el RIVA 128 llegaba a fase de producción antes de plantearse marcharse. Y la otra razón fue Jensen, quien habló con él y lo convenció para que se quedara. Hoy, Jensen tiene la convicción de que «salvó» a Diercks. Sin embargo, al ingeniero le gusta bromear y decir que, si se hubiera marchado, 3dfx habría comprado Nvidia al instante. En la actualidad, tres décadas después, Diercks continúa en Nvidia supervisando el Departamento de Ingeniería de Software de la empresa.

Exactamente igual que Quake llevó a 3dfcx a nuevas alturas, Jensen Huang y Nvidia analizaron su reserva de efectivo y se plantearon si lo que tenían sería suficiente para empezar a producir su siguiente chip. Con un remanente de 3 millones de dólares en el banco, la empresa podía permitirse operar durante nueve meses más.[50] Para sobrevivir, tenían que hacer más que simplemente crear un chip superior a la media o medianamente

48. Entrevista con Scott Sellers, 2023.
49. Entrevista con Dwight Diercks, 2024.
50. «Jen-Hsun Huang», Oregon State University, 22 de febrero de 2013, video, 37:20.

bueno. Debían crear el chip gráfico más rápido posible con la tecnología de fabricación y memoria disponible, algo que pudiera ganarle la batalla a la excelente línea Voodoo de 3dfx.

Para derrotar a tan formidable competidor, Nvidia tendría que repensarse todo su enfoque respecto del desarrollo del chip. El NV1 había sido diseñado para hacer justo aquello que los ingenieros de Nvidia querían que hiciera, pero no lo que el mercado demandaba. Los estándares que Curtis Priem había incluido en el chip demostraban su agudeza técnica, pero alejaban a los fabricantes. En junio del año 1996, Microsoft puso todo incluso más difícil para que los nuevos estándares gráficos cobraran impulso al lanzar Direct3D, una interfaz de programación de aplicaciones (API) para el texturizado gráfico que empleaba el tradicional enfoque del triángulo inverso. En pocos meses, los desarrolladores de videojuegos de casi todo el mundo abandonaron los estándares gráficos a pequeña escala como los de Nvidia en favor de una de las dos grandes y bien soportadas alternativas, Direct3D u OpenGL de Microsoft.

Jensen anticipó hacia dónde se dirigía la industria y pidió a los ingenieros de Nvidia seguir el rumbo del mercado en lugar de luchar contra él.

—Chicos, ha llegado el momento de dejar de maquillar la realidad —le dijo a los empleados que aún seguían en Nvidia—.[51] A estas alturas, es evidente que no estamos haciendo las cosas bien, y así nadie va a apoyarse en nuestra arquitectura.[52]

Malachowsky estuvo de acuerdo con el nuevo enfoque. «En vez de intentar ser más listos que la competencia con una tecnología diferente como la de NV1, tan solo teníamos que diseñar lo mismo que el resto empleando las mismas tácticas básicas», señaló.

El mensaje de Jensen inspiró a Priem a crecerse, literalmente, con el NV3. Para conseguir un chip mucho más rápido, el equipo quiso utilizar una memoria más amplia de 128 bits y diseñar luego una tubería de renderizado que fuera capaz de

51. Entrevista con el exempleado de Nvidia, 2023.
52. «Jen-Hsun Huang», Oregon State University, 30:28.

generar píxeles a una velocidad récord. Nvidia tendría que desarrollar un chip que fuera físicamente más grande que ningún otro que se hubiera fabricado alguna vez y hubiera tenido éxito.

Priem abordó a Jensen en los pasillos de las oficinas de Nvidia para pedirle su aprobación, a sabiendas de los desafíos técnicos que su propuesta implicaba.

—Déjame pensarlo —le respondió Jensen. Durante los dos días siguientes, se dedicó a esbozar el cronograma, plantear los costes, elaborar los planes de fabricación y trazar el modelo de negocio para el NV3 revisado. Al final, no solo aprobó la idea de trabajar en ese chip de mayor tamaño, sino que quiso que Priem y sus ingenieros le añadieran otras 100 000 puertas o alrededor de 400 000 transistores extra, lo que hacía un total de 3.5 transistores en el chip.[53]

—Jensen nos dio luz verde para dotar el chip incluso de mayor funcionalidad —dijo Priem.

—A mí no me preocupaba el coste —detalló Jensen años más tarde cuando le preguntaron por su proceso para la toma de decisiones—. Construí un chip que físicamente era tan grande como cualquier otro que alguien pudiera construir en ese momento. Nosotros tan solo queríamos cerciorarnos de que este sería el chip más poderoso que jamás se hubiera visto en el mundo.

Como guiño a las ambiciones de Nvidia, y quizá también como señal de la radical ruptura con su ya pasada filosofía de diseño, la empresa acordó darle al NV3 un nombre de marca externo distinto de su nombre en clave interno y lo bautizó como RIVA 128, una denominación que encapsulaba a la perfección el gran propósito del chip: RIVA era el acrónimo en inglés de acelerador de video y animación interactivo en tiempo real, mientras que 128 aludía al bus de 128 bits, que sería el más grande que jamás se había incluido en un único chip. Por tanto, otra primera vez en la industria de los ordenadores personales para usuarios.

Dada su situación económica, Nvidia debería fabricar su RIVA 128 en tiempo récord y sin la red de seguridad que ofrecían

---

53. Entrevista con Curtis Priem, 2024.

los múltiples controles de calidad. El desarrollo de un chip estándar normalmente lleva dos años, e incluye múltiples revisiones
hasta identificar y reparar errores después de la fase de *tapeout*
del chip. Entonces el diseño finalizado del chip se envía para que
se fabrique el prototipo. El NV1, por ejemplo, tuvo tres o cuatro
tapeouts físicos. En ese momento Nvidia no podía permitirse
más que un *tapeout* físico para su NV3 antes de que la empresa
lo enviara a producción.

Para acortar los tiempos, Nvidia tendría que recortar el ciclo de
testeado. Jensen había oído hablar de una pequeña empresa, Ikos,
que se dedicaba a la fabricación de máquinas del tamaño de una
nevera para la emulación de chips. Las máquinas masivas permitían a los ingenieros ejecutar juegos y probar en prototipos de chip
digitales, sin necesidad fabricar un chip auténtico para testear y
reparar los errores, con lo que se ahorraba tiempo y recursos. Las
máquinas de Ikos no eran en absoluto baratas: una sola costaba un
millón de dólares y, por tanto, reduciría de nueve a seis meses la
capacidad de Nvidia de pagar las nóminas de sus empleados. Aun
así, Jensen estaba seguro de que eso aceleraría considerablemente
el proceso de testeado. Comentó la cuestión con los otros directivos
de la empresa, quienes abogaban por el mayor tiempo posible re-
caudando más dinero. EL CEO adoptó una postura firme.

—Ya no vamos a conseguir más dinero —espetó—. Los inversores de capital de riesgo tienen a su alrededor otras noventa empresas en las que confiar. ¿Por qué iban a volver a creer en nosotros? La única opción que tenemos es esta.

Jensen se salió con la suya y compró uno de los emuladores
de Ikos. En cuanto les llegó, Diercks y su equipo de software comenzaron a probar su RIVA 128 digital para identificar y reparar
los posibles fallos del chip. Diercks nunca olvidará que la primera conversación entre su equipo y los ingenieros de hardware fue
un auténtico desastre.

—Ey, muchachos, por primera vez podemos emular nuestro
chip. Acaba de arrancar el sistema operativo de disco, va muy
lento[54] —les anunció.

---

54. Entrevista con Dwight Diercks, 2024.

Uno de los ingenieros de hardware dijo:

—Sí, miren eso. Ya tiene un error. El símbolo C se quedaba fuera por dos píxeles.

Normalmente, los chips no detectaban los errores tan rápido nada más arrancar o en cuestiones tan básicas. Como resultado de ello, el equipo de hardware dio por sentado que el emulador no funcionaba bien, y que Jensen y Diercks habían tirado a la basura y sin motivo alguno tres meses del colchón de nóminas.

—Pero lo cierto es que aquel fue el primer error que encontramos en nuestro hardware —dijo Diercks.

Trabajar con la máquina Ikos se convirtió en un arduo proceso. La instalación consistía en dos grandes cajas conectadas a una placa base que quedaba expuesta. En lugar de a un chip, los cables se conectaban a un enchufe para transmitir los datos que luego, con un chip físico, se enviarían desde el chip a la CPU. El chip emulado por software resultaba mucho más lento que un chip de hardware real.

—Windows tardó quince minutos en cargarse. Recuerdo no parar de mover el ratón un poquito y tener que esperar para que la pantalla se actualizara fotograma a fotograma —detalló el testeador Henry Levin—. Lo de intentar pulsar un botón resultaba una auténtica pesadilla, porque, en cuanto movías algo ligeramente, siempre te pasabas.[55]

Levin dibujó un mapa en su escritorio para saber exactamente dónde colocar el ratón para acceder a partes concretas de la pantalla sin tener que esperar a que el emulador refrescara cada fotograma. Los testeadores probaron algunas de las funcionalidades básicas, como trazar un triángulo o un círculo. Por otra parte, las pruebas de rendimiento normalmente obligaban a dejar la máquina en funcionamiento toda la noche y volver a la mañana siguiente para ver si ya había terminado.

El emulador no producía ningún informe de errores automáticamente. En vez de ello, cuando un programa se congelaba, la única opción de Levin consistía en hacer un pantallazo y avisar a alguno de los ingenieros de hardware para que ellos averiguaran

---

55. Entrevista con Henry Levin, 2023.

lo que había pasado o dónde estaba el código corrupto. Cuando el problema era importante, a los ingenieros no les quedaba otra más que volver atrás y rediseñar una parte del chip.

Uno de los ingenieros recordaba que el equipo había intentado llevar a cabo una prueba de rendimiento más larga durante todo un fin de semana. Sin embargo, sucedió que alguien del personal de limpieza que iba por la noche tuvo acceso al laboratorio de pruebas y desenchufó el emulador para enchufar un aspirador. Cuando los ingenieros regresaron el lunes, vieron que toda la prueba de rendimiento se había echado a perder, por lo que tendrían que volver a empezar desde el principio, con el coste de tiempo que ello suponía. El personal de limpieza no tendría que haber entrado allí jamás, ya que en el laboratorio ni tan siquiera había alfombra.

Esa labor de limpieza innecesaria no fue el único desafío al que tuvo que hacer frente el equipo. Nvidia no disponía del tiempo que hacía falta para empezar su diseño desde el principio. Por ello, Priem, Malachowsky y el arquitecto de chips David Rosenthal dieron con la manera de reutilizar partes del chip, pero añadieron un soporte para numerosas funcionalidades nuevas, incluyéndose aquí un texturizado inverso, mejores capacidades matemáticas y un bus de memoria muy amplio. Por mucho que Nvidia quisiera romper del todo con sus chips iniciales, el ADN de aquellos primeros diseños persistiría en el RIVA 128.

—Logramos que funcionara —dijo Malachowsky.[56]

La empresa también sabía que sus chips necesitaban tener un soporte hardware del cien por cien para el viejo estándar VGA. El NV1 había intentado salir del paso con una solución que era un emulador mitad hardware, mitad software, pero su enfoque provocó importantes problemas en muchos juegos basados en el sistema operativo de disco, incluido DOOM. Ahora Nvidia no podía permitirse no alcanzar los estándares VGA otra vez.

Sin embargo, la empresa no contaba con nadie en plantilla que tuviera experiencia en diseñar un núcleo VGA integrado. Y, por increíble que parezca, Jensen obtuvo la licencia de un di-

56. Entrevista con Chris Malachowsky, 2023.

seño VGA de uno de los competidores de Nvidia, una empresa conocida como Weitek.

—Jensen es, con diferencia, el mejor negociante del mundo. El más diestro sin lugar a duda —lo alababa Priem—. Nadie sabemos cómo, pero Jensen siempre se las ingenia para cerrar unos acuerdos comerciales impresionantes para Nvidia que nos salvan el pellejo una y otra vez.

Y es que Jensen no solo obtuvo un acuerdo de licencia con Weitek, sino que también fue capaz de cazar al cerebro de chips VGA, el diseñador Gopal Solanki, quien se convirtió en jefe de proyecto y en su mano derecha. Un exempleado de Nvidia llegó a decir que ambos trabajaban como «almas gemelas». Solanki tenía fama de ser extremadamente duro y exigente, y un trabajador que destacaba por su entrega. Y Jensen atribuyó a Solanki la salvación de la empresa.

—Gopal es una figura realmente importante —dijo Jensen casi treinta años más tarde—. De no haber sido por él, estaríamos fuera de juego ahora mismo.[57]

—Nos sentimos seguros cuando a Gopal le encomendaron la siguiente generación de los chips NV. Era como tener la certeza de que las cosas empezarían a ir bien —Priem subrayaba las palabras de Jensen.

Nvidia presentó su RIVA 128 en abril, en el congreso de desarrolladores de juegos de ordenador que tuvo lugar en 1997. A aquel encuentro acudían las empresas de hardware que querían mostrar sus últimos productos, con la esperanza de garantizarse pedidos de fabricantes de ordenadores personales y minoristas. Nvidia manejaba unos plazos tan justos que no estaba asegurado que sus chips fueran a llegar a tiempo para el congreso. Y tampoco se sabía si estarían lo suficientemente listos como para mostrarlos. Los prototipos llegaron de fábrica tan solo unos días antes del gran acontecimiento y los ingenieros de Nvidia trabajaron incansablemente para solucionar cualquier posible error de software que pudiera quedar. Su objetivo era asegurarse de que los chips pasaran la prueba de rendi-

---

57. Entrevista con Jensen Huang, 2024.

miento de gráficos en Direct3D que los fabricantes de hardware emplearían para evaluar su calidad. Escasas horas antes del acto, los ingenieros lograron que los chips estuvieran lo suficientemente estables como para funcionar sin saltar por los aires en el momento menos pensado.

—Nuestro pequeño y sucio secreto era que el RIVA 128 solo pasaría esa prueba concreta una vez, y logró hacerlo, aunque por los pelos —confesó Eric Christenson, gerente regional de ventas de Nvidia que asistió al congreso de 1997.[58]

—Había que tratarlo con sumo cuidado y respeto. Porque, si lo tratabas mal, en cuestión de segundos bloquearía el sistema en mitad de la prueba.

Muchos representantes de fabricantes rivales de tarjetas gráficas visitaron el estand de Nvidia deseosos de interrumpir a la empresa preguntándole algo que volviera a sacar a relucir el fracaso de su NV1.

—Oh, muchachos, ¿pero siguen en pie? —se burló uno de los empleados de 3dfx.

Pero fue tanta la gente que presenció la prueba de rendimiento del chip de Nvidia (y que quedó impresionada por los resultados) que el nombre del chip RIVA 128 comenzó a resonar con fuerza. La industria en su conjunto vio que podría tener algo que lo hacía especial. Cuando la jornada ya estaba a punto de concluir, el cofundador de 3dfx y responsable de ingeniería de la empresa, Scott Sellers, se acercó a donde estaba ubicada Nvidia para solicitar una demostración del producto.

—Para brindarle la mejor experiencia, me va a permitir apagar el sistema. Así lo verá desde el principio —dijo Christenson—. Reiniciaremos el sistema ahora mismo, abriremos la aplicación y ejecutaremos la demo.

Aunque trataba de sonar lo más convincente posible, Christenson le estaba tendiendo una trampa a su rival para impresionarlo. Los chips eran especialmente propensos a dejar de funcionar tras el reinicio, por lo que no estaba seguro de que el dispositivo volviera a encenderse. Pero, si llevaba a cabo una prueba sin reiniciar el

58. Entrevista con Eric Christenson, 2023.

dispositivo, Sellers podría decir que las comparativas serían menos precisas de lo que podrían haber sido de haberlo hecho de otro modo.

Christenson contuvo la respiración mientras el dispositivo arrancaba. Se encendió sin petar, llevó a cabo la prueba de rendimiento y los resultados se mostraron en la pantalla del ordenador personal. Sellers no podía creérselo. No solo eran mejores que las pruebas de rendimiento de 3dfx, sino que, además, eran mucho mejores de lo que Sellers en toda su vida había visto en una tarjeta gráfica dirigida a usuarios. Christenson le aseguró que los resultados de las pruebas eran irrefutables. Sellers se dio cuenta de lo que aquel test implicaba. En primer lugar, que la RIVA 128 superaba con creces a las mejores tarjetas de 3dfx, y, en segundo, que la empresa a la que 3dfx había dado por muerta había irrumpido con una fuerza arrolladora en el mercado de los gráficos 3D.

Walt Donovan, el arquitecto principal de otra *start-up* de gráficos 3D llamada Rendition, también se acercó a ver los resultados de la prueba del RIVA 128. Preguntó sobre el chip y su rendimiento al relativamente nuevo director científico de Nvidia, David Kirk. Al escuchar las respuestas de Kirk, lo único que Donovan pudo decir fue: «Es impresionante». Ninguno de los proyectos de Donovan podría acercarse nunca al soberbio rendimiento del RIVA 128. En el breve tiempo que dura una única prueba de rendimiento, su empresa había pasado del éxito al fracaso.

Una vez procesada la nueva situación, Donovan no pudo evitar hacerle una pregunta más: «¿Habría un puesto para mí en Nvidia?». Fue contratado poco después.

Con un prototipo de chip que funcionaba y alcanzaba tan apabullante rendimiento, Jensen estaba en mejor posición que nunca para tratar de obtener financiación.

—Nosotros ya no queríamos el dinero de Sutter Hill o Sequoia —afirmó Priem. Si Jensen hubiera vuelto a ellos tras el fracaso del NV1 y NV2, cuando Nvidia no tenía nada fácil seguir adelante, se habría topado con unos interlocutores escépticos que les habrían exigido unas condiciones para la inversión nada favorables para la empresa, si es que en algún momento hubieran llegado a plantearse invertir en Nvidia de nuevo. Sin embargo, ahora las empresas de capital de riesgo estaban mucho más abiertas a escuchar a la compañía, que parecía que tenía en sus manos un posible éxito inmediato. Jensen solicitó una nueva ronda de inversión para comprar chips a fábricas. Ambas firmas aceptaron volver a invertir. De hecho, Sutter Hill se comprometió con 1.8 millones de dólares el 8 de agosto de 1997.[59] (No he logrado saber cuánto dinero Sequoia invirtió en esta ronda, pero sí sé que lo hizo. Pese a haber preguntado repetidamente, Sequoia no me facilitó la información).

A finales de ese mismo verano, Jensen se reunió con todos los trabajadores de la empresa en la cafetería de la oficina. Se sacó un trozo de papel del bolsillo y leyó unas cifras en dólares, con céntimos incluidos. Nuevamente dobló el papel, se lo metió en el bolsillo y dijo:

—Ese es el dinero que tenemos en el banco.

La habitación quedó completamente en silencio. La cantidad no era muy grande, apenas suficiente para pagar el salario de los empleados durante unas cuantas semanas más. Una de las últimas contrataciones se acordaba de haber estado al borde de un ataque de pánico.

—¡Dios mío! —pensó—. ¡Si estamos casi en la ruina!

Entonces, Jensen se sacó otro trozo de papel del bolsillo. Lo desplegó y leyó en alto de nuevo:

—Orden de compra de 30 000 unidades de RIVA 128 por parte de STB Systems.

Aquel era el primer gran pedido del chip. La cafetería al completo estalló en aplausos y vítores. Jensen había recurrido a su dominio de las artes escénicas para lograr un efecto dramático.

El RIVA 128 se convirtió en el primero de los grandes hitos de la empresa. Las increíbles críticas que se escribieron sobre el

59. Correo electrónico personal de Chris Basso, CFO de Sutter Hill.

chip tras su salida al mercado no tardaron en borrar por completo los malos recuerdos del lanzamiento del NV1.

«Todo jugador acérrimo tendrá que adquirir esta tarjeta —se podía leer en la entusiasta web de Tom's Hardware, un espacio referente en tecnología—. Se trata del chip en 3D para ordenador personal más rápido de todos los disponibles actualmente.»

En los cuatro meses posteriores al lanzamiento del chip, Nvidia ya había enviado más de un millón de unidades y se había hecho con una quinta parte del mercado de los gráficos para ordenadores personales. La revista *PC Magazine* eligió el RIVA 128 como el producto del año destacado por el editor, y para *PC Computing* se trataba del producto del año de 1997.[60] Todos los grandes fabricantes de ordenadores personales como Dell Computer, Gateway 2000, Micron Electronics y NEC incorporaron el chip en sus ordenadores de cara a la campaña navideña. El rápido ritmo de ventas del chip permitió a Nvidia obtener 1.4 millones de dólares de beneficios en el cuarto ejercicio de 1997, el primer trimestre en positivo de la empresa tras su fundación cuatro años antes.

El gusto por el dramatismo de Jensen volvió a salir a relucir en una reunión de la empresa celebrada casi a finales de año. Por aquella época, aún se decantaba por los abrigos de *sport* y los pantalones vaqueros; todavía no había empezado a enfundarse en sus características chaquetas de cuero negras. Del bolsillo delantero del abrigo sacó un abultado sobre repleto de billetes de un dólar recién salidos del banco. Recorrió toda la sala y dio a cada empleado un billete que iba extrayendo del sobre, como símbolo del salvavidas financiero que los pedidos de RIVA habían supuesto para ellos. E igualmente como recordatorio de que su situación seguía siendo aún demasiado precaria como para una celebración por todo lo alto.

Luego se dirigió hacia una mujer llamada Kathleen Buffington, quien trabajaba en el Departamento de Operaciones y se encargaba de empaquetar los chips gráficos y de enviárselos a los

60. Nvidia, «Upstart Nvidia Ships Over One Million Performance 3D Processors», nota de prensa, 12 de enero de 1998.

clientes. Ya le había dado su dólar, pero ahora le entregó un segundo billete. Y, ante toda la empresa, dijo que ella se había esforzado tantísimo para que todos los chips salieran por la puerta de Nvidia que se merecía una doble recompensa.

Aquel reparto de dólares por parte de Jensen supuso un momento de levedad supernecesario y un motivo de fiesta para una empresa que había trabajado al borde de la quiebra durante años.

—El RIVA 128 fue un milagro —admitió Jensen—. Curtis, Chris, Gopal y David Kirk lo construyeron en nuestro momento más crítico. Sus decisiones no pudieron ser más acertadas.[61]

61. Entrevista con Jensen Huang, 2024.

5

Ultragresivo

El RIVA 128 hizo mucho más que garantizar la supervivencia de Nvidia. También se convirtió en una especie de imán para atraer el talento, y grandes profesionales de todos los campos relacionados con los gráficos por ordenador se fijaron como destino una minúscula oficina en Sunnyvale, convencidos de que allí tendrían la oportunidad de trabajar en algo extraordinario.

Caroline Landry estaba trabajando como diseñadora de chips para la empresa canadiense Matrox Graphics la primera vez que escuchó hablar del nuevo chip de Nvidia.

—Por aquel entonces yo tenía veintimuchos y no estaba muy al día de las nuevas tendencias de la industria. Pero sí sabía que Nvidia había lanzado al mercado el primer RIVA, con el cual habían conseguido poner a toda la industria patas arriba. Sin duda, estaba a años luz del producto en el que yo estaba trabajando en Matrox, para el cual aún ni se vislumbraba la fase de *tapeout* —contaba.[62]

Su novio acababa de encontrar un trabajo en Bay Area, pero Landry aún no estaba segura de querer dejarlo todo para irse con él. Sin embargo, todo cambió cuando un cazatalentos la puso en contacto con Nvidia y tomó un avión para tener todo un día de

---

62. Entrevista con Caroline Landry, 2024.

entrevistas. De inmediato le ofrecieron un empleo que aceptó sin dudarlo, persuadida por la ingente reputación de Nvidia. Ella fue la primera ingeniera de la empresa.

Al principio, le costó adaptarse a la intensa cultura laboral que imperaba en Nvidia. Entre semana solía trabajar hasta las once de la noche, y prácticamente casi todos los fines de semana. Recordaba perfectamente que un viernes a última hora de la tarde un ejecutivo de la empresa se acercó a su mesa para preguntarle por sus objetivos para ese fin de semana.

—Canadá era el sitio ideal para contratar ingenieros, ya que allí les pagaban mucho menos que en los Estados Unidos —explicaba—. Sin embargo, los canadienses por norma general concedemos mucha más importancia a nuestra calidad de vida.

Landry solía decirle a Jensen que algunos de sus empleados estaban molestos por las interminables horas de trabajo que hacían en la empresa. Pero la respuesta de su jefe no podía ser más directa:

—Los deportistas que entrenan para las Olimpiadas también suelen quejarse por tener que entrenar a primera hora de la mañana.

Jensen estaba mandando un mensaje subliminal: la larga jornada laboral era un prerrequisito imprescindible para la excelencia. Hasta la fecha, no ha cambiado de parecer ni tampoco ha modificado esa expectativa que se respira por todos los rincones de Nvidia de que los empleados han de adoptar unos hábitos de trabajo extremos.

Landry tampoco tardó en darse cuenta de que la directiva de Nvidia tenía un olfato especial para el talento. Ella se había unido a Nvidia más o menos a la vez que Jonah Alben, un jovencísimo ingeniero que prácticamente acababa de salir de la facultad y que, según ella, era «brillante». Jensen se percató enseguida del tremendo potencial de Alben, y en una reunión de la empresa dijo: «En veinte años espero realmente estar trabajando para Jonah». Al principio Landry no podía negar sentirse un poco celosa por la enorme atención que siempre recibía su compañero, pero al poco lo superó.

—En Nvidia la gente recibe con los brazos abiertos a los colegas que son unos fuera de serie y nadie se siente amenazado por tenerlos cerca. No es cuestión de egos. Es cuestión de que esa gratitud te nazca o no te nazca. Uno debe siempre sentirse agradecido por trabajar con la gente con la que trabaja.

Con el tiempo, Alben fue subiendo en el escalafón hasta convertirse en el responsable del Departamento de Ingeniería dedicado a la unidad de procesamiento gráfico (GPU, por sus siglas en inglés).

Jensen insistía una y otra vez en que las nuevas incorporaciones debían tener muy claro dónde se metían desde el mismo momento en que entraban por la puerta.[63] Precisamente por eso, encomendó a Michael Hara, el director de Marketing de Nvidia, que impartiera una charla franca al respecto en todas las sesiones de orientación. Tal y como Hara rememoraba luego, su discurso tenía la finalidad de animar a los recién llegados a alzar la voz para que ofrecieran perspectivas renovadas y aportaran nuevas ideas siempre que tuvieran ocasión.

—Somos ultraagresivos —advertía a los nuevos empleados—. No malgastamos tiempo buscando excusas para justificar por qué algo no funciona. En absoluto. Nosotros aquí miramos para adelante. Si alguien ha venido aquí pensando que simplemente va a calentar el asiento, recibir su nómina a final de mes y llegar a casa a las cinco de la tarde, desde ya le digo que está muy equivocado. Y si lo que quieren es eso, es mejor que renuncien a sus puestos ahora mismo. —Hara se acordaba de que el compañero de Recursos Humanos que se encargaba de las contrataciones miraba de un lado a otro con expresión horrorizada. Pero él continuó su sermón impertérrito—: Aquí no hacemos las cosas como el resto. Si alguien tiene intención de presentarte ante un superior y decirle: «Así es como yo lo hacía antes», nos da igual. No nos importa. Nuestra misión consiste en hacer las cosas de un modo diferente y mejor. Cuando en Nvidia no éramos más que veinticinco personas, Jensen nos enseñó a venir, asumir riesgos, ir más allá y cometer errores. Y yo los animo a eso mismo. Eso sí, no cometán el mismo error dos veces, porque les despediremos en un santiamén.

63. Entrevista con Michael Hara, 2024.

Hara iba muy en serio. John McSorley, exdirector de Recursos Humanos de Nvidia, comentaba que la empresa tenía una política de contratación muy rápida y ágil, pero que también era veloz a la hora de despedir a un empleado recién llegado que no diera todo de sí mismo. Para el personal de Recursos Humanos, Jensen siempre tenía la misma máxima: «Contrata a alguien que sea más inteligente que tú». No obstante, a medida que Nvidia fue creciendo y surgió la necesidad de sumar a unos cientos de nuevos trabajadores al mes, los directivos empezaron a asumir que en alguna ocasión se equivocarían. Era mejor enmendar estos errores lo antes posible, en lugar de dejar que se exacerbaran y pudieran comprometer la cultura de Nvidia.

En los primeros años de Nvidia, ni tan siquiera los trabajadores más veteranos podían sentirse completamente seguros, ya que la empresa había adoptado un enfoque de «o subes, o te vas», y el personal o era ascendido o era despedido para dejar sitio a alguien con un potencial mayor. La compañía gestionaba a su personal con la misma intransigencia e implacabilidad que abordaba el diseño de chips.

Desde el nacimiento de Nvidia, Jensen ha insistido en que todos sus empleados han de trabajar a la «velocidad de la luz».[64] Quiere que lo único que limite su trabajo son las leyes de la física, en ningún caso la política interna ni las preocupaciones económicas. Cada proyecto debe dividirse en partes, y para cada una de ellas ha de fijarse un tiempo de consecución en el que no se contemplan retrasos, esperas ni tiempos de inactividad. Es justo esto lo que permite establecer la máxima teórica de una velocidad de la luz que es físicamente imposible exceder.

—La velocidad de la luz es la que nos introduce más rápidamente en el mercado, y hace muy muy difícil, por no decir imposible, que nuestros competidores puedan llegar a superarnos —señalaba un exdirectivo de Nvidia—. ¿Con qué rapidez eres

64. Entrevistas con Tench Coxe y otros exempleados de Nvidia, 2023.

capaz de alcanzar tus objetivos? ¿Por qué no estás trabajando a esa velocidad?

En ningún caso se trataba de una pregunta retórica. Muy al contrario, Jensen recurría a ella para calibrar el rendimiento de sus empleados. Echaba auténticas reprimendas a los trabajadores que se fijaban objetivos referentes a cosas que la empresa ya había hecho antes o que su competencia estaba llevando a cabo en ese mismo momento. Para él, lo fundamental era evitar a toda costa la podredumbre interna que había visto en las demás firmas, en las que los empleados tendían a manipular sus proyectos para conseguir un crecimiento constante y sostenible que les permitiera avanzar en su proyección individual, cuando, en realidad, lo único que hacían era introducir unas mejoras que tan solo dañaban a la empresa en el largo plazo. Esa premisa de la velocidad de la luz garantizaba que Nvidia nunca tolerara el que nadie ocultara sus capacidades para obtener ventaja.

—Ese teórico límite a lo que podrías hacer. Eso es la velocidad de la luz. La velocidad de la luz es lo único con lo que podemos permitirnos el lujo de compararnos —compartía el exdirectivo Robert Csongor.

El RIVA 128 fue el mejor ejemplo de un proyecto planificado a la velocidad de la luz. Jensen había tenido que plantarles cara a dos cuestiones: la mayoría de los chips gráficos tardan dos años en pasar del concepto al mercado, y Nvidia tan solo contaba con nueve meses. De ahí que, durante la fase de planificación, Jensen le preguntara al ingeniero de software Dwight Diercks:

—¿Cuál es el principal factor limitante que existe a la hora de lanzar una tarjeta gráfica al mercado?

Diercks le respondió que el gran obstáculo lo planteaban los controladores de software, que eran los programas especializados que permitían que los sistemas operativos y las aplicaciones de los ordenadores personales interactuaran con los hardwares gráficos y pudieran utilizarlos, y que debían estar completamente listos en cuanto el chip estuviera preparado para la producción en masa. En los procesos de producción tradicionales, el primer paso consistía en construir un prototipo físico del chip. Una vez terminado, los ingenieros de software ya podían empezar a trabajar en los controladores y a dedicarse a reparar los fallos con que se fueran topando. Entonces era cuando el diseño del chip se optimizaba como mínimo una vez más para acomodarlo adecuadamente en el nuevo controlador.

Con intención de ahorrar el mayor tiempo posible, Jensen anunció que Nvidia desarrollaría el controlador de software del RIVA 128 antes de que el prototipo estuviera finalizado, lo que suponía una inversión total del proceso habitual. De este modo contaba con ganarle casi un año al proceso producción, aunque ello exigiría a la empresa encontrar el modo de sortear el paso de testear el software en chips físicos. Esta fue la razón por la que Nvidia invirtió casi un millón de dólares en su emulador Ikos, aun cuando, en aquel momento, para la compañía, cada dólar tenía un valor incalculable: Jensen sabía que esa carísima máquina les permitiría acercarse a la velocidad de la luz.

(Más tarde, en el año 2018, Jensen apostó por reemplazar su noción de la velocidad de la luz por otra metáfora que sugería algo incluso más rápido que la luz: una imposibilidad física en toda regla. Se sentía tremendamente frustrado por la lentitud cada vez mayor que iba imperando en la empresa a medida que aumentaba de tamaño. Tras vociferar a la directiva para que avanzara más rápido que la luz, se giró hacia Robert Csongor y le preguntó:

—Rob, ¿cuál es el nombre de ese sistema de propulsión que aparece en *Star Trek: Discovery* y les permite llegar al instante donde quieran?

—Pues, a ver, el impulsor de curvatura es más rápido que la velocidad de la luz, pero yo creo que tú te estás refiriendo al impulsor de esporas de micelio —le respondió Csongor al instante.[65]

Tanto Jensen como Csongor eran fanes absolutos de *Star Trek*. Jensen gritó: «¡El impulsor de esporas! ¡Tenemos que ser como el impulsor de esporas, eso es!». Todo el mundo se empezó a reír. Aun así, acordaron seguir hablando de la velocidad de la luz, puesto que se trataba de un concepto más sencillo de explicar que el instantáneo impulsor de esporas de micelio).

65. Entrevista con Robert Csongor, 2023.

Nvidia traspasó los límites de lo posible con el desarrollo de su RIVA 128 en varios aspectos. La plantilla creó un chip más grande que ninguno de los diseñados hasta ese momento y lo llenó con muchos más transistores de los previstos inicialmente para mejorar el rendimiento. Además, pidieron permiso para incorporar la tecnología VGA de la competencia con el objeto de no tener que construir desde cero componentes de menor prioridad. Sin misericordia alguna, Jensen contrató a los mejores ingenieros de las empresas de la competencia e incluso apostó por los trabajadores más talentosos de los socios de Nvidia, como Weitek. Todo ello fue posible porque los empleados de Nvidia no se permitían parar a pensar en lo que iban a trabajar o en lo que razonablemente serían capaces de conseguir. Solo les preocupaba lo que sería posible alcanzar con las máximas dosis de esfuerzo y la menor cantidad posible de tiempo malgastado.

Mucho de todo lo que la empresa aprendió con su RIVA 128 lo siguió aplicando en el desarrollo de sus nuevos chips. Por eso, desde entonces Nvidia siempre tuvo sus conductores de software preparados desde el mismo momento de la producción del chip, y se probaban ampliamente en todas las aplicaciones y juegos para garantizar la compatibilidad con otros chips previos de Nvidia. Este nuevo enfoque se convirtió enseguida en una importante ventaja competitiva para Nvidia, cuyos rivales seguían teniendo que desarrollar conductores independientes para las distintas generaciones de arquitecturas de chips.[66]

Además, Nvidia también decidió asumir ella misma el mantenimiento de los controladores gráficos en lugar de dejar que los fabricantes de PC y sus socios fueran quienes marcaran el ritmo de las actualizaciones. Así, era la empresa la que distribuía mensualmente los nuevos controladores. Jeff Fisher, anterior jefe de ventas de Nvidia y en la actualidad responsable del área de gráficos para ordenadores personales, explicó que un proceso de actualización centralizado y frecuente era, sin duda, la mejor manera de garantizar siempre una buena experiencia de usuario, pues solo así se aseguraba que los jugadores pudieran disfrutar del rendi-

66. Entrevista con Jeff Fisher, 2024.

miento óptimo de los últimos softwares lanzados al mercado tanto por desarrolladores como por otras empresas.

—Los controladores gráficos son quizá la pieza más relevante en los ordenadores personales después del sistema operativo —apuntó—. Todas las aplicaciones sin excepción pasan por él, por lo que cualquier nuevo lanzamiento o actualización podría dañarlo.

Cuando Geoof Ribar fue contratado, allá por diciembre de 1997, procedente de Advanced Micro Devices para convertirse en el nuevo CFO de Nvidia, enseguida se dio cuenta de que al nuevo jefe lo definían principalmente dos rasgos impresionantes: Jensen resultaba en extremo convincente y, además, era hipertrabajador.[67]

—Puede que haya gente más inteligente que yo, pero no existe una sola persona en el globo con mi capacidad de trabajo[68] —él mismo reconoció en una ocasión a sus directivos.

Solía estar en la oficina desde las nueve en punto de la mañana hasta cerca de la medianoche, y sus ingenieros acostumbraban a sentirse obligados a llevar un horario similar.

—Yo solía decirle a la gente de AMD, de Intel o de cualquier otra empresa que, si querían ver cómo lo hacía Nvidia, no tenían más que asomarse al aparcamiento de la empresa un fin de semana. Estaba siempre concurridísimo —decía Ribar.

Incluso para el Departamento de Marketing, la norma era trabajar entre sesenta y ochenta horas a la semana, sábados incluidos. Andrew Logan, actual director de Marketing Corporativo de Nvidia, recuerda salir un día corriendo de la oficina para recoger a su mujer e ir a la sesión de las 9.30 de la noche de *Titanic*. Según salía por la puerta, su compañero de despacho le gritó: «¡Ey, Andy! ¿Qué pasa, que te has tomado medio día libre?».[69]

67. Entrevista con Geoff Ribar, 2023.
68. Entrevista con John McSorley, 2023.
69. Entrevista con Andrew Logan, 2024.

También el testeador Henry Leven se acuerda de que, siempre que tenía que quedarse hasta muy tarde en la oficina, nunca era el único que estaba allí. Incluso las veces en que daba por terminada su jornada a las diez de la noche o hasta más tarde, siempre veía por allí todavía a los arquitectos gráficos de Nvidia, todos en torno a su pizarra blanca debatiendo, con enorme energía pese a las horas, las técnicas de optimización y renderizado con que debía contar el chip. Su coetáneo, Ian Siu, director de Materiales, tiene grabada en su memoria la imagen de sus compañeros pasando la noche en la oficina, incluso en fin de semana, con sus sacos de dormir. Los empleados incluso llevaban a sus hijos a la oficina para poder pasar tiempo en familia sin tener que salir de su lugar de trabajo.

—Nos matábamos a trabajar —contaba Siu, quien aún conserva preciosos recuerdos de la camaradería que se respiraba en la oficina y de las estrechas relaciones que se forjaron entre los compañeros.

Ribar rara vez se quedaba hasta medianoche, pero sí solía llegar a primera hora a la oficina. No tardó en percatarse de que la gran desventaja de sentarse al lado del CEO era que él resultaba ser la primera persona a la que Jensen veía por la mañana. Y Jensen solía desquitarse con el primero con el que se topara, fuera quien fuera.

—Jensen dedicaba las madrugadas a darle vueltas a cuestiones relacionadas con productos o marketing —detallaba Ribar—. Pocas veces las cuestiones tenían que ver con dinero, pero daba igual. Si era a mí al primero que veía, me soltaba todo a bocajarro.

A medida que el día iba avanzando, en la sede de Nvidia no había un solo lugar en el que esconderse para escapar del interrogatorio de Jensen. Kenneth Hurley, ingeniero técnico de marketing, estaba una vez frente a un urinario cuando vio a Jensen entrar en el baño e ir directo hacia el que quedaba libre a su lado.

—La verdad es que yo no soy de los tipos a los que les gusta entablar conversación en el baño —narraba Hurley.[70]

70. Entrevista con Kenneth Hurley, 2024.

Pero Jensen sí parecía serlo.

—Buenas, ¿qué haces? —preguntó el jefe.

Hurley respondió con un escueto «Nada» que le valió una mirada de reojo por parte de su superior. El pobre entró en pánico y no podía dejar de pensar: «Oh, no. Quizá me despide porque va a pensar que no hago nada. Ahora seguramente se pregunta que a qué me dedico yo en Nvidia».

Para salvarse el pellejo, Hurley empezó a enumerar las veinte cosas en las que estaba trabajando en ese momento, desde convencer a los desarrolladores para que adquirieran la última tarjeta gráfica de Nvidia hasta enseñarles a programar en ella nuevas funcionalidades.

—De acuerdo —respondió Jensen, aparentemente satisfecho con la respuesta del ingeniero.

El miedo y la ansiedad se convirtieron en las herramientas motivacionales preferidas de Jensen. En cada una de las reuniones mensuales de la empresa, siempre les decía: «Nos quedan treinta días para quedarnos sin nada».

Por un lado, aquello era una hipérbole. La tensión que había supuesto el RIVA 128 por todo lo que había en juego no era la norma, aunque ya se había vivido más veces. Y Jensen estaba empeñado en no permitir que una gota de complacencia se colara en la empresa, ni tan siquiera en los períodos de mayor éxito. Además, quería mostrar a las nuevas contrataciones el tipo de presión con la que tendrían que convivir más adelante. Porque, si no tenían lo que había que tener, lo mejor era que la selección natural hiciera su parte más pronto que tarde.

Por otro lado, la frase «Nos quedan treinta días para quedarnos sin nada» era completamente cierta. En la industria tecnológica, una sola mala decisión o un mal lanzamiento de producto podían resultar fatales. Nvidia había tenido mucha suerte dos veces antes, pues a duras penas había conseguido sobrevivir a los desastres del NV1 y el NV2 antes de cosechar su gran éxito (con solo dos meses de margen) con el RIVA 128. Sin embargo, su suerte no duraría para siempre. Por eso mismo, era importante trabajar en una buena cultura empresarial capaz de fortalecer la empresa para que pudiera salir airosa de las nefastas consecuencias que tenían la mayoría de los errores. Entre otras cosas porque ya se sabe que en el mercado los errores y los reveses son inevitables.

Aparte, y tal y como Dwight Diercks recalcaba:

—Parecía que siempre estábamos a cero. Y el motivo era que, con independencia del dinero que tuviéramos en el banco, Jensen sabía cómo hacernos entender que bastaban tres cosas para que nos quedáramos sin un dólar. Disfrutaba diciéndonos: «Permítanme que les cuente de qué manera nos quedaríamos a cero. Podría pasar eso, y luego esto, y luego esto, y todo nuestro dinero se quedaría en nada».

Jeff Fisher señalaba que el miedo podía ser esclarecedor. Incluso hoy, aunque Nvidia ya no se encuentra a treinta días de perderlo todo, la empresa sí puede estar fácilmente a treinta días de escoger un rumbo que conduzca a su destrucción.

—Nos pasamos el día rebuscando por los rincones para ver lo que se nos pueda estar pasando por alto —confiesa Fisher.

Y esa paranoia cobró vida a finales del año 1997. Intel siempre había sido tanto un importante socio de Nvidia como una posible gran amenaza. Todos los chips gráficos de Nvidia tenían que ser compatibles con los procesadores de Intel, ya que Intel era el principal fabricante de CPU para el mercado de los ordenadores personales. Sin embargo, ese otoño Intel comenzó a anunciar a bombo y platillo a todos los socios de la industria que estaban trabajando en su propio chip gráfico, el cual vería la luz próximamente y supondría una amenaza tanto para Nvidia como para otras empresas.

Pocos meses después del redoble de tambores que acompañó al RIVA 128, Intel anunció la aparición de su propio chip, el i740. Aquello planteaba un auténtico desafío para Nvidia, que veía peligrar la supervivencia de su nuevo chip y de toda la empresa en general. A diferencia del RIVA 128, que contaba con un *framebuffer* de cuatro megabytes, el i740 de Intel lo tenía de ocho megabytes, dos veces el tamaño del dispositivo que llevaba incorporado el chip de Nvidia, y la empresa estaba tratando de convertirlo en el nuevo estándar de la industria. Intel tenía contactos en todas las casas fabricantes de PC, ya que era quien suministraba la mayoría de las CPU del mundo. Tras la presentación del i740 por parte de Intel, «nuestras ventas empezaron a caer preocupantemente», confesaba uno de los ejecutivos de Nvidia. Si Intel conseguía su objetivo de forzar la implantación del *buffer* de ocho megabytes, el chip RIVA 128 quedaría obsoleto en cuestión de días.

—No puedes cometer ni un solo error. Intel se ha propuesto ir por nosotros y sacarnos del terreno de juego —declaró Jensen en una reunión conjunta celebrada en la empresa—. Esa es la misión que han encomendado a sus empleados, y todos han interiorizado muy bien el mensaje. Van a sacarnos del mercado. Por eso nuestro trabajo ahora es acabar con ellos antes de que ellos acaben con nosotros. Debemos *matar a Intel*.[71]

Caroline Landry y el resto del equipo de Nvidia trabajaron incluso más duro si cabe para derrotar a su nuevo rival, una empresa que en ese mismo momento tenía 860 veces el tamaño de Nvidia en lo que a beneficios se refiere. La ingeniera normalmente se quedaba trabajando hasta después de la medianoche, llegaba a casa a duras penas y daba una cabezada, antes de despertarse para volver a la oficina de nuevo.

—Estoy superagotada. Pero tengo que levantarme. Aunque me cueste —se repetía a sí misma—. Necesitamos matar a Intel. Hemos de acabar con Intel sí o sí.

Chris Malachowsky fue el encargado de liderar la respuesta a la amenaza de Intel. A lo largo de toda su trayectoria en Nvidia, siempre había demostrado ser un profesional muy talentoso y polivalente. Jensen siempre le encomendaba las partes más duras del negocio, ya fueran temas de operaciones, fabricación o ingeniería. Y Malachowsky una y otra vez se las ingeniaba para dar con la solución. En esta ocasión, el CEO lo necesitaba de vuelta a sus orígenes como arquitecto de chips para vencer al i740.

Aun cuando se trataba de un proyecto complejo que le exigía máxima concentración, Malachowsky se sintió obligado a acep-

71. Entrevista con Caroline Landry, 2024.

tar a un mentorando que necesitaba de su guía y consejo. Se trataba de Sanford Russell, una nueva incorporación procedente de Silicon Graphics a la que le estaba costando adaptarse a la tecnología y la cultura empresarial de Nvidia. El joven no había recibido más formación que la charla casi disuasoria de Hara, y en ningún sitio encontraba información sobre el proceder de la empresa.

Un día, Russell se dio cuenta de que Malachowsky se iba a casa a cenar con su familia y a última hora de la noche regresaba para seguir trabajando en el RIVA 128ZX, una versión de ocho megabytes del chip original con la que aspiraban a competir con Intel. Y se dijo que, si él también se presentaba en el laboratorio a las diez de la noche y se sentaba en un taburete al lado de Malachowsky, podría preguntarle al cofundador de Nvidia todo lo que quisiera.[72]

Y así fue. Russell le planteó con discreción una cuestión técnica de peso, Malachowsky estuvo unos cuantos minutos hablándole del tema y luego sigilosamente regresó a su tarea. Russell permaneció allí sentado hasta que Malachowsky le hizo la siguiente pregunta, y así siguieron durante intervalos de aproximadamente quince minutos.

—Y lo seguí haciendo así durante semanas. Lo observaba pacientemente, lo escuchaba murmurar por lo bajo: «Pero ¿por qué esto no funciona?», mientras intentaba una y otra vez que su chip cobrara vida. Toda la empresa estaba intentando que el chip funcionara —contaba Russell—. Pero, aun así, Chris me ayudó a ir subiendo la escalera del conocimiento respecto de todo lo relacionado con esos chips, porque él era quien los construía. Él era el tipo que había construido esa cosa y me estaba enseñando a mí al tiempo que se esforzaba al máximo para salvar la empresa.

Para Russell era increíble que Malachowsky pudiera concebir todo el chip en su cabeza y fuera capaz de trabajar y trabajar en esa idea hasta hacerla realidad. Y una madrugada, a las dos,

72. Entrevista con Sanford Russell, 2024.

de pronto todas las piezas del puzle parecieron encajar. Malachowsky empezó a gritar:

—¡Lo tengo! ¡Lo tengo! ¡Síííí! ¡Vamos a sobrevivir!

Había interiorizado por completo la paranoia de Jensen y, cuando a toda prisa se desarrolló el RIVA 128 original, él contribuyó a garantizar su supervivencia a futuro de una manera importante: había dejado algo de capacidad libre en el silicio del chip y había conseguido utilizarla para rediseñar el chip y darle un *framebuffer* de ocho megabytes.

—Fue un cambio grande, hubo que recablear varias puertas —recordaba—. Logramos cambiar una de sus especificaciones, sobre la marcha, en el metal.

Una vez hallada la solución, la empresa aplicó la técnica del haz de iones enfocado (conocida como FIB, por sus siglas en inglés), la cual permitía modificar los chips a nivel microscópico. El instrumento que se empleaba para el FIB parecía un microscopio de electrones, pero no utilizaba electrones, sino que empleaba iones para modificar los prototipos del chip. Por fin esos chips modificados consiguieron funcionar, y la serie RIVA salvó a Nvidia de una obsolescencia instantánea.

Malachowsky fue capaz de inspirar a uno de los empleados recién llegados mientras lo hacía. En el año 2024, cuando Russell casualmente se encontró con Malachowsky en una conferencia, no pudo evitar recordarle las largas noches que habían pasado juntos en el laboratorio.

—Me salvaste la vida, amigo —le dijo Russell, tremendamente agradecido por el hecho de que el ingeniero lo hubiera ayudado a prosperar en Nvidia, donde pasó veinticinco años hasta que cambió de empresa.

Malachowsky restó importancia a aquello:

—Naaada. Tú eras bueno.

—No —espetó Russell con una risita—. No lo era.

En algunos casos, la obsesión de Nvidia por la velocidad conducía a ciertos lapsus en la calidad, al menos en lo referente a los altos estándares que Jensen se fijaba para la empresa.

Andrew Logan, el director de Marketing Corporativo de Nvidia, se acordaba de la vez en que su chips quedaron en segundo lugar en unos premios concedidos por una revista sobre informática. En su anterior trabajo en S3, los directivos se ponían eufóricos cuando sus productos se clasificaban en los tres primeros puestos. Pero en Nvidia las cosas no funcionaban así.

—La primera vez que acabamos en segundo lugar, Jensen se me acercó y me dijo en tono frío: «El segundo puesto es el del primer perdedor» —lamentó Logan—.[73] Jamás lo olvidaré. Ahí me di cuenta de que estaba trabajando para un jefe que estaba persuadido de que teníamos que ganar en todo. Y aquello suponía muchísima presión.

Desde todo punto de vista, el RIVA 128 original era un chip excelente. Era capaz de renderizar gráficos de alta resolución a una velocidad de transmisión de imágenes muy superior a la de sus competidores; incluso juegos visualmente muy exigentes como Quake se ejecutaban con una calidad máxima y sin ninguna ralentización. Además, se trataba del chip más grande que se había desarrollado nunca, y se podía fabricar lo suficientemente rápido como para satisfacer la demanda inicial. Con todo y con eso, el equipo de Nvidia tenía que renunciar a algo para cumplir los tiempos. En algunos tipos de imágenes, el RIVA 128 aplicaba la técnica del tramado (una forma de ruido intencionado diseñado para ocultar irregularidades viduales obvias) a ciertos tipos de renderizado como el humo o las nubes.

Un buen número de jugadores se habían enterado de que una revista de ordenadores personales había decidido publicar un *exposé* sobre el chip gráfico que era el buque insignia de Nvidia. La publicación situaba al lado de una imagen grande los renderizados de la serie RIVA de Nvidia junto a los de otras tarjetas equivalentes de la misma generación tanto de 3dfx como de otro rival, Rendition. Las imágenes de Nvidia se veían borrosas y difuminadas, tanto que la revista se atrevía a asegurar que eran las peores de los tres, y que «se veían horriblemente mal».

73. Entrevista con Andrew Logan, 2024.

Nada más leer el artículo, Jensen citó a todos sus ejecutivos al despacho, donde los recibió con un ejemplar de la revista abierto sobre su mesa. Exigió que alguien le explicara por qué el resultado del RIVA 128 era tan malo. El científico jefe David Kirk alzó la voz para decir que habían tenido que renunciar a algún aspecto relacionado con la calidad de la imagen para lograr tener el chip a tiempo (y con él salvar a la empresa). Esa respuesta no hizo sino agitar aún más a Jensen, quien les recordó que los chips de Nvidia debían superar al resto en todo, no solo en un aspecto.

Los gritos fueron tan altos que llamaron la atención de Walt Donovan, el arquitecto de chips que había asistido a la presentación de la demo del RIVA 128 durante el congreso de desarrolladores de videojuegos y que allí mismo había solicitado un puesto en la empresa. En la sede de Nvidia, su despacho estaba en el extremo opuesto al de Jensen, gracias a lo cual se libraba de la mayoría de las retahílas del CEO. Además, tenía una importante discapacidad auditiva y llevaba un audífono en cada oreja. Pese a todo ello, en esta ocasión no había podido pasar por alto el revuelo y se autoinvitó a la acalorada reunión.

Donovan le aseguró a Jensen que la siguiente generación de chips de Nvidia, a los que se referían como la serie RIVA TNT, no solo solucionarían el problema del tramado, sino que también dejarían atrás a la industria en todos los aspectos relacionados con la calidad de los gráficos. Señaló la imagen de Rendición, que era la que la revista había seleccionado como la mejor de las tres.

—Así será la de la RIVA TNT —le garantizó.

Pero ni tan siquiera esas palabras lograron aplacar a Jensen, quien, llegado a este punto, únicamente quería que lo dejaran solo.

—¡Lárgense! —les gritó a todos.

La competitividad de Jensen solía motivar a sus empleados a hacer cosas extraordinarias. Pero también dejaba entrever el lado mezquino del CEO. Harry Levin, el testeador de chips que solía quedarse trabajando en el RIVA 128 hasta muy tarde, un día retó a Jensen a echar un ping-pong en una de las mesas que había en la sede de Nvidia. Sabía bien que Jensen había sido un destacado jugador nacional durante su adolescencia. Y estaba más que familiarizado con su obsesión por ganar. Sin embargo, lo que Levin desconocía era que Jensen participaba con el mismo nivel de intensidad en todas las competiciones, ya fueran profesionales o recreativas. Levin jugaba por *hobby* y se consideraba un buen jugador, tanto que jamás esperó recibir esa paliza por parte de su superior.

—La suya fue una victoria aplastante —admitió Levin—. Jugamos un partido a veintiún puntos, y no marqué más que una o dos veces. No me dio margen. Fue un partido exprés.

Jensen era tan supercompetitivo que incluso desafiaba a otros empleados aun cuando era él el que estaba en desventaja. En su etapa en el instituto, el CFO Geoff Ribar se había clasificado entre los cincuenta mejores jugadores de ajedrez del país. Sin embargo, su jefe ahora era incapaz de aceptar que pudiera haber alguien mejor que él en algo.

—Jensen sabía de sobra que yo era una máquina jugando al ajedrez. Pero era tan sumamente competitivo que estaba convencido de que era más inteligente que yo y de que podría ganarme. No tenía ninguna posibilidad de hacerlo, pero aun así lo intentó.

Jensen trató de cerrar la brecha entre sus habilidades para el ajedrez y las de Ribar con un aprendizaje a marchas forzadas. Memorizó aperturas de ajedrez y hasta secuencias de movimientos para hacerse con el control del tablero. Sin embargo, para Ribar su estilo de juego resultaba excesivamente predecible. Siempre que veía una apertura estándar del tipo que Jensen había aprendido, Ribar contraatacaba con un movimiento nada ortodoxo que frustraba la estrategia de su jefe. Cada vez que perdía, Jensen barría el tablero con el brazo para derribar las piezas y acto seguido se marchaba. En ocasiones, un rato después volvía para retarlo a una partida de ping-pong. Ribar solía aceptar, y le hacía gracia ver cómo el CEO trataba de llevar la competición a su terreno.

—Él es bueno al ping-pong —recordaba Ribar—. Yo soy regular, pero Jensen sería capaz de matarme con tal de cobrarse revancha. Derrotarme al ping-pong era una forma de aliviar su frustración por haber perdido al ajedrez.

Perder al ajedrez no era lo único que alimentaba la frustración general de Jensen. Al igual que otras empresas de chips gráficos, Nvidia únicamente diseñaba y hacía prototipos de sus productos, es decir, no los fabricaba a escala. La fabricación de chips se externalizaba al pequeño número de empresas dedicadas a ello que había repartidas por el mundo. Estas empresas invertían cientos de millones de dólares en salas limpias, equipos especializados y el personal cualificado necesario para convertir diminutas láminas de silicio en avanzados dispositivos informáticos. Desde su fundación, de Nvidia se había asociado con SGS-Thomson, el conglomerado de chips europeos, para fabricar sus chips. Tal y como Jensen y los otros cofundadores descubrieron en el transcurso de su reunión inicial con Sequoia, SGS-Thomson no gozaba de la mejor reputación, y había hecho todo lo posible por seguir siendo competitivo a costa de mano de obra barata en el este asiático.

Sin embargo, ahora que Nvidia estaba produciendo grandes cantidades del chip y vendiéndolas en masa, se hizo mucho más difícil pasar por alto los puntos débiles de SGS-Thomson. A finales de 1997, el jefe de ventas, Jeff Fisher, organizó un viaje a la planta de fabricación de SGS-Thomson, en Grenoble (Francia), para un equipo de Gateway 2000. El RIVA 128 llevaba ya varios meses en el mercado y gozaba de una gran acogida por parte de los jugadores de videojuegos. El viaje se suponía que iba a ser un momento de gloria tanto para Fisher como para Nvidia. Durante su vuelo a Francia, Fisher se enteró de que SGS-Thomson estaba teniendo problemas de producción con el producto estrella de Nvidia. El fabricante calculaba que únicamente serían capaces de suministrar la mitad del pedido de Gateway 2000. Fisher recordaba que en ese momento pensó:

—Bueno, lo único que tenemos que hacer es sentarnos a hablar con la gente de SGS y plantear cómo decírselo a Gateway.[74]

74. Entrevista con Jeff Fisher, 2024.

Aquel desastroso *tour* a la fábrica no fue más que el primer signo de alarma de una crisis de producción en toda regla, la cual terminó explotando del todo el día de Acción de Gracias. Fisher había planeado disfrutar de un más que merecido descanso en casa de su suegra, al norte de Indiana, pero nada fue como lo había previsto y se pasó casi todas las vacaciones al teléfono tratando de apagar fuegos e informando a Dell y a otros fabricantes de ordenadores de que ya no les podrían suministrar un número tan alto de tarjetas gráficas como las que les habían pedido. Entre tanta llamada con clientes airados, habló también con Jensen para trasladarle las novedades de SGS-Thomson.

—Por fin habíamos firmado contratos con todos esos clientes que siempre habíamos soñado tener, y ahora teníamos que prepararnos para ver cómo distribuíamos los recursos —contaba.

Jensen siempre había exhortado a sus empleados a no cometer jamás el mismo error dos veces, así que en ese mismo momento se prometió a sí mismo no volver a buscarse un socio de fabricación incapaz de manejar los niveles de producción que Nvidia necesitaba. Por fortuna, ya tenía otro proveedor en mente.

Cuando Nvidia fue fundada en el año 1993, Jensen se volvió loco buscando a alguien que pudiera garantizarles la capacidad de fabricación que precisaba Nvidia. En aquel momento llamó varias veces, sin éxito alguno, a Taiwan Semiconductor Manufacturing Company (TSMC), que era el fabricante mejor considerado del mundo y con el que Don Valentina, de Sequoia, había recomendado a Nvidia asociarse desde el principio. En 1996 Jensen volvió a intentar un acercamiento más personal. Para ello, escribió una carta a Moris Chang, el CEO de TSMC, para sugerirle un encuentro en el cual comentar las necesidades del chip de Nvidia. En esta ocasión Chang se puso en contacto con él y los dos hombres organizaron una visita a Sunnyvale.[75]

75. «Morris Chang, in Conversation with Jen-Hsun Huang», Computer History Museum, 17 de octubre de 2007, video, 23:00.

Durante dicho encuentro, Jensen puso de manifiesto los planes de futuro de Nvidia, y le explicó que su empresa necesitaría mayores cantidades de silicio para su actual generación de chips, y aún más de cara al futuro. Logró asegurarse una cierta capacidad de producción de TSMC para complementar la capacidad de SGS-Thomson, y la relación parecía ir bien. Chang periódicamente regresaba a Sunnyvale para cerciorarse de que Nvidia tuviera toda la capacidad que necesitaba, y solía tomar notas de todo en un pequeño cuaderno de color negro. Incluso visitó la firma durante su viaje de luna de miel en 1998.

—Mi máxima satisfacción en este trabajo es ver a mis clientes crecer, hacer dinero y tener éxito —decía Chang, y esto era especialmente cierto en el caso de un cliente que crecía tan rápido como Nvidia.

La relación entre los dos CEO y sus empresas se tornó tan estrecha en tan poco tiempo (y la conexión entre Nvidia y SGS-Thomson se enfrió tantísimo a la vez) que, en febrero de 1998, Nvidia presentó a TSMC como su principal proveedor. El cambio se produjo justo después de que Nvidia anunciara su último chip, el RIVA 128ZX, el cual hizo su debut en el mercado tan solo once días después del temido i740 de Intel. Para Nvidia, suponía una clara mejora respecto del chip de la competencia. Ofrecía un mejor rendimiento que el i740 y tenía un *framebuffer* de ocho megabytes, equivalente al del i740, a un coste de 32 dólares por chip, un precio ligeramente superior a los 28 dólares que Intel había establecido. Así, el nuevo chip de Nvidia se suponía que garantizaría el dominio de la empresa en el mercado de los ordenadores personales, por mucho que Intel hiciera todo lo posible por minar a los de Jensen.

Poco después, surgieron de nuevo problemas de producción. En el verano de 1998, un defecto de fabricación echó a perder la producción del RIVA 128ZX de TSMC. Los defectos, provocados por un residuo de titanio, se fueron propagando al azar por las diferentes partes de los chips. Como resultado de ello, se hizo imposible determinar cuáles chips estaban defectuosos y cuáles no. Lo único que se sabía era que un gran porcentaje de los RIVA 128ZX estaba contaminado.

Chris Malachowsky fue al rescate una vez más.

—¿Por qué no testeamos todos y cada uno de los chips y ejecutamos software en todas las partes? —propuso un día.

—Es imposible hacer eso —le respondió otro ejecutivo de Nvidia.

—¿Por qué? —cuestionó Malachowsky.[76]

A simple vista, se antojaba una sugerencia absurda. Nvidia tendría que enviar cientos de miles de chips a la sede de la empresa para proceder allí a un testeo manual. Y, para ello, era imprescindible convertir una parte de su desordenada oficina y abarrotado taller en un gran laboratorio para probar chips. Sin duda, esa sería la gran prueba de la famosa máxima de la velocidad de la luz de Jensen.

La empresa convirtió uno de sus edificios en una enorme cadena de testeo con torres de ordenadores abiertas, placas base y CPU.

—Aquella fue una operación soberbia —la definía Curtis Priem—. Te ibas a casa a las once la noche, y por allí a esas horas seguías viendo a docenas de personas metiendo y metiendo chips.[77]

El proceso era extremadamente tedioso. Priem recordaba que a veces tenían que repetir los test porque algunos chips defectuosos de cuando en cuando se colaban por razones que no tenían nada que ver con los propios chips, como las veces en que no se desconectaba completamente la potencia de la plataforma de prueba entre un test y otro.

Al principio, tanto los empleados de Nvidia como toda la directiva contribuyó a la tarea. Sin embargo, al poco, la excesiva precisión que exigían las pruebas empezó a quemar a los ingenieros. Para quitarles carga de trabajo, Jensen contrató a cientos de trabajadores menos cualificados a los que los empleados habituales de Nvidia dieron en llamar «casacas azules» por el color de sus monos de trabajo. En nada de tiempo, los casacas azules superaron en número a los ingenieros de Nvidia que había en el edificio. Toda esa mano de obra extra permitió a la empresa pro-

76. Entrevista con Chris Malachowsky, 2023.
77. Entrevista con Curtis Priem, 2024.

bar cada chip antes de bien enviárselo al cliente, o bien tirarlo a la basura.

No obstante, se evidenció una brecha cultural y social significativa entre los empleados de Nvidia y los casacas azules contratados para las pruebas. Caroline Landry fue una de las primeras en percatarse de la cada vez mayor estratificación entre los trabajadores inmigrantes con menor formación y los ingenieros superformados de Nvidia.

Enseguida se dio cuenta de que nadie quería sentarse con los casacas azules a la hora del almuerzo.

—Nosotros, los canadienses, somos un poco más igualitarios —decía ella. Por eso, ignorando las muchas miradas de desaprobación que seguían sus pasos por la cafería, continuaba—: Yo solía sentarme con los casacas azules para conocerlos. Y luego siempre tenía que hacer frente a la misma clase de comentarios por parte de los otros ingenieros, tipo «Pero ¿has comido con los casacas azules? ¿Acaso enloqueciste?». Era extraño. Yo no alcanzaba a comprender semejante mentalidad.

Las principales confrontaciones surgían por la comida. Nvidia premiaba a sus empleados con generosas ventajas gastronómicas: les daba de desayunar, de comer y de cenar, así como les proporcionaba un picoteo gratuito que iba desde gominolas y patatas fritas hasta *noodles*. Al ver todo esto, los casacas azules, que nunca habían gozado de tales privilegios en sus trabajos anteriores, llegaban a la cafetería y se hinchaban a comer, y luego vaciaban los expositores de las bebidas y las chucherías en cuanto los reponían los viernes.

—Un fin de semana que fui por allí, vi a un buen número de gente con bolsas de la compra repletas de cosas que guardaban en sus coches —afirmaba un empleado de Nvidia.

—En su cabeza, todo eso era gratis. No estaban robando. Estaba allí para que la gente lo disfrutara, así que ellos lo tomaban —los defendía Landry.

Los empleados de Nvidia comenzaron a quejarse tan repetidamente que Jensen envió un correo electrónico a toda la empresa en cuyo asunto podía leerse: «Da a un casaca azul tu chuleta de cerdo». O sea que, si los testeadores querían el plato principal de tu almuerzo, tenías que dárselo. Jensen consideraba que los empleados de Nvidia debían mostrar gratitud hacia los casacas azules, puesto que estos desempeñaban un papel instrumental que era clave para ayudar a la empresa a bandear una colosal crisis. Su contribución era infinitamente más valiosa que el inconveniente que podría generar el que agotaran los *snacks* gratuitos de los empleados.

Ni tan siquiera con la ayuda de los casacas azules Nvidia pudo reponerse del revés que supuso aquel parón en la producción. Geoff Ribar había sido contratado como CFO justamente para preparar a la empresa para una oferta pública inicial suscrita por el banco de inversión Morgan Stanley. Mas, como Nvidia se había quedado sin chips que vender, resultaba que ahora la empresa era mucho menos atractiva para posibles inversores. Su facturación trimestral se redujo a la mitad, y se pasó de los 28.3 millones de dólares en el trimestre que acabó en abril de 1998 a 12.1 millones en el ejercicio del siguiente trimestre, que concluía en julio. No obstante, sus gastos no hacían más que crecer, lo que llevó a unas pérdidas netas que ascendieron de 1 millón a 9.7 millones de dólares de un trimestre a otro. Tan solo seis meses antes, Nvidia había celebrado su trimestre más rentable, pero ahora estaba perdiendo dinero a una velocidad alarmante.

En una economía boyante, pese al deterioro de su balance, Nvidia podría haber seguido atrayendo a buenos compradores. Sin embargo, la crisis económica llevaba casi un año sacudiendo los cimientos del este y el sureste asiático, lo cual había templado los ánimos para embarcarse en OPI de riesgo. Por ello, Morgan Stanley decidió pausar el proceso. Aquella OPI le habría dado a Nvidia esa inyección de efectivo que ahora tanto necesitaba. Pero, en lugar de ello, Ribar se vio obligado a hacer números y advirtió de que, con su *burn rate* actual, la empresa estaba «a semanas» de declararse insolvente.[78] Se repetía la situación que habían vivido con el RIVA 128.

78. Entrevista con Geoff Ribar, 2023.

A Jensen no le quedaba otra más que volver a confiar en su poder de persuasión y su talento para volver a sacar a Nvidia de la nueva crisis. En tal contexto, solicitó una financiación puente a los tres grandes clientes que tenía la empresa: Diamond Multimedia, STB Systems y Creative Labs. Las tres empresas confiaban en la proeza tecnología de Nvidia, entre otras cosas porque las tres se habían embolsado millones de dólares gracias a los chips RIVA que utilizaban en sus tarjetas gráficas de alta gama. Jenson insistía en que esa financiación puente daría a Nvidia el tiempo y dinero que necesitaba para recuperase del revés. Para hacer más favorable el trato, el CEO estructuró los préstamos como pagarés convertibles que, cuando la empresa presentara su oferta pública inicial, podrían convertirse en capital al 90 por ciento del precio de la oferta pública inicial, lo que daría a los posibles acreedores de Nvidia un potencial alcista mucho mayor que el de los intereses de un préstamo estándar. Tras dos semanas de intensas negociaciones, en el mes de agosto de 1998 las tres empresas aceptaron prestarle a Nvidia 11 millones de dólares. Aquello permitió a Jensen no solo evaluar la confianza que tenían en Nvidia, sino que también le ayudó a convertir esa confianza en una relación todavía más estrecha con sus tres grandes clientes.

Pese a la salvación financiera que aquello supuso, Ribar estaba decidido a marcharse. La presión «había llenado mi pelo de canas», dijo después. En octubre de 1998 fue contratado por Marvin Burkett, quien había sido mentor de Ribar cuando los dos trabajaron juntos en AMD. Así, Ribar entró a formar parte de la empresa electrónica japonesa NEC, en la que ayudó a dar un giro a su Departamento de Monitores. Había estado menos de un año en Nvidia, ni siquiera el tiempo suficiente para poder invertir en acciones de la empresa.

La respuesta de Jensen a la casi muerte de Nvidia como consecuencia del trabajo pendiente del producto fue, paradójicamente, reestructurar toda la empresa para enviar nuevos diseños incluso más rápido. Comenzó a citar en su oficina a Michael Hara, jefe de marketing de Nvidia, para planear juntos una estrategia. Jensen había observado que ninguna empresa parecía tener la capacidad de liderar de forma permanente la industria. Las empresas que un año eran líderes, como S3, TsengLabs y Matrox, a menudo eran desplazadas tras una o dos generaciones de chips.

—Mike, no consigo entenderlo —le dijo—. Si te detienes a analizar la industria gráfica de los ordenadores personales, ¿por qué ni una sola empresa lidera el mercado durante más de dos años?[79]

Ahora que Nvidia era uno de los líderes del mercado y no solo una aspirante más, Jensen estaba más obsesionado que nunca con el problema. Hasta bromeaba con el asunto:

—Lo único que dura más que nuestros productos es el *sushi* —solía decirles a los empleados.

Jensen veía que cualquier empresa que lograra solventar un problema automáticamente construía un fuerte foso en torno a su negocio.

Hara, quien también había trabajado para muchos de los competidores de Nvidia, le explicó a Jensen las dinámicas del mercado. Toda la industria avanzaba al ritmo marcado por los fabricantes de ordenadores, quienes solían actualizar sus productos dos veces al año: en primavera y en otoño. El ciclo otoñal era, sin duda, el más importante, pues empezaba con el regreso a clases en agosto y terminaba con el inicio de la campaña navideña. Los fabricantes de ordenadores se veían obligados a actualizar sus productos cada seis meses y lanzarlos nuevamente al mercado con los últimos chips para garantizar el mejor rendimiento. Por eso, dedicaban todo su tiempo a buscar mejores chips que integrar en sus ordenadores personales, y no vacilaban a la hora de reemplazar a sus proveedores por otros nuevos a medida que iban apareciendo componentes más rápidos y de mejor   calidad.

Los fabricantes de chips, Nvidia entre ellos, tardaban dieciocho meses en diseñar y lanzar un nuevo chip, y lo habitual era que trabajaran en uno solo cada vez. Sin embargo, la tecnología

79. Entrevista con Michael Hara, 2024.

gráfica avanzaba a un ritmo tal que los chips quedaban funcionalmente obsoletos mucho antes de que los fabricantes de chips pudieran lanzar un nuevo producto.

—Pero eso no puede ser así. No funciona. Tiene que haber una manera de solucionar este problema de los ciclos de diseño —decía Jensen.

El RIVA 128 les había demostrado que Nvidia era capaz de diseñar y lanzar un nuevo chip en menos de un año, aunque en aquel momento la seria amenaza de una bancarrota inminente hubiera sido la que había movido a la empresa a avanzar tan rápido. ¿Cómo podría Nvidia volver a hacer lo mismo que ya hiciera para producir su RIVA 128, pero ahora de un modo más repetitivo y sostenible?

Tras unas cuantas semanas, Jensen anunció a todos sus ejecutivos que ya había dado con el modo de sacar a Nvidia de la competición para siempre.

—Vamos a reestructurar las bases del Departamento de Ingeniería para alinearlo con los ciclos de actualización —señaló.

Nvidia acordó dividir el equipo de diseño en tres grupos distintos. El primero se encargaría de diseñar la arquitectura del nuevo chip, mientras los otros dos trabajarían en paralelo al primero para desarrollar derivados más rápidos basados en el nuevo chip. Esto permitiría a la empresa lanzar un nuevo chip cada seis meses, en consonancia con los ciclos de compra de los fabricantes de ordenadores personales.

—No perderemos nuestro concepto de programación porque podemos volver al OEM [fabricante de equipos originales; fabricante de ordenadores personales] y le diremos: «Aquí está mi nuevo chip, el cual utiliza el mismo software. Tendrá nuevas funcionalidades y será más rápido» —explicó. Por supuesto, la solución exigía mucho más que reorganizar los equipos de diseño de Nvidia. Entrarían también en juego muchas de las decisiones técnicas que la empresa había tomado hasta entonces.

Desde los comienzos, Curtis Priem había inventado una arquitectura de «objetos virtualizados» que se incorporaba en todos los chips de Nvidia. Aquello había supuesto una ventaja aún mayor para la empresa una vez que Nvidia adoptó un ritmo más rápido de lanzamiento de chips. El diseño de Priem contaba con un «administrador de recursos» basado en software, que consistía básicamente en un sistema operativo en miniatura que se situaba en la parte superior del propio hardware. Ese administrador de recursos permitía a los ingenieros de Nvidia emular determinadas especificaciones del hardware que normalmente debían ser impresas de forma física en los circuitos del chip. Esto implicaba un coste de rendimiento, pero, al tiempo, aceleraba el ritmo de la innovación, puesto que los ingenieros de Nvidia estaban en disposición de asumir muchos más riesgos. Cuando la nueva funcionalidad no estaba lista para funcionar en el hardware, Nvidia podía emularla en el software. Paralelamente, los ingenieros podían eliminar características del hardware cuando sobraba potencia de cálculo, lo que permitía área de troquel del chip.

Para la gran mayoría de los rivales de Nvidia, cuando una especificación de hardware no estaba a punto en un chip, aquello suponía un retraso en la planificación. Sin embargo, las cosas no funcionaban igual en Nvidia gracias a la innovación de Priem.

—Aquella era la cosa más brillante del planeta —decía Michael Hara—. Digamos que era algo así como nuestro ingrediente secreto. Cuando nos faltaba una especificación o esta se rompía, siempre podíamos ponerla en el administrador de recursos y hacer que funcionara.[80]

Jeff Fisher, jefe de ventas de Nvidia, no podía estar más de acuerdo:

—La arquitectura de Priem fue fundamental para posibilitar que Nvidia diseñara y desarrollara nuevos productos más rápido.[81]

Nvidia también comenzó a insistir en la compatibilidad con versiones anteriores para sus conductores de hardware, que era algo que ya había hecho por primera vez con su RIVA 128. Sin embargo, tal lección era algo anterior a Nvidia: de hecho, Priem había aprendido al respecto en su etapa en Sun Microsystems,

80. Entrevista con Michael Hara, 2024.
81. Entrevista con Jeff Fisher, 2024.

antes de entrar en Nvidia. Había oído hablar de una sesión de compras para una nueva versión del chip gráfico GX, durante la cual el equipo de ventas había insistido en que el nuevo chip era compatible con los antiguos conductores de software. Eso quería decir que, si un cliente instalaba el nuevo GX en una estación de trabajo anterior, el GX funcionaría igualmente. No era necesario esperar a instalar un nuevo software para que un cliente pudiera usar otro hardware gráfico recién adquirido. Todo el equipo de ventas se puso en pie y ovacionó al presentador. Cuando a Priem le contaron semejante reacción, en su cabeza tomó nota del hecho de que contar con conductores unificados haría la vida más fácil tanto a los comerciales como a los clientes.

—Cuando nos enteramos, pensamos: «Vale, sí, parece algo importante» —dijo—. Y luego aquello resultó ser muy importante para Nvidia.[82]

Para Jensen, la emulación y los conductores compatibles con versiones anteriores no eran simplemente unos buenos principios técnicos, sino que suponían una ventaja competitiva. Por ello, estaba convencido de que la implementación de ambas cosas aceleraría su cronograma de producción previsto, el cual dio en llamar «Tres equipos, dos estaciones». Estaba convencido de que Nvidia tenía ante sí la oportunidad de estar siempre a la cabeza de toda la industria. Jensen llevaba mucho tiempo insistiendo en que los chips de Nvidia serían siempre los mejores del mercado, y casi siempre lo eran: eso no iba a cambiar. Ahora la empresa había triplicado el número de chips que tenía en el mercado, ninguno de los cuales tardaba más de seis meses en quedar obsoleto. Por mucho que un competidor pudiera ofrecer un producto ligeramente mejor, los fabricantes de ordenadores personales no tenían ningún motivo que los llevara a querer sustituir a Nvidia, pues sabían que en seis meses llegaría una versión optimizada más rápida y que no tendrían que pasar por el agobio que suponía el tener que cambiar de conductores.

La veloz iteración de Nvidia suponía que «la competencia tenía que tratar de anticiparse a las tendencias del mercado», en

82. Entrevista con Curtis Priem, 2024.

palabras de Jensen. Igual que un cazador que debe intentar alcanzar a una presa en movimiento en lugar de adelantarse a ella, los otros fabricantes de chip gráficos siempre se quedaban atrás, pues eran demasiados los nuevos chips que iban apareciendo a un ritmo excesivamente rápido. Todo aquello hacía que los rivales de Nvidia se sintieran superados.

—La característica número uno de cualquier producto es siempre su cronograma —apuntaba Jensen tiempo después.[83]

A finales del año 1999, Nvidia ya había reorganizado por completo su modelo de diseño y producción basándose en su estrategia de «Tres equipos, dos estaciones». El CEO defendía con uñas y dientes una filosofía que exigía a los empleados trabajar a la velocidad de la luz, midiendo y comparando su rendimiento con lo que podía ser físicamente posible, y no con lo que otras empresas estaban haciendo o con lo que Nvidia había logrado o no logrado en el pasado. Además, en la empresa había un mantra corporativo (su famoso «Nos quedan treinta días para quedarnos sin nada») el cual alertaba del riesgo de caer en la complacencia y transmitía esa expectativa de que todo el mundo, desde el CEO para abajo, tenía que trabajar lo más duro posible, aun cuando eso pudiera significar sacrificar sus vidas fuera de Nvidia.

83. Entrevista con Nick Triantos, 2023.

6

¡Vamos por todo!

A medida que Nvidia aceleraba sus calendarios de producción y sus métodos para dominar el mercado de los chips gráficos, su competencia intentaba contraatacar con fuerza. Así, en septiembre del año 1998, 3dfx presentó una demanda por infracción de patente y alegó que Nvidia les había robado uno de sus métodos de renderizado. La nota de prensa que anunciaba el pleito incluía un enlace a una página del sitio web de Nvidia sobre la tecnología en cuestión. En respuesta a ello, el equipo de marketing de Nvidia modificó la página vinculada para que quien hiciera clic en la nota de prensa viera un *banner* en el que se leía: «Bienvenido a Nvidia, la mayor empresa de gráficos en 3D».

Justamente un año antes, la directiva de 3dfx estaba tan convencida de que Nvidia estaba al borde de la bancarrota que ni se molestaron en jugarle una mala pasada a su rival. Sin embargo, ahora la situación había cambiado completamente. Con su sonada estrategia de «Tres equipos, dos estaciones», Nvidia estaba preparándose para lanzar tres chips en el mismo tiempo que 3dfx lograba sacar al mercado solo uno. El último chip de 3dfx, el Voodoo2, había salido en febrero de 1998 y la empresa estaba a medio camino del ciclo de desarrollo de otros dos chips de nueva generación, cuyo nombre en clave seguía su característico estilo exagerado: Napalm, cuyo lanzamiento estaba previsto para finales de 1999, y Rampage, que se esperaba para 2001. A ese ritmo, los lanzamientos prémium de 3dfx iban con un año o más de retraso respecto de los de Nvidia.

Y los líderes de 3dfx ni tan siquiera se sentían seguros con su planificación de lanzamientos más lenta. Los ingenieros de la empresa «perseguían la perfección absoluta en cada producto que enviaban —señalaba Ross Smith, el director de Marketing—.[84] Nosotros teníamos un agregado de nuevas funciones en cada chip, mientras que la mentalidad de Nvidia era enviar cualquier cosa que estuviera lista en el chip con tal de cumplir los plazos, y, para ello, dejaban funcionalidades pendientes para el siguiente chip».

3dfx se había convertido en la víctima de su próximo éxito de otro modo también. Scott Sellers, su cofundador y quien también hacía las veces de jefe de ingeniería, explicó que las fuertes ventas del Voodoo2 hicieron difícil para la empresa gestionar su canal de distribución y coordinar las relaciones con sus socios de tarjetas gráficas.

—Experimentamos algunos problemas cualitativos con algunos de los fabricantes de placas, puesto que dejaron de seguir nuestras directrices de diseño —detallaba—.[85] Y la mala calidad empezó a tener un impacto en la satisfacción de nuestros clientes.

La industria entera era más que consciente de la ingente capacidad de Nvidia para convertir los retos en oportunidades. Y 3dfx aspiraba a hacer lo mismo. Sin embargo, su enfoque distaba mucho del de Nvidia.

En primer lugar, y en un intento de imitar la estrategia de Nvidia de sacar más chips al mercado, 3dfx anunció la incorporación de varios nuevos productos a su cartera. Entre ellos se incluían el Voodoo Banshee y el Voodoo3, los cuales se habían diseñado como aceleradores 2D-3D combinados en lugar de como los chips puramente 3D que 3dfx había producido hasta la fecha. A diferencia del mapa de ruta de Nvidia en cuanto a productos,

84. Entrevista con Ross Smith, 2023.
85. Entrevista con Scott Sellers, 2023.

cuya rentabilidad se basaba en fabricar múltiples versiones derivadas de un único chip para un área concreta del mercado, 3dfx apostaba por una gama excesivamente complicada dirigida a múltiples segmentos de clientes y no tenía entre sus planes el reutilizar un diseño común de un núcleo central.

Así, 3dfx se propuso expandirse a una parte completamente nueva de la industria gráfica. En diciembre de 1998, compró al fabricante de placas gráficas STB Systems por 141 millones de dólares. El movimiento cobraba todo el sentido sobre el papel. STB era un gran fabricante de placas, y estar bajo el paraguas de 3dfx le daría más control sobre la cadena de suministro de sus propias placas. Asimismo, se generaría una mayor conciencia de marca ente los clientes, puesto que tanto los chips como las placas se venderían con el nombre de 3dfx.

E incluso más importante desde un punto de vista estratégico era el hecho de que 3dfx estaba convencida de que su nueva adquisición haría daño a Nvidia. Y es que STB mantenía una muy buena relación con el fabricante de chips rival. Precisamente esa empresa había sido la que había llevado a cabo la primera gran adquisición de los RIVA 128, un pedido que Jensen había dado a conocer en una reunión general en la que había demostrado sus tablas para el teatro. Además, desde el lanzamiento de ese chip, STB se había convertido en el principal socio de placas de Nvidia, e incluso le había prestado dinero durante aquella ronda de financiación puente que había tenido lugar tan solo unos tres meses antes. Ahora, con la compra, 3dfx forzosamente daba por terminada toda relación con Nvidia. De ahí que STB anunciara públicamente que, a partir de ese momento, sus placas solo llevarían chips de 3dfx.

—Estábamos convencidos de que era una apuesta segura —puntualizaba Sellers—. Sentíamos que estábamos en el momento de hacerlo.

Sin embargo, ninguno de los movimientos estratégicos y de las apuestas de producto de 3dfx dieron sus frutos. La empresa sudó la gota gorda para desarrollar la parte 2D de sus chips de gama media porque carecía de la experiencia que sí tenía con los chips 3D. Cuando STB promulgó su política de solo 3dfx, otros fabricantes de placas se vengaron cambiando a chips de Nvidia, lo que echó a perder la supuesta ventaja que preveían. Por si fuera poco, la presunción de Sellers de que 3dfx podía gestionar perfectamente el negocio de su nueva adquisición no podía ser más desacertada. La directiva de 3dfx no tenía ninguna experiencia supervisando un canal de distribución física minorista y tampoco tenía ni idea de la complicada cadena de suministro de una empresa dedicada a la fabricación de placas. Una vez convertida en 3dfx, STB acabó desviando la atención de su nueva empresa matriz del negocio principal de diseño de chips.

Por encima de todo, ni una sola de sus iniciativas servían para solucionar el principal problema de 3dfx, que no era sino su incapacidad para producir chips de alto rendimiento a la velocidad necesaria. Su perfeccionismo, la mala gestión y un liderazgo distraído fueron los tres factores que se combinaron para ralentizar aún más la producción. El Voodoo3 de gama media, el cual se había previsto como un recurso provisional entre los lanzamientos de chips en 3D, vio retrasada su salida al mercado hasta abril de 1999. Y Napalm y Rampage se dilataron aún más en el tiempo.

—Deberíamos habernos aplicado el dicho ese de «zapatero, a tus zapatos» —reconocía Ross Smith—. Si 3dfx hubiera sacado a tiempo Napalm y Rampage, Nvidia no habría tenido nada que hacer.

Por si fuera poco, 3dfx pronto sufrió una auténtica pérdida de control operativo. Fue incapaz de gestionar los inventarios de STB. Sus tarjetas de gama media dejaron de venderse. La empresa se quedó sin liquidez. Casi a finales del año 2000, sus acreedores iniciaron el procedimiento para declararse en bancarrota. Así, el día 15 de diciembre de ese mismo año, Nvidia adquirió las patentes y otros activos de 3dfx y contrató a alrededor de un centenar de sus empleados. En octubre de 2002, 3dfx se declaró en quiebra.

Cuando esos exingenieros de 3dfx llegaron a Nvidia, lo hicieron deseosos de descubrir cuál era el proceso o la tecnología única que permitía a sus hasta entonces victoriosos rivales crear nuevos chips cada seis meses. Dwight Diercks recuerda perfectamente su *shock* cuando se dieron cuenta de que la explicación era muy sencilla:

—Oh, Dios mío. Llegamos allí pensando que íbamos a dar con el ingrediente secreto —dijo un ingeniero—.[86] Y resulta que solo se trataba de un trabajo muy duro y de un respeto absoluto al calendario.

Dicho de otro modo, era simplemente la cultura de Nvidia la que marcaba la diferencia.

Perfeccionar al máximo las operaciones de la empresa era solo una de las partes del plan trazado para garantizar que el futuro de Nvidia no cayera en la disfunción institucional. La otra parte importante consistía en llevar el mejor talento a la empresa. Por supuesto, los excelentes productos de Nvidia atraían a aspirantes destacados. Sin embargo, a Nvidia le gustaba captar a los grandes profesionales que trabajaban para la competencia. Pese a ello, rara vez había conseguido incorporar de golpe a una docena de ingenieros de alguna empresa rival, como había sido el caso con la caída de 3dfx. Por eso mismo, Jensen y su equipo habían tenido que aprender el sutil arte de la caza furtiva corporativa.

En el año 1997, Jensen le preguntó a Michael Hara si conocía a alguien bueno que quisiera entrar a formar parte de la familia de Nvidia. Hara sacó a relucir el nombre de John Montrym, que era el ingeniero jefe de Silicon Graphics. Montrym era considerado una leyenda de la industria por su gran trabajo en el subsistema de los gráficos, como con Reality Engine e InfiniteReality. Además, tenía un pasado en común con el cofundador de Nvidia Curtis Priem, ya que ambos habían trabajado juntos en Vermont Microsystems.

Jensen invitó a Montrym a comer en la oficina de Nvidia y fue al grano:

—John, deberías plantearte seriamente entrar a trabajar en Nvidia, porque tengo intención de barrer a SGI del mercado —le espetó sin miramientos, y le dio argumentos para que entendiera por qué SGI no podría nunca competir vendiendo miles de esta-

---

86. Entrevista con Dwight Diercks, 2024.

ciones de trabajo al año cuando el acceso de Nvidia a un mercado de millones de ordenadores personales le daría economías de escala mucho mejores.[87] Pero Montrym rechazó su propuesta muy educadamente.

Chris Malachowsky y el científico jefe de Nvidia, David Kirk, volvieron a intentarlo después. En el transcurso de otro almuerzo, le dijeron a Montrym:

—Todo el trabajo que hiciste con el RealityEngine e InfiniteReality de SGI, Nvidia va ahora a integrarlo en un único chip para ordenadores personales, y eso marcará el final de SGI. ¿Dónde te gustaría estar trabajando cuando eso suceda?[88]

Priem también intentó contratar a Montrym. Los dos hombres quedaron en el restaurante St. James Infirmary Bar&Grill en Mountain View, California. Durante su conversación, Priem insistió una y otra vez en que Silicon Graphics «tenía los días contados», y trató de persuadir a su antiguo compañero para que se uniera a Nvidia.[89] Sin embargo, y una vez más, Montrym no se dejó convencer.

Ahí fue cuando Jensen decidió probar suerte de nuevo, pero con una táctica diferente: seducir a Montrym con tecnología, no con palabras. Pidió al equipo de desarrollo que creara una demo gráfica de su último prototipo de chip que tuviera la forma de una simulación inmersiva de temática militar, imitando así la estrategia de SGI para alardear de nueva tecnología. Una vez listo, le dijo a Hara que volviera a llamar a Montrym y lo invitara al laboratorio de Nvidia para enseñarle la demo en acción.

—Esta vez será mucho más divertido —le aseguró Jensen a Hara.

En cuanto Montrym llegó, Hara le presentó el nuevo prototipo.

—¿No es esto exactamente lo que hace el InfiniteReality? —preguntó.

Su nuevo discurso esta vez sí funcionó. Por supuesto, Montrym sabía que lo que Jensen había dicho respecto de la rela-

---

87. Entrevista con Michael Hara, 2024.
88. Entrevista con David Kirk, 2024.
89. Entrevista con Curtis Priem, 2024.

tiva debilidad de SGI era correcto. Su entonces empleador únicamente podía permitirse financiar un nuevo chip cada varios años debido a que su mercado era más pequeño. Nvidia, por el contrario, lanzaba un nuevo diseño cada seis meses. El ritmo de innovación de Nvidia estaba muy lejos de lo que SGI siquiera podía plantearse alcanzar. De hecho, estaba tan tan alejado en el tiempo que SGI jamás lograría pisarle los talones a Nvidia. Y la demo había sido muy potente. Demostraba que Nvidia tenía tantos recursos y grandes talentos a su disposición, que en cuestión de semanas podría ser capaz de desarrollar el mismo motor gráfico que a Montrym le había llevado años desarrollar. Además, le había quedado claro que se podían proponer hacerlo, y lo hacían únicamente por reclutar a una persona. Tan solo una semana más tarde, Montrym presentó su dimisión en SGI.

Dwight Dierck decía que la deserción de Montrym había supuesto «un momento decisivo porque muchísimos ingenieros veneraban a John y todos querían trabajar con él». Por eso mismo, tras la entrada de Montrym en Nvidia, cada vez que la empresa publicaba una vacante para desarrolladores de software o ingenieros de chips, no paraban de recibirse currículos o solicitudes de entrevistas por parte de empleados de Silicon Graphics deseosos de unirse a él en Nvidia.[90]

Como era de esperar, SGI estaba dolida por haber perdido a Montrym y temía que más talentos salieran para unirse también a Nvidia. En abril del año 1998, SGI denunció a Nvidia por infracción de patente, alegando que la familia RIVA de procesadores vulneraba la tecnología de mapeado de texturas a alta velocidad de la empresa.

Si bien algunos de los empleados de Nvidia inicialmente se preocuparon por el litigio, Andrew Logan, el director de Marketing Corporativo de Nvidia, estaba emocionado.

—Tengo un mensaje de *The Wall Street Journal* ahora mismo en mi buzón de voz —les dijo a sus compañeros nada más

90. Entrevista con Dwight Diercks, 2024.

hacerse pública la noticia del litigio—. ¡Es perfecto! Nos están dando notoriedad.

Jensen coincidía con él. Fue de despacho en despacho estrechándole la mano a todos sus empleados y diciéndoles a cada uno de ellos:

—¡Enhorabuena! ¡Bien hecho! Acabamos de ser denunciados por la empresa gráfica más importante del globo. ¡Somos alguien!

El litigio no fue a ninguna parte: para ganarlo, SGI tendría que demostrar un daño económico, pero la única prueba que aportó fueron las proyecciones y previsiones internas de ventas de Nvidia. Sin embargo, los abogados de esta alegaron que dichas previsiones eran totalmente volátiles puesto que se basaban en suposiciones generales sobre el mercado que a menudo eran incorrectas y, por tanto, no se podía confiar en ellas como medidas de algo real.

En julio de 1999, las dos empresas alcanzaron un acuerdo que parecía beneficiar principalmente a Nvidia.

—Contratamos a cincuenta de sus empleados y nos convertimos en sus proveedores para su línea de gráficos de gama baja. Al final podríamos decir que ganamos un socio —concluyó Diercks.[91] Una vez más, Nvidia se hizo con algunos de los ingenieros mejor preparados de Silicon Valley.

A medida que Nvidia crecía, obtenía una influencia potencial sobre sus socios de la cadena de suministro y podría haber presionado a las empresas para que contribuyeran a sus buenos resultados. Sin embargo, la filosofía de Jensen respecto de las relaciones empresariales favorecía que la empresa mantuviera una muy buena relación con la mayoría de sus principales proveedores.

Rick Tsai era el vicepresidente ejecutivo de operaciones cuando Nvidia empezó a trabajar con el fabricante de chips. Tsai, quien después se convirtió en el CEO de TSMC, era el responsa-

91. Entrevista con Dwight Diercks, 2024.

ble de todo lo relacionado con la fase de fabricación en ese momento y era la persona de contacto para Nvidia.

—Yo hacía las láminas para Jensen —contaba Tsai—. Su brillantez y su carisma saltaban a la vista desde el primer momento.[92]

Cuando TSMC empezó a colaborar con Nvidia, toda la industria estaba trabajando a pequeña escala. Tanto es así que Tsai recordaba que su primera planta para la fabricación de láminas de veinte centímetros la habían construido entonces por 395 dólares, una cantidad con la que hoy solo podría adquirirse una máquina para fabricar chips.

En pocos años, el éxito cosechado por Nvidia en el mundo de los gráficos la convirtió en uno de los dos o tres clientes principales de TSMC. Tsai se acordaba de que Jensen era duro negociando precios y le repetía incansablemente que la empresa de gráficos tan solo se quedaba con un margen bruto de un 38 por ciento. En una ocasión, y como consecuencia de una disputa, Tsai se sintió en la obligación de viajar hasta California para reunirse con Jensen en un restaurante que no era mucho mejor que la cadena de restaurantes Denny's.

—Tratamos de resolver el malentendido. Ya he olvidado los detalles —señaló Tsai—. Pero recuerdo que aquello realmente me dolió. Jensen me habló de la filosofía que seguía a la hora de hacer negocios, lo que él llamaba la «justicia sumaria». Jensen le explicó que con «sumaria» se refería a que su relación no era plana, sino que tenía sus altibajos. La justicia era la parte verdaderamente importante—. Un tiempo prudencial después, digamos que varios años más tarde, nuestra relación empezó a beneficiarnos a los dos a partes iguales.

Para Tsai, esa era una manera de describir una alianza de beneficio mutuo, aunque admitía que no siempre saldrían ganando los dos. En algunas ocasiones, un lado se llevaría la mejor parte de un acuerdo específico o una acción, mientras que a la vez siguiente el más beneficiado sería el otro. Si, después de unos cuantos años, la relación se situaba en un 50-50 (y no en un 60-

92. Entrevista con Rick Tsai, 2024.

40 ni en un 40-60), esta resultaría positiva. Se recordaba a sí mismo pensando que el enfoque de Jensen cobraba muchísimo sentido.

—Esas cosas eran las que más me impresionaban de Jensen, como persona y como hombre de negocios —dijo Tsai—. Por supuesto, él no se cortaba ni un pelo y me llamaba cuando no recibía sus láminas a tiempo. No pasaba una. Pero los dos quedábamos y juntos resolvimos y superamos muchas adversidades. Si uno se fija en las dos empresas, no hay duda de que no ha existido mejor alianza en las últimas tres décadas.

El viernes 22 de enero de 1999, Nvidia por fin salió a bolsa. Con la crisis económica asiática superada y las finanzas de la empresa en plena forma, sus acciones resultaron irresistibles para los inversores. La empresa recaudó 42 millones de dólares con su venta de acciones y estas terminaron el primer día de cotización con una subida del 64 por ciento, la cual las situaba a un precio de 19.69 dólares por acción. A ese precio, la empresa estaba valorada en 626 millones de dólares.[93]

En Nvidia imperaba el silencio: en lugar de entusiasmo, en la sede se respiraba calma. Tras varios trimestres en los que la empresa se había quedado casi sin liquidez, la OPI había aportado seguridad, al menos durante un tiempo. Aquella era, con diferencia, la mayor ganancia imprevista que la empresa había conseguido nunca, muy superior al dinero que Nvidia había tenido con la financiación puente y con los fondos de capital de riesgo de las diversas rondas de financiación.

—Esto nos permitía respirar un poco momentáneamente —dijo el exingeniero Kenneth Hurley al recordar sus emociones el día en que se produjo la OPI—. Hemos recaudado un buen dinero. No vamos a perderlo todo.[94]

Jensen adoptó una actitud más desafiante que entusiasta.

93. Takahashi, Dean, «Shares of Nvidia Surge 64% aher Initial Public Offering», *The Wall Street Journal*, 25 de enero de 1999.
94. Entrevista con Kenneth Hurley, 2024.

—La vida nos ha dado algunos reveses, pero se dice que soy el CEO más duro de roer —le respondió a un periodista de *The Wall Street Journal* cuando este le preguntó sobre la OPI.[95]

Pese a ello, los ejecutivos de Nvidia se permitieron una pequeña fracción de tiempo para disfrutar del logro y soñar con los que podrían venir después. Durante una reunión celebrada fuera de las oficinas de la empresa, los miembros de la directiva comenzaron a hablar de lo que serían capaces de hacer si el precio de la acción alguna vez alcanzara los 100 dólares. (En ese momento la cifra estaba en 25 dólares por acción). El jefe de Marketing, Dan Vivoli, prometió hacerse un tatuaje con el logo de Nvidia en la pierna. Por su parte, Jeff Fisher, el jefe de ventas, dijo que se haría otro en una nalga. David Kirk, el científico jefe de la empresa, se comprometió a pintarse las uñas de verde, mientras que John McSorley, el jefe de Recursos Humanos, aseguró que se pondría un *piercing* en un pezón. Dos de los tres cofundadores de Nvidia dieron un paso más: Chris Malachowsky garantizó que se compraría un pelícano, y Curtis Priem firmó que se raparía la cabeza y se tatuaría el logo de Nvidia en el cuero cabelludo. Jensen también dijo que él se pondría un pendiente en la oreja izquierda.[96] Vivoli escribió todas aquellas promesas en un salvamanteles de papel y lo enmarcó para que quedara visible para todos. En aquel momento, ninguno de ellos pensó que muy pronto tendrían que hacer realidad sus promesas. Resultaba casi imposible de creer que el precio de las acciones pudiera cuadruplicase en tan solo un trimestre.

Con el dinero de la OPI, Nvidia persiguió alianzas estratégicas de aún mayor calado. La empresa había contratado a Oliver Baltuch, un veterano de la industria tecnológica cuya misión era la de cultivar importantes relaciones con gigantes de la industria

95. Takahashi, Dean, *op. cit.*

96. Takahashi, Dean, *Opening the Xbox: Inside Microsoft's Plan to Unleash an Entertainment Revolution*, Estados Unidos, Prima Publishing, 2002, p. 230.

como Microsoft, Intel y AMD. Baltuch gozaba de permiso para gastar a su criterio, lo cual para él suponía un cambio significativo respecto de sus empleos anteriores, en los que tenía que adherirse a estrechos presupuestos.

Uno de los compañeros más jóvenes de Baltuch, Keita Kitahama, era un recién graduado al que Nvidia había contratado para que se cerciorara de que sus tarjetas gráficas tenían buena acogida entre los más relevantes vendedores de monitores. Kitahama era una persona tímida por naturaleza y aún no tenía mucha idea sobre el proceso de desarrollo del negocio. Un buen día, mientras Baltuch estaba saboreando su té diario, Kitahama se le acercó y le preguntó:

—¿Cuál es la mejor manera de hacer esto?

Baltuch le contestó:

—Tienes el mejor y más vanguardista producto de toda la industria al alcance de tu mano. Úsalo. —Baltuch se estaba refiriendo a las últimas tarjetas gráficas de Nvidia, conocidas como GeForce. Le dio instrucciones a Kitahama de que hablara con otro responsable de producto, Geoff Ballew, e hiciera un barrido por toda la sede de Nvidia para hacerse con todas las tarjetas GeForce libres que encontrara. Después, siguió—: Llama una a una a todas las empresas de monitores, y diles que quieres ir a visitarlas para regalarles una tarjeta GeForce.

Para sorpresa de Kitahama, aquella táctica funcionó. Los fabricantes de monitores no solo respondieron a su llamada, sino que aceptaron gustosos su oferta. Querían tener acceso a los últimos productos de la empresa, y para ello estaban dispuestos a hacer lo que hiciera falta.

Baltuch empleó una estrategia similar con Intel. En el foro anual de desarrolladores de Intel, se presentó con una caja de cincuenta tarjetas de Nvidia y fue por todos los estands visitando a los proveedores para ofrecerles reemplazar las tarjetas que tenían en sus máquinas y colocar la de Nvidia. Sabía de sobra que las tarjetas de Nvidia tenían una ventaja significativa puesto que eran mucho más sencillas de meter y sacar gracias a sus controladores de software compatibles con versiones anteriores. Eso daba a los desarrolladores la tranquilidad de juguetear con las últimas tarjetas de Nvidia sin apenas miedo a un tórpido proceso de instalación, bloqueos frecuentes o un mal rendimiento.

Ni tan siquiera las grandes empresas tecnológicas del momento podían resistirse a la tentación de las tarjetas gráficas gratuitas de Nvidia. Por aquel entonces Intel estaba construyendo miles de estaciones de trabajo de desarrollo al año y enviaba ordenadores a desarrolladores de software de todo el globo. En aquella época eran diez los fabricantes de tarjetas gráficas que competían por entrar en las cajas de Intel. Nvidia fue la empresa que se hizo con el contrato, primero porque su producto era mejor, y, segundo, porque su estrategia de repartir tarjetas gratuitas permitía a Intel tener la seguridad de conocer previamente el funcionamiento de los chips de Nvidia.

Idéntica estrategia se empleó con Microsoft, que en aquellos años fabricaba las API de DirectX que los desarrolladores utilizaban para mostrar gráficos y ejecutar juegos en Windows. Con la puntualidad de un reloj, las tarjetas de Nvidia llegaban siempre a la sede de Microsoft cada vez que estos actualizaban su API.

—Les fuimos cubriendo las espaldas en cada lanzamiento optimizado de su DirectX —explicaba Baltuch—. Ni tan siquiera tenían que pedir los recursos.[97]

El consejo de Jensen era más claro que el agua:

—Hay que ir por todo. Debemos llegar los primeros para repartirnos todo el pastel.

En aquella época, Nvidia aún no era una gran empresa, pues solo tenía en plantilla unos 250 empleados. Y tampoco generaba grandes ingresos. En el año fiscal de 1999, obtuvo 158 millones de dólares en ventas, que no era más que una pequeña fracción de la fortuna que otras empresas tecnológicas como Microsoft (19.8 mil millones de dólares), Apple (6.1 mil millones de dólares) y Amazon (1.6 mil millones de dólares) amasaban anualmente. Sin embargo, llevaba ya años agudizando su enfoque en lo referente a la excelencia técnica y la ejecución del producto. Y ahora ese objetivo estaba dando sus frutos en forma de algo intangible pero tremendamente importante: influencia en la industria.

97. Entrevista con Oliver Baltuch, 2023.

La empresa llevaba apartada del mercado de los videojuegos desde que Sega cancelara su contrato para el chip NV2. Pero, unos cuantos años más tarde, en 1999, Microsoft insinuó que estaba desarrollando su primera consola y que se basaría en la API de DirectX. La relación ya existente entre Nvidia y Microsoft abrió las puertas a que el chip de Nvidia alimentara la consola. Durante varios meses las dos empresas trabajaron en alcanzar un acuerdo.

Pero Microsoft pronto cambió de parecer. En enero del año 2000, la empresa ofreció a la *start-up* de gráficos Gigapixel, liderada por el fundador y CEO George Haber, un contrato de desarrollo para que fuera ella la que le suministrara la tecnología gráfica para la consola Xbox de Microsoft. Microsoft invirtió 10 millones de dólares en Gigapixel y otros 15 adicionales para desarrollar el chip de Xbox. Haber trasladó a sus treinta y tres empleados a un edificio de Microsoft en Palo Alto, California.[98]

El 10 de marzo, tan solo dos meses después de la presentación en público de la Xbox, Bill Gates fue invitado a participar como orador en el gran encuentro dirigido a desarrolladores de videojuegos para dar a conocer allí las especificaciones de su consola y descubrir a Gigapixel como su proveedor gráfico. Bill Gates había invitado a Haber a asistir, e incluso le proporcionó una copia de su intervención para que pudiera revisarla previamente. En su discurso, se esperaba que Gates dijera que la relación de Gigapixel y Microsoft tenía las mismas posibilidades de cambiar la industria que las que en su día tuvo la vieja alianza que hizo a IBM escoger a una *start-up* de software apenas conocida llamada Microsoft para que la equipara con el sistema operativo que necesitaba para su primer ordenador personal. Le diría al mundo que Microsoft había escogido a Gigapixel por una razón de peso: disponía de la mejor tecnología gráfica del mundo.[99] Huelga decir que aquel era el tipo de publicidad y apoyo por parte de una leyenda tecnológica que cualquier *start-up* soñaba con recibir.

98. Takahashi, Dean, *op.cit.*, 202.
99. Entrevista con George Haber, 2023.

Pero lo cierto es que aquella situación de ensueño no duda-ría para siempre. Incluso después del anuncio de Gigapixel, Nvidia continuó defendiendo con uñas y dientes que era ella la mejor socia que podía haber para la Xbox. Jensen y Chris Dis-kin, el director sénior de Ventas y Marketing que con tanto es-fuerzo había conseguido hacer realidad la relación con Micro-soft, solían reunirse semanalmente con la gente de este titán tecnológico durante el proceso de negociación. Jensen y Diskin se pasaban horas y horas en su terreno de juego particular, y eran muchas las veces en que se quedaban trabajando hasta la media noche y luego empezaban de nuevo a las ocho de la ma-ñana del día siguiente. Ambos mantenían el mismo ritmo de trabajo intenso que había sido habitual en la empresa en los momentos más agónicos de sus crisis y durante el desarrollo del RIVA 128 original y la carrera para obtener en tiempo récord su continuación, el RIVA 128ZX, el cual se había ideado para com-petir con el chip i740 de Intel. Bien era cierto que en esta oca-sión ya no tenían la amenaza de la bancarrota amenazando so-bre sus cabezas, pero, aun así, los dos se esforzaron al máximo para no dejar escapar la oportunidad de irrumpir en un nuevo mercado lucrativo.

Tenían a su favor que el nombre de Nvidia estaba en lo más alto.

—Contábamos con muchos defensores dentro de Microsoft —fanfarroneaba Diskin al referirse a las negociones para la Xbox—. Los desarrolladores de juegos alzaban la voz y procla-maban a los cuatro vientos que ellos preferían trabajar con Nvi-dia, puesto que con nuestros chips el desarrollo les resultaba más sencillo y menos arriesgado.[100]

El viernes 3 de marzo, justo una semana antes de la cita de Gates en la Conferencia de Desarrolladores de Videojuegos, los ejecutivos de Microsoft Rick Thompson y Bob McBreen llama-ron a Diskin y le dijeron que querían volver a abrir la contrata-ción para la Xbox y perfilar un acuerdo. Dos días después, to-maron un avión de Seattle a San Jose, en California, y se pasaron

---

100. Entrevista con Chris Diskin, 2024.

casi todo el domingo encerrados en una sala de reuniones en la sede de Nvidia. Jensen, Diskin, Thomson y McBreen acordaron que Nvidia sustituiría a Gigapixel y se convertiría en el socio de Microsoft para chips gráficos. De ahí en adelante, la nueva consola utilizaría un nuevo chip a medida de Nvidia, para lo que Jensen y Diskin insistían en que Microsoft debía cubrir con 200 millones de dólares los costes de la investigación y el desarrollo del nuevo chip, un montante para el que se requería la aprobación del mismo Bill Gates. Una vez que el CEO de Microsoft les aseguró una cantidad de dinero sustanciosa tanto por adelantado como al término de su relación, sintieron que su trabajo para la Xbox estaba asegurado y, además, Nvidia se quedaba con las espaldas bien cubiertas en el supuesto de correr la misma suerte que Gigapixel.

Un lunes, los ejecutivos de Microsoft comunicaron a Haber que habían decidido seguir adelante con Nvidia. Haber se quedó atónito, la semana anterior había estado hablando con banqueros de inversiones de Wall Street sobre salir a bolsa con una OPI de miles de millones de dólares gracias al respaldo que le daba el acuerdo para la Xbox. Incluso había estado planteándose adquirir 3dfx y otras empresas de chips gráficos. Después de todo, los ejecutivos de Nvidia no eran los únicos que soñaban despiertos con dominar el mercado. Pero ahora ya no tenían más que una comisión de desarrollo valorada en 15 millones de dólares que Microsoft había accedido a pagar aunque el contrato quedara rescindido.

Todavía hoy a Haber aún le hierve la sangre al pensar en lo que sucedió con Microsoft y el acuerdo para la Xbox:

—Es que tendría que ser yo, y no Jensen, el que ahora estuviera dirigiendo una empresa valorada en un millón de billones de dólares —se lamentaba.[101]

La semana en que Bill Gates dijo en público en la ya mencionada Conferencia para Desarrolladores de Videojuegos que Nvidia sería el proveedor de chips gráficos para su Xbox, las acciones de Nvidia se dispararon a 100 dólares por acción. La directiva se

101. Entrevista con George Haber, 2023.

vio teniendo que hacer realidad unas promesas que un año antes parecían un chiste. Pero todos cumplieron su palabra: Malachowsky se compró el pelícano; Fisher, Priem y Vivoli se hicieron sus tatuajes; Kirk se pintó las uñas de verde, y McSorley y Jensen acabaron con su *piercing*.

Aquel sería uno de los últimos momentos felices de Priem en Nvidia. A finales de los años noventa, el cofundador de Nvidia había comenzado a enfrentarse con más frecuencia con los ingenieros de la empresa. Durante el desarrollo de una generación de chips, Priem había hallado un defecto en su arquitectura. Lo arregló y, sin decirle nada a nadie, eliminó documentación sobre el chip del servidor común y la reemplazó por una versión actualizada. Así era como siempre había trabajado en Nvidia en los primeros años, y sus colegas de entonces lo habían aceptado. Sin embargo, ahora formaba parte de una organización mucho mayor y sucedió que «el equipo de software se puso histérico porque estaban utilizando la documentación original para parte de la codificación del software». Cuando se enteraron de que había sido él quien había borrado los documentos por completo, «montaron en cólera».[102]
Priem se mantuvo firme en que aquella arquitectura estaba fijada. Los ingenieros pidieron a Jensen que interviniera. En una acalorada discusión, Priem insistió en que él podía hacer lo que quisiera porque era quien había diseñado la arquitectura de los chips de Nvidia.

—Era mi arquitectura —repetía una y otra vez.

Y aquello era lo peor que se le podía decir a Jensen, cuyo fin era el de construir una cultura más comunitaria. Nvidia tenía que ser recordada por sus logros en conjunto, como un todo, no individualmente. Priem se daba cuenta de que, cuando Jensen regresaba después de algún viaje de negocios importante, siempre describía lo que había hecho usando el plural «nosotros» en lugar del singular «yo». Al principio Priem se mostraba escéptico, se decía:

102. Entrevista con Curtis Priem, 2024.

—¿Y este sujeto por qué está todo el día con el «nosotros»? Si yo no sé nada de negociar contratos con fábricas. Pero sí, Jensen tenía razón. Lo hacíamos todo a una. Compartíamos nuestros méritos.

Sin embargo, cuando la cosa iba de diseños de chips, Priem se volvía posesivo. Siempre tendía a hablar de «su» trabajo y «su» arquitectura. Jensen una y otra vez insistía para que hiciera lo contrario: debía considerarlo una propiedad colectiva de toda la empresa, pues así era. Por eso, no se cansaba de repetirle:

—No. Esta es nuestra arquitectura. No lo hiciste tú solo. Lo hicimos todos. Tú no eres el dueño de esos archivos.

Cuando se enteró de la decisión unilateral de Priem de arreglar el defecto de la arquitectura del chip por su cuenta, Jensen ejerció su autoridad como CEO y desautorizó a su cofundador. Urgió a Priem a deshacer los cambios y a devolver los archivos originales al servidor, y le prohibió volver a actuar sobre la documentación de un chip sin primero informar a quienes podían verse afectados por el cambio. Con los antiguos documentos otra vez en sus manos, el equipo de software fue capaz de terminar el código y averiguar cómo reparar el error en la arquitectura del chip al año siguiente.

Más adelante, después de que Nvidia contratara a John Montrym y se incorporara también a la empresa toda una nueva generación de diseñadores de gráficos en 3D, Priem se fue volviendo más y más disruptivo y no tardó en interferir con el desarrollo del producto.

—Me metía en lo relacionado con el modo de sacarlo al mercado —relataba Priem, quien siempre estaba obsesionado con que el chip estuviera perfecto y lo defendía respecto de los cambios en una arquitectura que estaba convencido de haber creado él.

Priem había comenzado a darse cuenta de sus propias carencias. Recordaba haber asistido a una reunión ejecutiva con especialistas gráficos en *anti-alising*, una técnica que se empleaba para suavizar los bordes irregulares y facilitar así las transiciones entre la línea y el fondo de un objeto.

—¡Guau! Leí un artículo suyo para imitar la técnica cuando yo estaba en Sun —pensaba Priem, absolutamente impresionado por la presentación—. Yo me rindo. ¿Cómo demonios puede Curtis enterarse de lo que hablan todos estos especialistas?

Llegó un punto en que Priem discutía tan a menudo y con tanta intensidad con Jensen que la empresa decidió incorporar a un consultor laboral especial que ayudara a solventar sus diferencias. Tras un sinfín de encontronazos, Jensen le sugirió a Priem que dejara el grupo de ingeniería y pasara a ocuparse de defender la propiedad intelectual y las patentes de Nvidia. Y Priem aceptó.

—Había trabajado en productos cinco años. Y me sacaron de productos y me metieron en el Departamento de Propiedad Intelectual. Aquel movimiento permitió la entrada de otros expertos en 3D procedentes de Silicon Graphics, los cuales llegaron y crearon mejores productos que los que yo podría haber hecho.

En 2003, unos cuantos años después de su reasignación de funciones en la empresa, Priem se tomó una larga baja para tratar de resolver los problemas que tenía con su por aquel entonces esposa. Jensen hizo todo lo que pudo por ayudar a Priem e incluso recurrió a sus contactos para que su compañero pudiera acceder a los mejores terapeutas matrimoniales. Sin embargo, transcurridos tres meses, Jensen no pudo esquivar las preguntas de sus empleados sobre el paradero del cofundador y responsable técnico de la empresa. Le hizo a Priem elegir y le dio un ultimátum: volver a su trabajo a jornada completa, pasar a un puesto de consultor de Nvidia a tiempo parcial o dimitir. Jensen incluso le sugirió un nuevo proyecto de arquitectura móvil en el que Priem podría trabajar, de manera que pudiera tener algo atractivo que supervisar por última vez antes de su retiro. Pero Priem decidió marcharse de Nvidia.

—Me sentía agotado, derrotado, desmoralizado. Necesitaba renunciar a mi puesto —recordaba—. Ojalá hubiera podido quedarme.

Dos décadas después, Jensen aún se siente dolido por las circunstancias que rodearon la marcha de Priem. Cuando le expliqué que Curtis sentía que carecía de las habilidades para estar al nivel del resto de ingenieros gráficos, Jensen me respondió en un tono cortante:

—Curtis es inteligente. Podría haberlas adquirido.

A principios del año 2000, Jensen y Michael Hara, quien por entonces había dicho adiós al Departamento de Marketing y lideraba el equipo de relaciones con inversores, se embarcaron en un viaje por muchas ciudades para reunirse con banqueros, inversores y administradores de fondos, con el objeto de adquirir capital para Nvidia.

—Volábamos de ciudad en ciudad con banqueros —recordaba Hara—. Todos seguían preguntándole a Jensen: «¿Qué ves en la tele? ¿Qué te resulta divertido?».[103]

Jensen se detuvo a pensar un momento:

—*Los caballeros de la mesa cuadrada.*

La conocida comedia de 1975 era el primer largometraje lanzado por el grupo de humoristas británico Monty Python. Entre las muchas escenas memorables del film estaba una durante un brote de peste en la que dos campesinos tiraban de un carro repleto de cadáveres por una sucia villa medieval.

—¡Dennos a sus muertos! —iba gritando uno de los campesinos al tiempo que con una cuchara de madera golpeaba un triángulo de metal para anunciar su llegada.

Un paisano hizo detener el carro para depositar el cuerpo de un anciano, pero el hombre no estaba muerto.

—Que yo no estoy muerto —protestaba.

—Que dice que no está muerto —replicaba el que empujaba el carro.

—Bueno..., pero... lo estará muy pronto. Está gravemente enfermo —respondía el aldeano.

—¡Me siento mejor! —decía el anciano.

Los tres estuvieron un rato bromeando. El anciano seguía insistiendo en que él no estaba muerto, mientras el paisano y el del carro se empeñaban en convencerlo de que estaba donde debía

103. Entrevista con Michael Hara, 2024.

estar. Al final, el dueño del carro golpeó al hombrecillo en la cabeza y el paisano depositó el cuerpo del hombre.

—Ah, muchísimas gracias —le espetó, con una gratitud aparentemente sincera.

A Jensen le daba la sensación de que muchas de las preguntas de los posibles inversores seguían la misma lógica sombría: todos pensaban que Nvidia estaba en situación decrépita, a punto de morir.

—¿Por qué deberíamos invertir en una empresa gráfica? —preguntaron—. Serían la empresa cuarenta en la que invertiríamos, y todas se fueron a pique. ¿Por qué tendríamos que hacerlo?

El pesimismo inversor se convirtió en el protagonista de su ruta. Los inversores pedían a Nvidia mayores ingresos. Todos daban por sentado que Intel irrumpiría con fuerza en la industria gráfica con un nuevo chip. E imaginaban que Nvidia seguiría los pasos de los muchos rivales que la precedieron: Rendition, Tseng Labs, S3, 3DLabs, Matrox y un largo etcétera.

Esa actitud irritaba a Jensen, quien estaba persuadido de que Nvidia no se parecía en nada a ninguna otra empresa gráfica que jamás hubiera existido. La empresa preparó un breve discurso con el que convencer a sus inversores que giraba en torno a algo como: sus chips eran mejores que los del resto, gozaba de una posición fuerte y defendible, y su estrategia de negocio le permitía avanzar más velozmente e innovar más rápido que cualquier otro fabricante de chips.

Además, y por encima de todo, Nvidia contaba con Jensen, quien había aprendido a gestionar la empresa como si de una extensión de sí mismo se tratara. En la empresa todo el mundo sin excepción compartía su particular enfoque de la misión. Todo el mundo compartía su ética de trabajo. Todo el mundo trabajaba lo humanamente más rápido posible para que Nvidia siempre estuviera un paso por delante de sus rivales. Y cuando alguien titubeaba o dudaba, Jensen siempre tenía a punto la palabra mágica que devolvía a quien fuera al redil.

Algunos inversores sí que creían en la visión de futuro de Nvidia y en su capacidad para mantener a su empresa alineada

con esa visión. Morgan Stanley acabó dando 387 millones de dólares a Nvidia en su segunda oferta de acciones y convertibles en
octubre del año 2000.

Al término de aquel *tour*, el equipo de Morgan Stanley le regaló a Michael Hara una ilustración a todo color en la que se veía
al equipo durante su viaje dibujado en una especie de ilustración
popurrí de *Los caballeros de la mesa cuadrada*. Los competidores acabados de Nvidia se mostraban como los cuerpos apoyados
sobre el carro utilizado para la plaga. Los inversores que lo ato-
sigaban con preguntas irrelevantes aparecían como los caballeros que dicen «ni». Jensen, por su parte, era el valiente rey Artu-
ro, a quien se veía derrotando a un caballero negro en un único
combate.

—Soy mejor. Soy más rápido. ¡No podrás vencerme! —excla-
maba.

7

GeForce y el dilema del innovador

En su famoso libro *El dilema del innovador*, el profesor Clayton Christensen, una eminencia en Harvard Business School, argumentaba que el éxito de una empresa a menudo contiene las semillas de los fracasos de la misma empresa, y esto era algo especialmente notorio en el sector tecnológico. Según él, cada industria adoptaba su forma no solo por una especie de suerte azarosa, sino por ciclos regulares y predecibles. Para empezar, las *start-ups* lanzaban una innovación disruptiva que era menos capaz que la oferta líder del mercado de una empresa titánica, pero que se posicionaba en el extremo inferior de un mercado. El exitoso de turno pasaría de largo de ese nicho menos provechoso y, por contra, se centraría especialmente en sacar productos que sostuvieran y simplemente se añadieran a sus actuales y robustas fuentes de beneficios. Sin embargo, con el tiempo irían apareciendo nuevos casos para la innovación disruptiva, y las *start-ups* que la capitalizaran normalmente serían capaces de iterar e innovar más rápido que las empresas establecidas. Al final, las *start-ups* tendrían más productos competentes y, cuando el triunfador de antes quisiera darse cuenta de que tenía problemas, ya sería demasiado tarde. Por ejemplo, Christensen escribía sobre cómo Control Data, la firma líder del mercado por sus unidades de disco de *mainframe*, fracasó al no conseguir ni tan siquiera un 1 por ciento del mercado posterior de unidades de disco para miniordenadores de 20 centímetros. Y algo similar les sucedió a los fabricantes de unidades de 20 centímetros cuando salieron las siguientes de 13 y 9. El ciclo volvía a empezar una y otra vez, y siempre una nueva oleada de triunfadores caía rendida a los pies de las *start-ups*.[104]

El dilema del innovador es uno de los libros favoritos de Jensen, que estaba determinado a no dejar que su empresa corriera esa suerte. Sabía que para cualquier rival sería complicado superar los chips de alta calidad de Nvidia, puesto que competir en lo más alto del mercado requería una enorme inversión de capital y un soberbio talento ingeniero. Así, influenciado por Christensen, decidió que su amenaza vendría de un competidor de bajo coste.

—Yo ya he visto todo esto antes —apuntó—. Nosotros construimos Ferraris. Todos nuestros chips estaban diseñados para la alta gama. El mejor rendimiento, la mejor tasa triangular y los mejores polígonos. No estoy dispuesto a que alguien aparezca ahora, se vuelva líder en precios, me deje fuera y empiece a escalar a lo más alto.[105]

Estudió las estrategias comerciales de otras empresas líderes, para inspirarse y aprender a esquivar un ataque desde abajo. Al echar un vistazo a la línea de productos de Intel, cayó en la cuenta de que su serie Pentium de CPU tenía una variedad de velocidad de relojes (una medida clave del rendimiento de un procesador), pero que todos los núcleos de Pentium compartían el mismo diseño de chip y, teóricamente, contaban con idénticas especificaciones y capacidades.

—Intel se limita a construir la misma maldita parte. Están vendiendo a sus clientes distintos productos basándose en el *speed binning* —decía, refiriéndose a un proceso en el cual los componentes que no pasan los controles de calidad a altas velo-

104. Christensen, Clayton, *El dilema de los innovadores: Cuando las nuevas tecnologías pueden hacer fracasar a las grandes empresas*, Argentina, Ediciones Granica, 2022.

105. Entrevista con Michael Hara, 2024.

cidades pasan a trabajar a velocidades más bajas a las que sí pueden funcionar adecuadamente.

Jensen pensó que Nvidia también podía dejar de desaprovechar aquellas partes que no pasaban los controles de calidad. Por supuesto, esas partes no eran óptimas para los chips de «categoría Ferrari» de la empresa. Sin embargo, si funcionaban bien a velocidades más bajas, Nvidia podía reutilizarlos para dar forma a una versión menos capaz y, por tanto, más barata, de los principales productos de la empresa. Ello incrementaría el número de partes útiles fabricadas a partir de cada lámina de silicio y mejoraría también los rendimientos de la empresa, una medida de la eficiencia de producción de la industria.

En una reunión con todos los ejecutivos de la empresa, Jensen preguntó a su jefe de operaciones:

—¿Cuánto nos costaría preparar, testear y montar una parte?

Su respuesta fue que 1.32 dólares, una pequeña cifra en el desorbitado mundo de la fabricación de chips.

—¿Solo eso? —respondió Jensen, incrédulo.

Aquello le parecía una grandísima oportunidad para hacer dinero de la nada. Hasta el momento, las partes que se rechazaban no estaban generando valor para Nvidia, tan solo las tiraban. Por eso, ahora, con un pequeño gasto para adornar esas partes rechazadas y emplearlas para una línea de chips menos exigente, Nvidia podría crear toda una gama de productos derivados que le daría beneficios, sin el caro y largo proceso de investigación y desarrollo. Además, dicha línea serviría como mecanismo de defensa contra los competidores cuyo producto estrella era precisamente un chip de bajo coste. Con sus nuevas partes de bajo coste, Nvidia podía fácilmente permitirse bajar tantísimo el precio de sus chips que su competencia se viera obligada a vender con pérdidas. Nvidia podría perder algo de dinero en sus líneas más económicas, pero las ventas de sus Ferraris lo compensarían con creces. Y lo que era más importante, de este modo, Nvidia evitaba caer en la trampa que había acabado con su antaño rival, 3dfx, el cual había empezado a invertir tanto dinero y tanto tiempo en el desarrollo de nuevos chips que había llegado a ocupar las últimas posiciones en su carrera hacia la innovación continua.

Aquella estrategia recibió el nombre de «poner en el mercado la vaca entera», en referencia a que los carniceros siempre encuentran la forma de sacar provecho de absolutamente todas las partes del animal.

—Fue una herramienta muy muy poderosa para nosotros y nos permitió afinar nuestra oferta —apuntaba Jeff Fisher—. Podíamos construir una línea de más bajo rendimiento dentro de la alta gama, y crear así cuatro o cinco tipos de productos. Eso nos ayudaba a subir los precios medios de venta.[106] Además, también permitía a Nvidia probar la demanda real de productos caros y exclusivos que había entre los jugadores más entusiastas, quienes estaban dispuestos a pagar más por disfrutar de un mayor rendimiento.

El resto de la industria gráfica seguiría pronto su ejemplo, especialmente porque la puesta en práctica de la estrategia de Nvidia de «sacar al mercado el cerdo entero» había estado a punto de aniquilar a otro de sus competidores, S3 Graphics.

—Lo de «sacar al mercado el cerdo entero» era algo que la industria gráfica daba por sentado, pero se trataba de una importante estrategia que marcaba una gran diferencia —comentaba Tench Coxe, un importante miembro de la ejecutiva de Nvidia.[107] Sin duda, era testimonio de la previsión estratégica de Jensen y de su incansable deseo de anticipar cualquier amenaza que pudiera poner en jaque el futuro de Nvidia. Después de todo, ahora que Nvidia se había convertido en un líder del mercado y ya no era una *start-up* más entre otras muchas, Jensen sabía que tenía la espada de Damocles encima todo el tiempo.

—No *pienso* que la gente esté intentando dejarnos fuera del negocio —afirmó en una ocasión—. *Sé* que lo está intentando.[108]

Jensen sabía que solo las especificaciones técnicas no valían para vender un chip. El marketing y el branding importaban casi igual.

106. Entrevista con Jeff Fisher, 2024.
107. Entrevista con Tench Coxe, 2023.
108. «Jensen Huang of Nvidia on the Future of A.I. | DealBook Summit 2023», *The New York Times*, 30 de noviembre de 2023, video, 19:54.

Todos sus competidores adoptaban diferentes enfoques para posicionar sus productos en el mercado. Algunos apostaban por un branding extravagante e hipermasculino para atraer las autoconcepciones de los jugadores, como el Voodoo Banshee, el ATI Rage Pro, el S3 Savage y el Righteous Graphics, todos de 3dfx. Otros optaban por sonar más técnicos o industriales, por ejemplo, el Matrox G200 o el Verite 2200. Nvidia, por su parte, se afanaba en encontrar un término medio, para lo que buscaba para sus chips nombres que trasladaran excelencia técnica y, al tiempo, resonaran emocionalmente, como el RIVA TNT, donde, como ya hemos visto, RIVA era el acrónimo en inglés de acelerador de animación y video interactivo en tiempo real, mientras que TNT procedía de TwiN Texels, que describía la habilidad del chip para procesar dos texturas (texels) al mismo tiempo. Sin embargo, para el consumidor medio, cómo no, el nombre «tenía algo que ver con explosiones», tal y como un ingeniero rememoró.[109]

No obstante, en un mercado tan masificado como el suyo, Nvidia decidió hacer una excepción para sobresalir aún más. Así, en 1999 lanzó a la sucesora de la serie RIVA TNT2, a la cual bautizó como GeForce 256. Era innegable que GeForce 256 representaba un avance significativo en cuanto a posibilidades gráficas tradicionales, lo cual, llegados a este punto, era algo lógico y esperable en toda nueva generación de chips fabricada por Nvidia. Contaba con cuatro pipelines gráficos, los cuales permitían procesar cuatro píxeles al mismo tiempo. Aparte, también llevaba integrado un transformador de hardware y un motor de iluminación, lo que le permitía llevar a cabo las tareas de cálculo esenciales para el movimiento, la rotación y el escalado de los objetos en 3D. Todas esas tareas normalmente eran realizadas por la CPU, de modo que el GeForce 256 le quitaba carga computacional a la CPU, lo que ayudaba al ordenador a ir más rápido.

—Al integrar un hardware dedicado a ello, de repente se puede procesar mucha más geometría y obtener imágenes mucho más interesantes —señalaba David Kirk, por aquel entonces científico jefe.

109. Entrevista con un empleado de Nvidia, 2023.

La dirección de Nvidia consideraba que este mensaje era excesivamente tecnológico para llegar a los clientes. Tenían la convicción de que su habitual fórmula de acrónimo y número no funcionaría. Nvidia sabía que necesitaban algo más grande para comercializar su nuevo producto.

—Teníamos que encontrar la manera de posicionar este producto como un procesador gráfico mucho mejor para los gráficos en 3D que cualquier otro del mercado —explicaba Dan Vivoli—. El chip es grande. Cuenta con textura e iluminación. Así que tenemos que cobrar mucho por ello. Por eso hemos de dar con la manera de mostrar al mundo lo maravilloso que es.

Y retó a su equipo de marketing de productos para que diera con algo brillante.

El director de Producto Sanford Russell empezó a trabajar en posibles ideas. A Russell le fascinaba intercambiar pareceres respecto de estrategias de branding, nombre y posicionamiento con sus compañeros, entre ellos Jensen y Kirk.

—Jamás se entraba en una sala con un PowerPoint y se decía a los presentes: aquí tienen el nombre. Para nada. Había un debate constante —detallaba Rusell—. Nos pasábamos el día preguntando sobre tecnología. Indagábamos en lo que funcionaba y en todo aquello que no funcionaba.[110]

Russell pilló por banda a Michael Hara para una sesión creativa de lluvia de ideas, y durante treinta minutos estuvieron comentando la manera más eficaz de sacar al mercado el GeForce 256. Ambos ejecutivos salieron de aquella sala con la idea de denominar el nuevo chip como el primero de una categoría completamente nueva de productos: una unidad de procesamiento gráfica o GPU, la cual sería para el renderizado gráfico lo mismo que la unidad central de procesamiento (CPU) para el resto de tareas computacionales.

Los especialistas técnicos de Nvidia sabían bien que sus chips eran especiales. Sin embargo, un usuario medio no apreciaba en absoluto ni la complejidad ni el valor del chip gráfico. A diferencia de la CPU, cuyo nombre llevaba a pensar en la parte principal

110. Entrevista con Sanford Russell, 2024.

de un equipo, esencial para cualquier ordenador, las tarjetas gráficas no parecían más que un periférico entre los muchos que había. Así, escoger una denominación especial para los chips gráficos que permitiera una comparación explícita con la CPU sería lo que, por primera vez, los haría destacar como algo verdaderamente excepcional.

—Tengo grabado en mi mente ese instante en que Mike Hara y yo estábamos metidos en una habitación y, de pronto, ambos dimos con el nombre de GPU —rememora Russell—. Por aquel entonces no parecía algo tan relevante. Trabajábamos catorce horas al día.

No tardó en trasladarle a Vivoli la idea de la GPU, y a Vivoli le gustó.

—Muchas veces Dan necesitaba su tiempo para sopesar las ideas, pero lo de GPU le pareció muy bien desde el principio.

Durante días, el equipo de marketing vivió volcado en la nueva designación de GPU, la cual no solo ayudó a Nvidia a sobresalir de entre otras empresas de chips gráficos, sino que también facilitó la subida de los precios. El mundo por fin comprendió que la CPU tenía que costar cientos de dólares.

Los chips de Nvidia se vendían al por mayor por menos de 100 dólares cada uno, aun cuando eran tan complejos como las CPU y tenían incluso más transistores. Una vez que la empresa comenzó a comercializar sus chips como GPU, la brecha de los precios se estrechó considerablemente.

Pese a ello, el apodo de GPU la primera vez que se aplicó a la GeForce 256 resultó controvertido entre los ingenieros de Nvidia, para quienes el chip no podía llamarse realmente GPU a menos que incluyera determinadas especificaciones que el GeForce 256 no incluía. El chip carecía de una «máquina de estados», que era un término técnico con el que se hacía alusión a un procesador específico que pasaba por varios estados hasta ejecutar y buscar instrucciones, del mismo modo que hace la CPU con los comandos de programación. No era programable, lo que significa que los estilos y especificaciones gráficas no podían ser personalizados por desarrolladores de terceros. En lugar de ello, los desarrolladores tenían que confiar en un conjunto fijo de funciones de hardware definidas por Nvidia. Además, el GeForce 256 no tenía su propio lenguaje de programación.

No obstante, el equipo de marketing insistía en que todas esas características ya estaba previsto incluirlas en la siguiente generación de chips gráficos. E incluso sin ellas, el GeForce 256 suponía un cambio sustancial en cuanto a rendimiento que obviamente llamaría la atención de todo jugador acérrimo y entusiasta de los ordenadores del mundo. Aunque no era literalmente una GPU, el GeForce 256 seguía siendo un producto capaz de definir toda una categoría. Y pronto llegarían los siguientes chips, las verdaderas GPU, que ya sí serían completamente programables por desarrolladores externos.

Así las cosas, el equipo de marketing de Nvidia siguió adelante con el nombre de GPU desoyendo la oposición de los ingenieros de Nvidia.

—No necesitamos la aprobación de nadie —argumentó Vivoli. Realmente, no pensaba que nadie de fuera de la industria fuera a reparar en la definición técnica del chip. Además, continuó—: Sabíamos que el siguiente iba a ser programable. Por eso, optamos por dar un paso al frente y hacer el esfuerzo de proclamar a los cuatro vientos que se trataba de una GPU.[111]

En tal contexto, cuando Jensen anunció su GeForce 256 en agosto de 1999, no evitó recurrir a la hipérbole.

—Tenemos el placer de presentaros la primera GPU de la historia —declaró en la nota de prensa—. La GPU es el mayor avance que ha conocido la industria y no cabe duda de que transformará por completo el panorama del 3D. Permitirá una nueva generación de un fantástico contenido interactivo que cobra vida, es imaginativo y resulta cautivador.

Aquella era la primera vez que la empresa recurría a un embellecimiento comercial tan significativo para garantizarse un gran lanzamiento, y su estrategia funcionó. Vivoli tomó la decisión de no registrar el nombre de GPU porque quería que otras empresas también usaran el término, pues su idea era la de alar-

111. Entrevista con Dan Vivoli, 2024.

dear de que Nvidia había innovado una nueva y rompedora categoría. Aquella hipérbole se hizo realidad: el apodo de GPU se tornó un estándar de la industria y ayudó a Nvidia a vender cientos de millones de tarjetas en las décadas siguientes.

Vivoli tuvo otra idea para el lanzamiento de la GPU: intimidar descaradamente a los rivales. Por ello, un comercial de Nvidia tuvo el atrevimiento de desplegar una pancarta en la que se anunciaba el GeForce 256 en el paso elevado de la autopista que iba directa a la sede de 3dfx (antes de su bancarrota, claro está). En aquella pancarta se anunciaba a bombo y platillo que Nvidia cambiaría el mundo y acabaría con la competencia. La policía del estado rápidamente retiró la pancarta, la cual se había colgado ilegalmente, y Nvidia recibió una reprimenda formal. Pero le dio igual: había logrado su objetivo.

—Era el arte de la guerra. Queríamos desmoralizarlos —señaló Vivoli. Nvidia estaba aprendiendo a doblegar el mundo a su voluntad.

Los chips gráficos modernos organizan la computación a través de lo que se conoce como una pipeline gráfica, la cual convierte en una imagen los datos de geometría con las coordenadas del objeto. La primera fase de este proceso, que se conoce como fase de geometría, implica transformar vértices de objetos, o puntos, en un espacio 3D virtual a través de cálculos de escalada y rotación. La segunda fase, la de rasterización, es la que determina la posición de cada objeto en la pantalla. Y la tercera fase, denominada de fragmentación, calcula el color y las texturas. Es en la fase final en la que ya se monta la imagen.

Las primeras pipelines gráficas implicaban fases de función fija, cada una de ellas con un número sustancial de operaciones de cableado. Nvidia y sus fabricantes de tarjetas gráficas rivales eran quienes definían la gestión de las cuatro fases que harían sus respectivos chips en la pipeline. Aquí los desarrolladores de terceros no podían cambiar el modo en que los chips renderizaban nada, lo que suponía que solo tenían en su mano crear efectos visuales y estilos artísticos a partir de un menú de opciones previamente establecido por los diseñadores de los chips.[112] Puesto que cada programador debía utilizar el mismo puñado de operaciones fijas, todos los juegos del mercado parecían muy similares entre sí, y ninguno de ellos podía destacar solo por sus elementos visuales.

David Kirk, el científico jefe de Nvidia, se propuso cambiar esto inventando una verdadera GPU. Su idea era introducir una nueva tecnología a la que pondría por nombre sombreadores programables. Estos lo que harían sería abrir la pipeline gráfica a desarrolladores de terceros, y darles la capacidad de escribir sus propias funciones de renderizado y de ejercer un mayor control sobre la manera de presentar sus juegos visualmente. Los sombreadores permitirían a los desarrolladores realizar elementos visuales en tiempo real que rivalizaran con los mejores gráficos generados por ordenador de las películas. Insistía en que los desarrolladores rápidamente adoptarían sombreadores programables en sus juegos, puesto que ellos sabían mucho mejor que los diseñadores de chips cómo crear efectos visuales de última tecnología. Esto, a su vez, animaría a los jugadores de videojuegos a adquirir tarjetas de Nvidia, puesto que estas serían las únicas del mercado preparadas para soportar los nuevos gráficos avanzados. El inconveniente era que el sombreado programable, y, por tanto, una verdadera GPU solo podría ser habilitada revisando exhaustivamente el diseño de los chips de Nvidia. Y ello conllevaba un proceso caro y largo incluso para un jugador bien formado.

Kirk estaba convencido de que Jensen vería enseguida el ventajoso potencial tecnológico, y, a fin de cuentas, era él quien tenía la última palabra. Sin embargo, también era consciente de que Jensen se fijaría mucho en el precio: en la cantidad de dinero que Nvidia tendría que invertir para crear la tecnología, en si el mercado estaba preparado para ello, y en los beneficios económicos que les aportaría. Aunque de entrada Jensen se mostraba

112. Owens, John D. *et al.*, «A Survey of General-Purpose Computation on Graphics Hardware», State of the Art Reports, *Eurographics 2005*, 1 de agosto de 2005. <https://doi.org/10.2312/egst.20051043>.

eufórico al respecto, Kirk no estaba seguro de que su entusiasmo fuera una buena señal.

—Una cosa que hace Jensen es ponerse a hablar de forma optimista sobre tu proyecto para, justo después, echártelo por tierra —narraba Kirk.[113]

Para asegurar la supervivencia de su proyecto, Kirk se dedicó a alimentar el miedo siempre presente de Jensen a ser superado en táctica por la competencia. Incidió en que el liderazgo de Nvidia en aceleración de gráficos de función fija inevitablemente se vería erosionado; que las operaciones de función fija de un chip gráfico tradicional algún día se verían tan miniaturizadas que el propio Intel lo incluiría en una sección de su CPU o en un chip de la placa base, con vistas a evitar por completo una tarjeta gráfica separada. También perseveraba en la idea de que llegaría el día en que los sombreadores programables se abrieran a otros mercados más allá del de los juegos.

—Está bien, está bien —dijo Jensen después de escuchar las divagaciones de Kirk—. Acepto tu propuesta.

En febrero del año 2001, Nvidia lanzó el GeForce 3, cuya tecnología de sombreador programable y apoyo al desarrollo por parte de terceros de sus principales funciones gráficas lo convirtieron en la auténtica primera GPU. El análisis de Kirk resultó de lo más certero. El GeForce 3 se convirtió en un éxito de ventas. En el tercer trimestre fiscal del año 2001, los beneficios trimestrales de Nvidia alcanzaron los 370 millones de dólares, lo que suponía un aumento interanual de un 87 por ciento. En ese momento estaba generando ventas a una tasa de ejecución anualizada de mil millones de dólares, y no solo eso, sino que logró semejante hito más rápido que cualquier otra empresa de semiconductores en toda la historia de los Estados Unidos. Hasta entonces el récord lo había tenido Broadcom y lo había alcanzado en treinta y seis trimestres. Ahora Nvidia lo había hecho bajarse del podio tras derrotarlo por nueve meses. A finales de ese mismo año, el precio de las acciones se triplicó respecto de los tres trimestres anteriores. La empresa ahora era veinte veces más

113. Entrevista con David Kirk, 2024.

valiosa de lo que lo había sido el día de OPI, y todo gracias a una combinación de visión estratégica, una ejecución implacable y la paranoia que mantenía a Jensen y a todo su equipo ejecutivo alerta para defenderse de las amenazas que pudieran llegar de cualquier sitio y en cualquier momento.

El deseo de diversificar el negocio de Nvidia condujo a la empresa a los brazos de Apple. A lo largo de su historia, Nvidia no había vendido demasiado a Apple, en gran medida porque Nvidia optimizaba sus productos para las CPU de Intel, y no eran estas las que Apple utilizaba. Sin embargo, a comienzos de los dos mil, Nvidia ganó un pequeño contrato para suministrar los chips gráficos para los iMac G4 orientados al consumidor. Este ordenador era el sucesor del iMac G3 a color todo en uno que marcó el triunfante regreso de Steve Jobs a Apple en el año 1998.

Chris Diskin, que había sido quien había conseguido el acuerdo para la Xbox de Microsoft, fue quien se puso al frente de la relación comercial con Apple. Trabajó con Dan Vivoli para juntos perfilar la estrategia con la que lograr que los chips Ge-Force de Nvidia pudieran integrarse en más productos de ordenador de Apple. Su deseo se cumplió gracias a un antiguo e icónico cortometraje de Pixar.

A estas alturas, la pieza central del argumento de venta de Nvidia a los fabricantes de ordenadores personales era su demostración gráfica, con la cual presumían de las características avanzadas y de la potencia de computación en bruto de sus chips. En el pasado, la empresa había empleado juegos de terceros para impresionar a su audiencia. Sin embargo, a medida que las tarjetas de Nvidia se fueron haciendo más potentes, los juegos antiguos dejaron de ser suficientes para dejar ver las enormes posibilidades del nuevo chip. Por eso Vivoli decidió destinar más tiempo y recursos para crear mejores demos gráficas que el equipo de ventas pudiera utilizar. Para ello, incluso contrató a un excompañero de Silicon Graphics llamado Mark Daly, al que le encomendó la tarea exclusiva de mejorar las demos de Nvidia.

Vivoli sabía que las demos gráficas tendrían el gran impacto que se pretendía si Nvidia conocía plenamente a su audiencia. Las primeras demos iban dirigidas a ingenieros, motivo por el cual con ellas se buscaba destacar las características y posibilidades específicas de los nuevos chips de Nvidia. Al igual que sucedió con aquel cubo en 3D con el que Voodoo Graphics impresionó al público en el encuentro Hambrecht & Quest de 1996, estas demos solo se metían al público en el bolsillo si este sabía los cálculos que tenían que llevarse a cabo en la sombra. Sin embargo, una persona sin conocimientos de ingeniería no tenía que comprender necesariamente lo que estaba viendo. De ahí que Vivoli se propusiera cambiar el foco de las demos: en adelante, dejarían de ser una demostración fría del rendimiento gráfico (el equivalente visual a la lectura de todo un listado de métricas comparativas) y adoptarían un lado más sentimental.

En el transcurso de una reunión creativa durante el desarrollo del GeForce 3, Daly creyó dar con la manera perfecta de presumir del nuevo chip de Nvidia. El corto animado de dos minutos de Pixar titulado *Luxo Jr.* había supuesto un antes y un después en el mundo de la animación por ordenador. Cuando en 1986 se estrenó este film sobre un flexo saltarín, el celuloide demostró al mundo todo lo que la creación de imágenes generadas por ordenador (CGI) era capaz de conseguir, incluso en aquella etapa relativamente temprana. Sin embargo, lograr aquello había exigido una enorme cantidad de potencia computacional. Cada frame se había creado en un superordenador Cray y había tardado tres horas en renderizarse. A un ritmo de veinticuatro frames por segundo, el ordenador necesitó casi setenta y cinco horas para generar un solo segundo de película. Así que a Daly pensó que Nvidia debería llevar a cabo una demo de *Luxo Jr.*

Vivoli le dio su visto bueno al proyecto:

—Me parece una grandísima idea. Ponte a hacer esa demo —le dijo.

Unos cuantos meses más tarde, Daly informó a Vivoli de que el equipo había avanzado mucho, pero que se habían encontrado con el problema de que *Luxo Jr.* era propiedad de Pixar. Si

Nvidia lo utilizaba para una demostración pública, corría el riesgo de cometer una infracción de los derechos de autor de Pixar.

Vivoli no quería que nada hiciera descarrilar lo que apuntaba a ser una extraordinaria demostración de cara al importante lanzamiento del GeForce 3. Así que disipó la preocupación de Daly.

—No pasa nada. No te comas la cabeza por eso. Yo me ocuparé de ello —lo tranquilizó Vivoli.

Tanto él mismo como David Kirk tenían contactos en Pixar, y los dos trataron de convencerlos para que aprobaran la demo. Finalmente, su solicitud llegó al director creativo de Pixar, John Lasseter, quien ya había dirigido *Toy Story* y *Bichos*, y más tarde dirigiría *Cars*. Lasseter rechazó su solicitud. Se negaba a que el icónico personaje de Pixar, que en ese mismo momento formaba parte del logo del estudio cinematográfico de animación y aparecía de manera prominente al comienzo de cada película de Pixar, de pronto empezara a utilizarse para vender chip gráficos.

Mientras tanto, el equipo de Daly había finalizado la demo y esta resultaba tan absolutamente impresionante como habían previsto. Tanto era así, que Vivoli se planteó: «¿Y si mostramos la demo a Steve Jobs?». Estaba convencido de que una versión de *Luxo Jr.* renderizada en tiempo real sería más que eficaz, puesto que además llegaba en un momento estelar en la trayectoria del propio Jobs y en la fase de desarrollo de los ordenadores. Y no solo eso: también mostraba que el nuevo chip era lo suficientemente poderoso como para rivalizar con las funcionalidades gráficas de un superordenador, y al mismo tiempo, contaba con la precisión necesaria para reconstruir de manera fiel una importante obra de arte.

Vivoli y Diskin acudieron a reunirse con Jobs en la sede de Apple. Durante la primera parte de la demostración, el equipo de Nvidia mostró *Luxo Jr.* usando planos y ángulos similares a los del original. Era muy llamativo. Jobs dijo que «Tenía buena pinta».

Acto seguido ejecutaron la demo de nuevo, pero en esta ocasión Vivoli comenzó a hacer clic en ella, y fue cambiando la posición o el ángulo de la cámara. Los movimientos de la cámara mostraban que, a diferencia de con un video estático, los chips de

Nvidia eran capaces de renderizar toda una escena en tiempo real. El usuario podía cambiar y ver la escena desde cualquier ángulo con una iluminación realista y efectos de sombreado. Entonces Jobs se quedó estupefacto. Le impresionaba que la GPU de Nvidia pudiera renderizar en tiempo real las mismas animaciones, y con una fidelidad visual comparable, que los superordenadores de Pixar habían tardado semanas en generar. Pero lo más destacable era, sobre todo, que ofrecían interacción en tiempo real. Al instante Jobs decidió que el ordenador Power Mac G4 empezaría a ofrecer el chip GeForce 3 como opción prémium.

Jobs también les preguntó si Apple podría usar su demo en el Macworld de Tokio del año 2001. Vivoli le habló del asunto del *copyright*, a lo que Jobs le contestó que lo miraría con la gente de Pixar. Tiempo después Diskin y Vivoli se reirían de su respuesta en aquel momento: Jobs era el CEO tanto de Apple como de Pixar, así que realmente tan solo tenía que pedirse permiso a sí mismo.

Jobs finiquitó aquella reunión en veinte minutos y salió directo a otra. Mientras se preparaba para marcharse, no pudo evitar darle un consejo al equipo de Nvidia.

—Chicos, les recomiendo que trabajen un poco en el tema de los celulares, porque ATI les está pateando el trasero con los portátiles —dijo, refiriéndose al principal rival de Nvidia tras la estrepitosa caída de 3dfx.

Sin dudarlo, Diskin respondió:

—A decir verdad, Steve, pienso que te equivocas.

Un silencio sepulcral invadió la sala en ese mismo momento. Jobs clavó los ojos en Diskin con una mirada intensa y lo interrogó:

—Ah, ¿sí? ¿Y podrías decirme por qué?

En ese instante Diskin tuvo la sensación de que poca gente se atrevía a desafiar a Steve Jobs, y estaba claro que el gran empresario esperaba una respuesta convincente.

Y Diskin la tenía. Le explicó que en realidad los chips de Nvidia consumían más potencia (más de la que la mayoría de los ordenadores portátiles podían admitir) porque ofrecían ese rendimiento superior que los usuarios de ordenadores de sobremesa requerían. Sin embargo, era posible reducir fácilmente tanto su rendimiento como su consumo de energía para satisfacer las especificaciones de los portátiles. De hecho, añadía más argumentos Diskin, si Nvidia bajara la velocidad de reloj de sus chips para ajustarse a la velocidad y, por tanto, a los requisitos de potencia, de los chips de ATI, los chips de Nvidia ofrecerían un mejor rendimiento en términos generales. Así que no era cierto lo de que ATI estuviera pateando el trasero de Nvidia en el terreno de los portátiles, tal y como Jobs pensaba. Lo que pasaba era que Nvidia no tenía necesidad alguna de crear un chip específico para un modelo de ordenador portátil de menos potencia, cuando una versión reducida de su línea insignia haría el trabajo exactamente igual de bien.

—Tenemos margen —esperó Diskin, a modo de resumen de su argumento principal.

Jobs volvió a fijar la mirada en él.

—De acuerdo —fue lo único que dijo. Y la reunión se dio por terminada.

Apenas treinta minutos más tarde, Diskin recibió una llamada de Phil Schiller, un ejecutivo de Apple.

—No tengo ni la más remota idea de lo que le has contado a Steve, pero necesita que todo su equipo de portátiles esté aquí mañana para, durante todo el día, revisar su silicio —le dijo.

Así fue como Nvidia pasó de casi no tener presencia en los portátiles de Apple a, en cuestión de unos años, tener un 85 por ciento de participación en toda su línea de ordenadores. Diskin tuvo la oportunidad de ponerse a prueba a sí mismo, y a los chips de Nvidia, gracias no solo a su demo, sino también a su ágil pensamiento y a su coraje para desafiar a una de las figuras más intimidatorias de la industria tecnológica.

A Nvidia las cosas le iban viento en popa. En los últimos tiempos había captado a cientos de empleados de su difunto rival el 3dfx, había alcanzado un acuerdo comercial para la consola Xbox que le generaría unos ingresos de 1.8 mil millones a lo largo de su vida, y se había hecho con un acuerdo para fabricar chips para las diferentes líneas de los ordenadores Mac de Apple. Todos estos logros la habían llevado a un impresionante crecimiento económico y habían hecho que el precio de sus acciones se disparara. Sin embargo, el nuevo negocio exigía atención por parte de los departamentos de gestión e ingeniería, y alejaba el foco de la GPU de Nvidia, cuyo lanzamiento llegó a ser uno de los peores en toda la historia de la empresa.

En el año 2000, ATI Technologies adquirió la pequeña empresa gráfica ArtX por 400 millones de dólares. ArtX estaba especializada en chips gráficos para consolas de juego, puesto que los ingenieros que la habían fundado ya habían trabajado en la consola Nintendo 64 en Silicon Graphics antes de ponerse por su cuenta, y la empresa acababa de garantizarse un contrato para desarrollar los chips gráficos para la sucesora de la N64, la Nintendo Game Cube. La adquisición de ArtX por parte de ATI dio a esta última una gran credibilidad en el campo de las consolas de video, y un grupo de ingenieros inmediatamente comenzó a trabajar en un chip al que llamaron R300. ATI lanzaría el chip en una tarjeta gráfica discreta, la Radeon 9700 PRO, la cual estaba previsto que saliera a la venta en agosto del año 2002

Entretanto, Nvidia estaba inmersa en una batalla legal con Microsoft. El gigante tecnológico había estado revisando los acuerdos que tenía firmados con sus proveedores con relación a la divulgación de información y los derechos de propiedad intelectual para su API Direct 3D. La siguiente gran actualización de Direct3D, denominada Direct3D 9, saldría al mercado en diciembre de 2002 con importantes mejoras que serían esenciales para la siguiente generación de chips. Pero no todo iba a ser un camino de rosas: las empresas de chips no tenían acceso a la documentación relativa al Direct3D 9 y, por tanto, no podían construir nada teniendo en cuenta sus nuevas especificaciones hasta no haber formalizado el acuerdo. Nvidia tenía la sensación de que el nuevo lenguaje era mucho más favorable a Microsoft y se negó a firmar el nuevo contrato mientras no se pactaran mejores condiciones.

Este problema comercial desembocó en un desafío ingeniero. Nvidia estaba diseñando su nuevo chip, el cual se iba a llamar NV30, sin tener acceso a las especificaciones técnicas de la versión del Direct3D que estaba a punto de ver la luz.

—Terminamos desarrollando el NV30 sin mucha ayuda a por parte de Microsoft —se lamentó David Kirk—. No nos quedó otra más que adivinar lo que iban a hacer. Así que cometimos errores.

Reinó entonces la confusión, tanto por la falta de directrices claras por parte de Microsoft como por la nula coordinación entre los propios equipos de Nvidia. Un exempleado recuerda bien un incidente en el que un grupo de ingenieros de hardware y software estaban de pie en un cubículo observando los deslucidos datos de rendimiento del NV30 durante su fase de desarrollo. De pronto, un perplejo ingeniero de software opinó que era como si el sombreador de niebla de hardware hubiera sido eliminado. Entonces el arquitecto de hardware que también estaba allí añadió:

—Ah, sí. Lo quitamos nosotros. Nadie lo usaba ya.

El equipo de software se quedó desconcertado. Los sombreadores de niebla seguían teniendo un grandísimo uso en la mayoría de los juegos, puesto que permitían a los desarrolladores ahorrar en computación gráfica a base de difuminar detalles de objetos más alejados, como si se tratara de niebla. El equipo de hardware de Nvidia no había consultado con nadie antes de eliminarlo, ni tan siquiera parecía comprender el importante papel que desempeñaba. De pronto, parecía que los diferentes equipos de Nvidia ocuparan compartimentos estancos, que era justo la estructura organizativa de la que la empresa se había empeñado en huir desde el principio.

A otro empleado de Nvidia le vino a la memoria una reunión similar en la que un ingeniero de hardware estaba presentando un listado con las distintas características del NV30. En esas, uno de los encargados de la relación con los desarrolladores se dio cuenta de que en la lista faltaba una especificación relevante denominada *anti-aliasing* multimuestra (MSAA), la técnica para pulir bordes irregulares y suavizar las transiciones entre una línea de un objeto y el fondo. Al percatarse de ello, preguntó:

—¿Y qué pasa con la 4X MSAA? ¿Qué hay de ella?

La respuesta del ingeniero de hardware no se hizo esperar:

—No pensamos que sea relevante. Es algo que está sin probar.

El empleado responsable de la relación con los desarrolladores se quedó aterrorizado.

—Pero ¿qué rayos dices? ATI ya está incluyendo esta funcionalidad en uno de sus productos, y a los jugadores de videojuegos les fascina.

Una vez más, los ingenieros de Nvidia parecían desconocer por completo los gustos del mercado.

—El NV30 fue un desastre arquitectónico. Fue una auténtica tragedia desde el punto de vista de su arquitectura —admitió Jensen más tarde—.[114] El equipo de software, el equipo de arquitectura y el equipo responsable del diseño del chip apenas se comunicaban entre sí.

Nvidia no logró garantizar que su NV30 satisficiera las comparativas de rendimiento para los juegos más importantes de la temporada. Los nuevos chips gráficos fueron revisados por la prensa, y todas las críticas se fijaron en el proceso de análisis comparativo, mientras que los revisores independientes pusieron a prueba distintas métricas como la tasa de frames por segundo en determinados juegos gráficamente intensivos y bajo distintas resoluciones. Los análisis comparativos estándares ofrecieron a los jugadores de videojuegos una serie de puntos de referencia cuantitativos para que no necesitaran recurrir a análisis subjetivos de la calidad de las tarjetas gráficas (ni al marketing de esos fabricantes de tarjetas). Durante el desarrollo del NV30 había quedado claro que el chip no ganaría en muchas de las comparativas para los juegos que más gustaban a los consumidores. Por primera vez desde el NV1, Nvidia estaba a las puertas de lanzar al mercado una tarjeta que no estaría en lo más alto en términos de rendimiento.

En contraste, ATI había accedido a firmar el contrato con Microsoft para que pudiera optimizar el R300 con Direct3D 9 desde el principio. El chip y la nueva tarjeta que lo albergaba, la

114. Entrevista con Jensen Huang, 2024.

Radeon 9700 PRO, funcionaban a la perfección y eran perfectamente compatibles con la última API que Microsoft había sacado al mercado. La Radeon 9700 PRO permitía ejecutar los últimos juegos en 3D, incluyendo Quake 3 y Unreal Tournament, a altas resoluciones y sin apenas problemas. Era capaz de renderizar píxeles en un color de punto flotante de 24 bits, una mejora respecto del color de 16 bits empleado en la previa generación de chips de la industria. Ofrecía una capacidad de *anti-aliasing* infinitamente superior a la de sus competidores, lo que daba como resultado unos polígonos afilados y unas líneas nítidas. Y salió en agosto del año 2002, justo a tiempo para el *boom* de compras que desencadenaba el regreso a clases..

Por el contrario, el NV30 de Nvidia no lograba ninguna de estas cosas. No funcionaba en bien con el Direct3D 9, lo que hacía que los nuevos juegos tuvieran un mal desempeño con los ajustes gráficos más elevados. Además, se había optimizado para un color de 32 bits; eso técnicamente dejaba atrás el sistema de color de 24 bits del Radeon 9700 PRO, pero Direct3D 9 no soportaba los 32 bits. Nvidia se vio forzada a pedirle a sus socios de tarjetas gráficas que retrasaran unos cinco meses el lanzamiento de los nuevos productos de la empresa que incorporaban el NV30. Ese retraso al menos le permitía intentar hacer el chip más competitivo frente al Radeon 9700 PRO, pero hizo que Nvidia se perdiera la importante oportunidad de la venta otoñal.

Una vez que compararon la tarjeta GeForce FX basada en el NV30 con el Radeon 9700 PRO, los ingenieros de Nvidia decidieron revisar el diseño de su chip para hacerlo más competitivo. Así fue como crearon una solución de software alternativo para «traducir» las nuevas funcionalidades del DirectX para el NV30.

—Teníamos que dar saltos hacia atrás para ejecutar las llamadas del DirectX 9 —detallaba Dan Vivoli—. Se hacía una llamada a DirectX, y luego nosotros teníamos que convertirla en algo que nuestro chip pudiera ejecutar.

Estas «llamadas» o instrucciones gráficas enviadas a la API de DirectX requerían más potencia de procesamiento, lo cual forzó a Nvidia a incrementar la velocidad de reloj del NV30. El excesivo calor resultante obligó a Nvidia a colocar un ventilador de doble ranura sobre el chip, el cual hacía un ruido excesivamente alto en cuanto se activaba.

—Aquello supuso una experiencia horrible para los jugadores de videojuegos que usaban el chip porque el ruido era muy muy alto —explicaba Vivoli. En ese contexto, el ruido del ventilador se convirtió en el tema de conversación habitual entre los clientes. La única solución ingeniera ideada por Nvidia consistía en escribir un algoritmo para cambiar la sincronización de la rotación del ventilador, pero llevó tiempo y, al final, no resultó una medida tan eficaz como se pensaba.

Para salvar al menos una pequeña pizca de la reputación de la empresa, un miembro del equipo de marketing sugirió grabar un video parodia sobre el ruido del ventilador en el que se dijera que había sido una característica intencionada.

—Optamos por resignarnos. Hicimos un video en el que el chip GeForce FX aparecía al final de un soplador de hojas soplando hojas de los árboles. Y mostramos a gente sudando la gota gorda porque hacía mucho calor —contó Vivoli.

Esto aplacó al menos parcialmente a la comunidad de jugadores de videojuegos, quienes valoraron la habilidad de Nvidia para reírse de sí misma y reconocer su error. Además, también contribuyó a minimizar las alusiones negativas a la tarjeta. Cada vez que una empresa de la competencia trataba de recordar a los clientes el ruido del GeForce FX, estos se topaban con el video de Nvidia autocriticándose.

Aunque el video supuso un triunfo en lo referente a las relaciones públicas, hizo poco por ayudar a la fortuna del chip en el mercado. En comparación con el R300, las tarjetas basadas en el NV30 eran más caras, generaban más calor, resultaban más lentas y su ventilador hacía un ruido exagerado. Por todo ello, las ventas durante el trimestre navideño, que era el más importante, cayeron en un 30 por ciento en comparación con el año anterior, y el precio de las acciones de la empresa se desplomó en un 80 por ciento respecto de su momento más alto diez meses antes. Nvidia estaba volviendo a revivir la pesadilla con el NV1. Por si fuera poco, los distintos equipos habían perdido el contacto unos con otros, y la propia empresa de algún modo se había alejado también de su base de consumidores.

Jensen se sentía furioso por la pésima planificación y mala ejecución del chip. Un buen día, convocó a todos sus ingenieros para una reunión general.

—Me van a permitir que les diga algo sobre el NV30. ¡¿De verdad es esa la mierda que soñaban con construir?! —les gritó—.[115] Los arquitectos hicieron un trabajo vergonzoso juntando simplemente las piezas del producto. ¿Cómo ninguno se dio cuenta de la cuestión esa del soplador de hojas antes de que saltara por los aires? Alguien debería haber levantado la mano y dicho en algún momento: «Señores, aquí tenemos un problema de diseño».

Su crítica no terminó tras aquella reunión. Más tarde, invitó a la sede a un ejecutivo de Best Buy, que por aquel entonces era el mayor vendedor de electrónica al por menor en los Estados Unidos.[116] Quería que hablara a los empleados de Nvidia y les transmitiera su propia experiencia con el chip. El ejecutivo se pasó la mayor parte de la sesión hablando sobre el pobre rendimiento del NV30 y sobre el sinfín de quejas de los clientes por el incómodo ruido del ventilador. Jensen estuvo de acuerdo en todo lo que dijo:

—Tiene toda la razón. Ha sido una cagada.

Lo único que en aquel momento salvó a Nvidia fue que sus rivales no aprovecharon la ocasión para ponerla demasiado contra las cuerdas y sacar partido. ATI había decidido fijar el precio de sus tarjetas gráficas basadas en R300 en 399 dólares, la misma cantidad que se pedía por las tarjetas basadas en el NV30. Si ATI hubiera optado por reducir agresivamente el precio del R300, la empresa habría acabado por completo con la demanda por las tarjetas inferiores basadas en el NV30, lo que probablemente hubiera llevado a Nvidia a la bancarrota. Dwight Diercks dijo que ATI trabajaba con un margen muy amplio, porque su

115. Entrevista con dos exempleados de Nvidia, 2023.
116. «Best Buy Named in Suit over Sam Goody Performance», *The New York Times*, 27 de noviembre de 2003.

chip contaba con una enorme ventaja en costes respecto del mal diseñado e inflado NV30.

—Me juego una mano a que, si Jensen hubiera estado al frente de ATI, se habría asegurado de aniquilar a Nvidia —dijo Diercks.

Jensen reflexionó sobre los fracasos del NV30. A fin de cuentas, era su responsabilidad asegurarse de que los equipos de Nvidia colaboraran de manera eficaz, por grande que se hubiera hecho la empresa. Ahora se daba cuenta de que quizá había pedido demasiado al tratar de integrar a la vez a todos los exingenieros de 3dfx en la cultura laboral de Nvidia.

—NV30 fue el primer chip que construimos como una única empresa después de traernos a los empleados de 3dfx —concluyó muchos años más tarde—.[117] Como organización, no reinaba la armonía.

Al igual que a otras muchas generaciones de líderes empresariales, *El dilema del innovador* enseñó a Jensen a proteger a su empresa de los rivales. Lo ayudó a comprender la amenaza que podían suponer los competidores *low-cost*, razón por la cual apostó por lanzar líneas de chips de Nvidia de gama baja y media elaborados con aquellas partes que no resultaban lo suficientemente buenas como para incluirlas en sus mejores chips. El libro también lo convenció para diversificar la cartera de socios de Nvidia más allá de los ordenadores personales de escritorio para el consumidor, y así se abrió al mundo de las consolas de video, los Mac y los ordenadores portátiles. Asimismo, lo animó a realizar grandes inversiones estratégicas, como añadir programabilidad a los chips de Nvidia para hacer una verdadera GPU.

Pero a Jensen se le escapó uno de los mensajes más sutiles de Christensen, o al menos se le pasó por alto durante la primera década de vida de Nvidia. Para cosechar éxitos, no basta con prestar atención a los factores externos como los beneficios, la rentabilidad, el precio de las acciones o el ritmo al que se lanzan

117. Entrevista con Jensen Huang, 2024.

los productos. Un negocio verdaderamente sostenible ha de dedicar el mismo esfuerzo a mirar hacia dentro para mantener su cultura interna perfectamente alineada. Cuando Nvidia logró posicionarse como protagonista dominante dentro de la industria gráfica, los ejecutivos de la empresa se distrajeron centrándose en sus socios, en sus inversores y en sus finanzas. Nvidia falló en no ver el problema que no paraba de crecer entre sus cuatro paredes: la complacencia. Y fue precisamente ella la que estuvo a punto de echarlo todo a perder.

Sin embargo, si por algo es conocido Jensen es por su propia regla de no cometer el mismo error dos veces. El mismo control que había ejercido sobre las amenazas externas, comenzó a ejercerlo para revisar los entresijos de la empresa. Puso fin al desacuerdo contractual que existía con Microsoft, con el objeto de asegurarse de que sus arquitectos no volvieran a verse obligados a trabajar a ciegas cuando se tratara del Direct3D. También se cercioró de que su plantilla estuviera permanentemente en contacto con los desarrolladores de juegos, para que así todos los chips de Nvidia incorporaran las especificaciones más importantes para ellos y para los jugadores. Exigió a sus equipos que corroboraran una y otra vez que las siguientes GPU saldrían al mercado optimizadas para la mayoría de los juegos más aclamados, con el objetivo de que Nvidia saliera victoriosa en todas las comparativas de las críticas. Y, por encima de todo, insistió a sus equipos en la importancia de trabajar con «honestidad intelectual», esto es, que cuestionaran una y otra vez sus suposiciones y que aceptaran y reconocieran sus errores, de manera que la empresa pudiera solucionarlos antes de que la bola se hiciera enorme y todo desembocara en un desastre como el acontecido con el NV30.

A Nvidia le había costado sobrevivir en sus diez primeros años de historia. Pero lo había conseguido y había logrado infinidad de cosas: magia técnica, una OPI exitosa y una relativa longevidad en una industria en la que la mayoría de los rivales duraban tan solo unos pocos años. Se había visto humillada por sus propios fracasos: su casi bancarrota debido al NV1 y el NV2; los problemas de producción que detuvieron en seco el exitoso RIVA 128 en su camino, y, por último, la debacle del NV3, la cual sacó a la luz un grave problema organizativo al que la empresa tuvo que hacer frente. Se había convertido en una gran corporación pública, con los mismos desafíos y la misma tendencia a la entropía que cualquier otra gran empresa pública. Jensen tendría que evolucionar a un tipo de líder distinto para que Nvidia triunfara en la década siguiente.

PARTE 3

EL ASCENSO DE NVIDIA
(2002-2013)

8

La era de la GPU

Una de las primeras referencias a la tecnología que acabaría convirtiendo a Nvidia en una empresa valorada en un billón de dólares se encuentra en una tesis doctoral sobre las nubes. Mark Harris, investigador informático de la Universidad de Carolina del Norte en Chapel Hill, quería encontrar la forma de utilizar los ordenadores para simular mejor fenómenos naturales complejos, como el movimiento de los fluidos o la termodinámica de las nubes atmosféricas.

En 2002, Harris observó que cada vez más informáticos utilizaban GPU, como la GeForce 3 de Nvidia, para aplicaciones no gráficas. Los investigadores que ejecutaban sus simulaciones en ordenadores con GPU informaron de mejoras significativas en la velocidad con respecto a los ordenadores que solo utilizaban la potencia de la CPU. Pero para ejecutar estas simulaciones era necesario que los ordenadores aprendieran a reformular los cálculos no gráficos en términos de funciones gráficas que pudiera realizar una GPU. En otras palabras: los investigadores habían pirateado las GPU.

Para ello, utilizaron la tecnología de sombreado programable de GeForce 3, diseñada originalmente para pintar colores para píxeles, para llevar a cabo multiplicaciones matriciales. Esta función combina dos matrices (básicamente, tablas de números) con el fin de crear una nueva matriz mediante una serie de cálculos matemáticos. Cuando las matrices son pequeñas, es bastante fácil realizar multiplicaciones matriciales utilizando métodos computacionales normales. A medida que las matrices se hacen más grandes, la complejidad computacional necesaria para multiplicarlas aumenta de forma cúbica, pero también lo hace su capacidad para explicar problemas del mundo real en campos tan diversos como la física, la química y la ingeniería.

—En realidad, dimos con la GPU moderna por casualidad —dijo David Kirk, científico de Nvidia—.[118] Creamos un motor de cálculo gigante, superpotente y superflexible para procesar gráficos porque los gráficos son difíciles. Los investigadores vieron toda la potencia del cálculo en coma flotante y la posibilidad de programarlo y ocultarlo en algún algoritmo gráfico.

Sin embargo, el uso de GPU para fines no gráficos requería un conjunto de habilidades muy específicas. Los investigadores tenían que recurrir a lenguajes de programación diseñados exclusivamente para el sombreado gráfico, como OpenGL y Cg (C para gráficos) de Nvidia, que se introdujo en 2002 para funcionar en la GeForce 3. Programadores preparados, como Harris, aprendieron a «traducir» los problemas del mundo real en funciones que estos lenguajes podían ejecutar, y pronto descubrieron cómo utilizar las GPU para avanzar en la comprensión del plegamiento de proteínas, la determinación del precio de las opciones sobre acciones y el ensamblaje de imágenes de diagnóstico a partir de resonancias magnéticas.

Al principio, el mundo académico se refería al uso de las GPU para fines científicos con una terminología engorrosa, como «aplicación de hardware gráfico a aplicaciones no gráficas» o «aprovechamiento de hardware especializado para fines alternativos». Harris decidió acuñar un término más sencillo: «computación de propósito general en GPU» o «GPGPU» y creó un sitio web para promoverlo. Un año más tarde, registró la URL GPGPU.org; allí, escribió sobre esta tendencia en ciernes e intercambió consejos sobre las mejores formas de utilizar los

118. Entrevista con David Kirk, 2024.

lenguajes de programación de GPU. GPGPU.org se convirtió rápidamente en un destino popular para la comunidad de investigadores que querían aprovechar la potencia de los nuevos dispositivos de Nvidia.

El gran interés de Harris por las GPU le valió un puesto de trabajo en Nvidia. Tras obtener su doctorado en la UNC, se mudó al otro lado del país, a Silicon Valley, para incorporarse a la misma empresa cuyas tarjetas había pirateado. Le sorprendió descubrir que el término que él había acuñado, «GPGPU», era ampliamente utilizado por los empleados.

—La gente de Nvidia vio el potencial y utilizaba este acrónimo tan tonto que se me había ocurrido —comentó.

Aunque él no lo sabía, Nvidia lo había contratado para ayudar a la empresa a facilitar el uso de GPGPU. Jensen comprendió rápidamente que GPGPU tenía el potencial de abrir el mercado de las GPU mucho más allá de los simples gráficos por ordenador.

—Probablemente, la influencia más importante y la primera indicación de que debíamos continuar fue en el campo de las imágenes médicas —añadió.[119]

Sin embargo, el hecho de que todo el trabajo de GPGPU tuviera que ejecutarse a través de Cg, un lenguaje propio de Nvidia y optimizado solo para funciones gráficas, se había convertido en un obstáculo para una adopción más amplia. Para generar más demanda, Nvidia tendría que hacer que sus tarjetas fueran más fáciles de programar.

Harris se enteró de que había un equipo de chips dentro de Nvidia trabajando en un proyecto secreto con el nombre en clave NV50. La mayoría de los diseños de chips solo se alejaban una o dos generaciones de la arquitectura vigente en ese momento. El NV50 era el chip más avanzado que Nvidia estaba desarrollando: aunque no se lanzaría al mercado hasta varios años después. Tendría su propio modo de cálculo, de modo que su GPU sería más fácil de acceder para aplicaciones no gráficas. En lugar de Cg, utilizaría extensiones del lenguaje de programación C, un lenguaje de uso general muy extendido y que permitiría hilos de

119. Entrevista con Jensen Huang, 2024.

computación paralelos con acceso a memoria direccionable, lo que, en esencia, posibilitaría a la GPU desarrollar todas las funciones de una CPU secundaria que pudieran ser necesarias en la computación científica, técnica o industrial.

Nvidia denominó a este modelo de programación para chips «Compute Unified Device Architecture» (arquitectura de dispositivos unificados para computación) o CUDA. CUDA hizo posible que no solo los especialistas en programación gráfica, sino también los científicos e ingenieros, aprovecharan la potencia de cálculo de la GPU. Les ayudó a gestionar la intrincada red de instrucciones técnicas necesarias para ejecutar cálculos paralelos en los cientos, y más tarde miles, de núcleos de cálculo de la GPU. Jensen creía que ampliaría el alcance de Nvidia a todos los rincones de la industria tecnológica. El nuevo software, más que el nuevo hardware, transformaría la empresa.

Dos de las figuras más importantes en el desarrollo inicial de CUDA fueron Ian Buck y John Nickolls. Nickolls era el experto en hardware. Se incorporó a Nvidia en 2003 y se convirtió en el arquitecto de hardware en los inicios de la empresa en el campo de la computación con GPU. Colaboró estrechamente con el equipo de chips para garantizar que se incorporaran características importantes a las GPU, como cachés de memoria más grandes y diferentes métodos para realizar cálculos matemáticos en coma flotante. Nickolls comprendió que era necesario mejorar el rendimiento si Nvidia quería impulsar la adopción de la computación con GPU. (Por desgracia, Nickolls nunca llegó a ver el éxito de su trabajo en CUDA. Muchos dentro de Nvidia lo consideran un héroe desconocido de la empresa. El ejecutivo falleció en agosto de 2011 tras a causa de un cáncer.

—Sin John Nickolls, CUDA no existiría. Fue el tecnólogo más influyente de nuestra empresa y, en última instancia, el impulsor de CUDA —contaba Jensen—.[120] Trabajó en CUDA hasta su muerte. Fue él quien me explicó CUDA).

120. Entrevista con Jensen Huang, 2024.

Buck trabajaba en el ámbito del software. Había realizado prácticas en Nvidia, pero las dejó para cursar un doctorado en Stanford. Durante sus estudios, Buck desarrolló el entorno de programación BrookGPU, que proporcionaba un lenguaje y un compilador para la computación basada en GPU. Su trabajo llamó la atención del Departamento de Investigación del Ministerio de Defensa, la Agencia de Proyectos de Investigación Avanzada de Defensa (DARPA), y también la de su antigua empresa, Nvidia, que adquirió la licencia de parte de la tecnología en la que Buck había trabajado. En 2004, fue contratado por Nvidia.[121]

El equipo inicial de CUDA era pequeño y estaba muy unido. El grupo de software de Buck lo componían tres ingenieros: Nicholas Wilt y Nolan Goodnight, que trabajaban en la API y la implementación del controlador CUDA, y Norbert Juffa, que escribió la biblioteca matemática estándar de CUDA. Otro grupo de ingenieros se centró en los compiladores de hardware, que convierten el código legible por humanos en código utilizable por máquinas y que puede ser ejecutado por un procesador informático. Entre ellos se encontraban Richard Johnson, que diseñó la especificación del lenguaje de ejecución de subprocesos paralelos (PTX), que sirvió como objetivo del compilador de hardware virtual para CUDA; Mike Murphy, que creó un compilador Open64 (arquitectura x86-64) para CUDA a PTX, y Vinod Grover, que se incorporó a finales de 2007 y trabajó en los controladores del compilador.

Era imprescindible que ambos grupos trabajaran en estrecha armonía.

—Cualquier arquitectura informática tiene una parte de software y otra de hardware. CUDA no es solo un programa informático —comentó Andy Keane, antiguo director general de la sección de centros de datos de Nvidia—. Es una representación de la máquina. Es una forma de acceder a la máquina, por lo que deben diseñarse conjuntamente.[122]

121. Buck, Ian *et al.*, «Brook for GPUs: Stream Computing on Graphics Hardware», *ACM Transactions on Graphics 23*, 3 (agosto de 2004), pp. 777-786.

122. Entrevista con Andy Keane, 2024.

El plan original era lanzar CUDA exclusivamente en las GPU Quadro de Nvidia, destinadas a estaciones de trabajo científicas y técnicas de alta gama, pero esto conllevaba cierto riesgo. Toda nueva tecnología plantea un problema del huevo y la gallina. Sin desarrolladores que creen aplicaciones que aprovechen los nuevos chips, los usuarios no tendrán motivos para adoptarlos. Y sin una gran base de usuarios instalada, los desarrolladores no querrán crear software para la nueva plataforma. Históricamente, cuando una empresa impulsa ambos frentes, como hizo Arm Holdings con su arquitectura de chips ARM para celulares e Intel con su procesador x86 para ordenadores personales, el resultado suele ser el dominio del mercado durante décadas. Las empresas que no lo logran, como PowerPC (con sus procesadores RISC) y Digital Equipment (con su arquitectura Alpha), se ven relegadas al basurero de la historia de la informática en pocos años.

La primera impresión es importante. Si Nvidia hubiera lanzado inicialmente CUDA solo para estaciones de trabajo de gama alta y no hubiera proporcionado suficiente soporte de software, los desarrolladores podrían haberlo encasillado como una herramienta destinada únicamente a un reducido grupo de profesiones técnicas.

—No se puede simplemente lanzar una tecnología al mercado y esperar que [la gente] la adopte —señala el ejecutivo de marketing Lee Hirsch—. No se puede decir simplemente: «Aquí tienen nuestra nueva GPU, disfrútenla».

En vez de eso, Nvidia tendría que hacer dos cosas: poner CUDA a disposición de todo el mundo y hacer que fuera aplicable a todo. Jensen insistió en que se lanzara CUDA en toda la gama de productos de Nvidia, incluida su línea GeForce de GPU para juegos, de modo que estuviera ampliamente disponible a un precio relativamente asequible. Esto garantizaría que CUDA fuera sinónimo de GPU, o al menos de GPU de Nvidia. Jensen comprendió la importancia no solo de lanzar una nueva tecnología, sino también de saturar el mercado con ella. Cuanta más gente dispusiera de CUDA, más rápido se establecería como tecnología estándar.

—Deberíamos impulsar esto en todas partes y convertirlo en una tecnología fundamental —dijo al equipo de CUDA.

La medida resultó extremadamente costosa. Nvidia presentó el NV50, que había sido rebautizado oficialmente como G80 para su uso en su línea de tarjetas gráficas GeForce, junto con CUDA en noviembre de 2006. Sería el primer chip GPU de la empresa con función informática. El G80 contaba con 128 núcleos CUDA, es decir, circuitos de hardware adicionales que se utilizan para soportar la funcionalidad CUDA. La GPU era capaz de ejecutar miles de subprocesos informáticos simultáneamente en esos núcleos utilizando una función de multihilo de hardware. En comparación, la CPU Core 2 principal de Intel en ese momento solamente tenía hasta cuatro núcleos informáticos.

Nvidia invirtió una enorme cantidad de tiempo y dinero en la creación del G80. Se tardó cuatro años en desarrollar el chip de computación GPU, en vez del intervalo de un año entre generaciones de chips GeForce. El coste ascendió a la astronómica cifra de 475 millones de dólares,[123] lo que supuso alrededor de un tercio del presupuesto total de investigación y desarrollo de Nvidia para cuatro años.

Eso fue solo para una versión de las GPU compatibles con CUDA. La empresa invirtió tanto en convertir sus GPU para que fueran compatibles con CUDA que su margen bruto, una medida de su rentabilidad, cayó del 45.6 por ciento en el año fiscal 2008 (que abarca de enero de 2007 a enero de 2008) al 35.4 por ciento en el año fiscal 2010. A medida que Nvidia aumentaba el gasto en CUDA, la crisis financiera mundial destruyó la demanda de los consumidores de productos electrónicos de alta gama, así como la demanda corporativa de estaciones de trabajo con GPU. La combinación de estas presiones provocó que el precio de las acciones de Nvidia cayera más de un 80 por ciento entre octubre de 2007 y noviembre de 2008.

123. Lal Shimpi, Anand, «Nvidia's GeForce 8800», *Anandtech*, 8 de noviembre de 2006.

—CUDA añadió un montón de costes a nuestros chips —reconoció Jensen—.[124] Teníamos muy pocos clientes para CUDA, pero hicimos que todos los chips fueran compatibles con CUDA. Se puede echar la vista atrás y ver nuestros márgenes brutos. Empezaron siendo bajos y fueron empeorando.[125]

Aun así, creía tan firmemente en el potencial de mercado de CUDA que se mantuvo fiel al rumbo que había elegido, incluso cuando sus inversores exigieron un cambio estratégico.

—Creía en CUDA. Estábamos convencidos de que la computación acelerada resolvería problemas que los ordenadores normales no podían resolver. Teníamos que hacer ese sacrificio. Creía profundamente en su potencial.

Sin embargo, tras su lanzamiento, el G80 no logró ganar terreno, a pesar de las críticas entusiastas de publicaciones tecnológicas como *WIRED* y *Ars Technica*.[126] Un año después de su lanzamiento, unos cincuenta analistas financieros acudieron a la sede de Nvidia, ahora en Santa Clara, para escuchar a Jensen y al equipo de relaciones con los inversores de la empresa presentar sus argumentos sobre por qué Wall Street debía seguir creyendo en Nvidia cuando todo apuntaba a que iba por mal camino.

Durante toda la mañana, la dirección proporcionó detalles sobre sus planes para expandir la computación GPU de alto rendimiento a nuevos mercados, como las aplicaciones de investigación industrial y médica. La empresa estimó que el mercado de la computación GPU crecería hasta superar los 6 000 millones de dólares en pocos años, a pesar de que en ese momento era prácticamente inexistente. En concreto, Nvidia preveía una demanda de centros de datos empresariales alimentados principalmente por GPU y por ello había contrata-

124. «A Conversation with Nvidia's Jensen Huang», Stripe Sessions 2024, 24 de abril de 2024, video, 01:04:49.

125. «No Priors Ep. 13 | With Jensen Huang, Founder & CEO of NVIDIA», No Priors: AI, Machine Learning, Tech, & Startups, 25 de abril de 2023, video. Disponible en <https://www .youtube .com/watch?v=ZFtW3g1dbUU>.

126. Beschizza, Rob, «nVidia G80 Poked and Prodded. Verdict: Fast as Hell», *WIRED*, 3 de noviembre de 2006; Stokes, Jon, «NVIDIA Rethinks the GPU with the New GeForce 8800», *Ars Technica*, 8 de noviembre de 2006.

do a Andy Keane, que tenía una amplia experiencia en el desarrollo de negocios de hardware y marketing de productos en varias empresas emergentes, para dirigir una nueva división dedicada a ellos. Tras las presentaciones de la mañana, quedó claro que el grupo de analistas se mostraba escéptico con respecto a CUDA y lo veía principalmente en términos del impacto negativo que estaba teniendo en los márgenes de beneficio de Nvidia.

El almuerzo se celebró bajo una carpa en el aparcamiento: un bufé con sándwiches, agua embotellada y refrescos. Un analista de Hudson Square Research llamado Daniel Ernst cogió algo de comida y se sentó en una mesa vacía. Pronto se le unieron otros analistas y, finalmente, también Jensen. Los analistas comenzaron a bombardear al director ejecutivo con preguntas sobre las finanzas a corto plazo; querían saber el impacto exacto de CUDA en los márgenes de beneficio de la empresa, dado que Nvidia estaba a punto de pasar a una nueva tecnología de fabricación para su próxima generación de chips. Todo ello era material que Jensen ya había tratado ese mismo día, y reiteró diligentemente las previsiones oficiales de la empresa, que apuntaban a un aumento eventual de los márgenes a largo plazo tras el impacto a corto plazo de la investigación y el desarrollo. Esto no satisfizo a los analistas, que seguían centrados en los próximos meses, y no en los próximos años.

Ernst sintió que Jensen se estaba frustrando y que pronto se levantaría de la mesa, así que decidió preguntarle algo diferente.

—Jensen, tengo una hija de dos años en casa. Compré una nueva cámara DSLR Sony A100 y suelo descargar fotos en mi Mac para editarlas un poco en Photoshop. Pero cada vez que lo hago, mi Mac se ralentiza en cuanto abro una de esas imágenes de alta resolución. En mi ThinkPad es aún peor. ¿Puede una GPU resolver este problema?

Los ojos de Jensen se iluminaron.

—No escribas sobre esto porque aún no se ha publicado, pero Adobe es socio nuestro. Adobe Photoshop con CUDA puede indicar a la CPU que descargue la tarea a la GPU y hacerla mucho más rápida —dijo—. Eso es exactamente a lo que me refiero con la llegada de la «era de la GPU».

Ernst, al menos, quedó impresionado. Se dio cuenta de que CUDA no era una moda pasajera, sino que podía ser fundamental para el futuro de Nvidia. Le irritaban las preguntas de otros analistas sobre el perfil financiero de la empresa. Estaba contento de que Nvidia estuviera dispuesta a sacrificar el margen a corto plazo para aprovechar mejor el enorme potencial de CUDA. La «era de la GPU» crearía tantas oportunidades que Jensen consideró que su misión era preparar a Nvidia para aprovecharlas, aunque nadie pudiera saber exactamente cuáles serían esas oportunidades. Todo lo demás, incluidas las preocupaciones financieras de la empresa, era totalmente secundario.

No sería fácil hacer coincidir la visión de Jensen con la realidad del mercado. Nvidia había resuelto los problemas de producto y producción, pero ahora Jensen pidió a su equipo que buscara formas de crear un mercado para CUDA, para «resolver todo el problema», como él mismo dijo. Esto requeriría un análisis sistemático de las necesidades de todos los sectores, desde el entretenimiento hasta la sanidad y la energía, y no solo analizar la demanda potencial, sino también averiguar cómo liberarla mediante aplicaciones especiales centradas en la GPU en cada campo. Si los desarrolladores aún no sabían qué hacer con CUDA, Nvidia les enseñaría.

Durante varios años, el científico jefe de Nvidia, David Kirk, había estado recibiendo solicitudes de las principales universidades del país, que pedían apoyo al fabricante de chips.

Nvidia vio una oportunidad única para ayudar a las universidades e impulsar la adopción de sus GPU. Tras varias donaciones puntuales, Kirk formalizó un programa con Caltech, la Universidad de Utah, Stanford, la Universidad de Carolina del Norte en Chapel Hill, Brown y Cornell. Nvidia proporcionaría tarjetas gráficas y donaciones económicas a las universidades y, a cambio, estas utilizarían el hardware de Nvidia en las clases de programación gráfica.

—No fue algo totalmente desinteresado —contaba Kirk—. Queríamos que utilizaran nuestro hardware en lugar del de AMD para su enseñanza.[127]

El programa resolvió un problema recurrente que Nvidia tenía con su programa de donaciones a universidades. Cada vez que donaba en efectivo, las universidades cobraban gastos generales o administrativos, lo que reducía el impacto de la donación en la investigación real. Al cambiar a un modelo de donación más basado en hardware, Nvidia pudo garantizar que fueran los estudiantes, y no los administradores, quienes obtuvieran los mayores beneficios de la ayuda de la empresa.

Anteriormente, Nvidia había establecido un programa de prácticas en el que algunos de los estudiantes más talentosos de las escuelas asociadas y otras instituciones podían adquirir experiencia laboral en la oficina corporativa y ser evaluados para un posible empleo en el futuro. Así fue como el ingeniero de CUDA Ian Buck entró en contacto por primera vez con Nvidia.

Kirk esperaba aprovechar estas relaciones para promocionar CUDA tras su lanzamiento. Él y su colega David Luebke pusieron en marcha un nuevo programa al que llamaron «Centro de Excelencia CUDA», que ofrecía a las escuelas equipos compatibles con CUDA si se comprometían a impartir una clase sobre el tema. Visitó universidades y explicó a los estudiantes, profesores y jefes de departamento que debían cambiar su forma de enseñar informática, ya que la computación paralela iba a cobrar mucha más importancia. Impartió más de cien charlas a lo largo de un año, en ocasiones varias en un día, por todo el mundo. Nadie se interesó por la propuesta.

—Nadie sabía programar en CUDA y nadie se dedicaba a ello —decía Kirk—. Nadie quería oír hablar de ello. Me encontraba literalmente con una pared.

Finalmente, presentó su idea a Richard Blahut, director del Departamento de Ingeniería Eléctrica e Informática de la Universidad de Illinois en Urbana-Champaign. Blahut le dijo a

127. Entrevista con David Kirk, 2024.

Kirk que era una idea realmente buena, pero que si Kirk se lo tomaba en serio, debería impartir él mismo la clase.

Kirk se negó al principio. En aquel momento vivía en las montañas de Colorado y no tenía ningún interés en dedicarse a la enseñanza, y mucho menos en Illinois. Pero Blahut insistió, añadiendo que la escuela le asignaría a uno de sus mejores profesores, Wen-mei Hwu, que solía ganar premios de enseñanza.

—Pueden impartir la clase juntos y el éxito estará garantizado, ya que Hwu puede enseñarte cómo dar la materia —le dijo—. Kirk aceptó.

En 2007, Kirk volaba cada dos semanas desde Colorado a Illinois para impartir sus clases. Al final del semestre, los estudiantes llevaban a cabo proyectos de investigación en programación CUDA y publicaban sus trabajos. Otros investigadores de todo el país comenzaron a solicitar clases y materiales didácticos a Kirk y Hwu, por lo que grabaron sus clases y publicaron sus vídeos y apuntes de forma gratuita en Internet.

Al año siguiente, Nvidia nombró a la Universidad de Illinois en Urbana-Champaign el primer Centro de Excelencia CUDA y proporcionó a la escuela más de un millón de dólares, así como treinta y dos sistemas Quadro Plex Model IV, cada uno con sesenta y cuatro GPU, las máquinas más avanzadas fabricadas por Nvidia.

—David Kirk y Wen-mei Hwu fueron los evangelistas —explicaba Bill Dally, sucesor de Kirk como científico jefe de Nvidia—. Impartieron cursos para profesores por todo el país con el objetivo fundamental de difundir la religión de la computación con GPU, y realmente tuvieron mucho éxito.

Otras escuelas se enteraron de las clases de Kirk y comenzaron a explorar cómo podrían empezar a enseñar computación paralela por sí mismas. Pero, como la de Kirk era la primera asignatura de este tipo, no existía un programa de estudios común ni un conjunto de normas ni tampoco un libro de texto que pudiera utilizarse. Así que Kirk y Hwu escribieron uno. La primera edición de *Programming Massively Parallel Processors,* publicada en 2010, vendió decenas de miles de ejemplares, se tradujo a varios idiomas y acabó utilizándose en cientos de escuelas. Fue un punto de inflexión importante para atraer la atención y el talento hacia CUDA.

Tras haber creado una vía de formación académica para CUDA, Nvidia pasó a impulsar su adopción entre los investigadores no académicos. En 2010, fuera de los departamentos académicos de informática e ingeniería eléctrica, casi nadie utilizaba las GPU para la investigación científica. Pero los videojuegos permitieron vislumbrar las posibilidades que ofrecían. Los juegos para PC, en particular los de disparos en primera persona, producían simulaciones físicas cada vez más realistas. Cuando utilizaban el procesamiento de la GPU en su función tradicional de aceleración gráfica, estos juegos calculaban la trayectoria de una bala desde el momento en que se disparaba, el efecto del viento en su trayectoria y el impacto que producía al chocar contra una pared de hormigón. Todas estas aplicaciones se basaban en diversas permutaciones de la multiplicación de matrices, la misma matemática que se utiliza para resolver problemas científicos complejos.

El director de Desarrollo Empresarial de Nvidia para el Sector de las Ciencias de la Vida, Mark Berger, fue el responsable de ampliar el uso de las GPU en química, biología y ciencia de los materiales. Siguió prácticamente el mismo plan que Oliver Baltuch había utilizado para intentar aumentar la visibilidad de Nvidia entre sus posibles socios del sector tecnológico, como vimos en el capítulo 6.

En primer lugar, regaló GPU a los investigadores y les informó sobre las importantes inversiones de Nvidia en la creación de bibliotecas de software básico y herramientas para CUDA. Aunque la empresa quizá no estuviera familiarizada con los enigmáticos problemas computacionales que podían plantear los usuarios científicos, sabía que estos preferían dedicar su tiempo a diseñar experimentos en lugar de crear las bibliotecas matemáticas básicas que todos necesitaban. Como resultado, las herramientas de desarrollo que Berger proporcionó junto con las tarjetas hicieron que la adopción de CUDA fuera mucho más rápida y le ayudaron a establecer sólidas relaciones con los científicos.

—Pude hacer de Santa Claus y enviar un montón de placas GPU a todos mis desarrolladores, y a todo el mundo le encanta Papá Noel —decía.[128]

128. Entrevista con Mark Berger, 2024.

En segundo lugar, comenzó a organizar cumbres tecnológicas anuales de dos días de duración en las que los empleados de Nvidia podían interactuar con los propios científicos y aprender de ellos. Decenas de investigadores del sector de las ciencias de la vida —ingenieros químicos, biólogos, farmacólogos, así como los desarrolladores de software que apoyaban su trabajo— llegaron a Santa Clara desde todos los rincones de Estados Unidos, pero también desde Europa, Japón y México. El primer día, los ingenieros de Nvidia les informaban sobre las futuras mejoras de CUDA, incluidos los avances en software y hardware. A continuación, los científicos y desarrolladores daban su opinión.

—Nuestros ingenieros no son clarividentes —comentaba Berger—. No saben dónde va a estar el disco de hockey. En un momento dado, tenía más de una docena de funciones que estaban en CUDA o en el hardware gracias a las aportaciones de mis desarrolladores.

Los científicos e investigadores, por su parte, apreciaron la transparencia y la disposición a escuchar de Nvidia.

—Nos veían como recursos —contaba Ross Walker, profesor de bioquímica de la Universidad de California en San Diego—. Podíamos decirles: «Necesitamos esta función», y ellos cambiaban el diseño del chip o la añadían a CUDA. Intel nunca habría hecho algo así.

Al propio Jensen le encantaba asistir a las cumbres y sentarse con usuarios reales de CUDA para conocer sus opiniones. Durante una de las primeras reuniones anuales, pronunció un discurso en el que recordó sus inicios en el sector. Cuando empezó en el diseño de chips, tenía que diseñar el silicio, recogerlo de la fábrica y examinarlo con un microscopio para ver dónde estaban los defectos.

—Tenía una gran afinidad con mis chicos... que simulaban lo que iba a suceder a nivel molecular —decía Berger.

Jensen pasó entonces a explicar cómo las simulaciones habían cambiado la industria de los chips. Él formaba parte de la primera generación de ingenieros que ejecutaban una gran cantidad de depuración virtual de chips antes de que salieran a la fabricación. Según él, se trataba de la misma revolución que

CUDA prometía traer a las ciencias. En lugar del costoso y manual proceso de diseñar y probar nuevos medicamentos en el laboratorio, podían hacerlo virtualmente con software. Las GPU con tecnología CUDA podían hacer que su investigación fuera más barata, más rápida y mucho menos propensa a errores humanos.

Era un territorio nuevo para Nvidia. Desde su primera reunión con Curtis Priem y Chris Malachowsky en el Denny's de East San José, Jensen siempre se había centrado en la importancia de definir claramente las oportunidades de mercado y desarrollar nuevas estrategias comerciales. Incluso, en 1993, tuvo que convencerse a sí mismo de que existía una oportunidad de ingresos anuales de 50 millones de dólares en el sector de los gráficos para PC si quería dejar atrás un empleo estable y cofundar Nvidia. Para sobrevivir tras el fracaso de NV1 y NV2, tuvo que recalibrar la estrategia de Nvidia para ir por lo más alto del mercado. Una vez más, la oportunidad era clara: aunque el sector de los gráficos para PC estaba muy saturado, casi nadie fabricaba chips realmente excelentes; ese sería el nicho de Nvidia. Para evitar el ciclo interminable de obsolescencia corporativa, en el cual la empresa con más ventas un año solía ser superada al año siguiente, presionó a sus equipos para que lanzaran tres chips por ciclo de diseño en lugar de solo uno. Y para diversificar las líneas de ingresos de la empresa, de modo que la débil demanda en un área no condenara a todo el negocio, se lanzó agresivamente a nuevos segmentos de mercado: a los gráficos para consolas, incluso cuando Microsoft firmó inicialmente con otro socio de chips gráficos para su Xbox; en la serie Macintosh de Apple, a pesar de que Nvidia tenía poca experiencia con la arquitectura Mac, e incluso en las estaciones de trabajo profesionales que inicialmente había rechazado, con su línea Quadro optimizada para el diseño asistido por ordenador.

Ahora, sin embargo, Jensen había supervisado la invención de una tecnología informática completamente nueva en la GPU y tenía que crear un mercado para ella desde cero. Se dio cuenta de que la oportunidad podía ser astronómicamente alta, que podía desbloquear un gran potencial no solo en los videojuegos,

202 · El método Nvidia

sino también en los negocios, la ciencia y la medicina. Para hacer realidad ese potencial y crear su mercado, tendría que desarrollar un conjunto de habilidades completamente nuevo y enseñar a la empresa, a sus inversores y a sí mismo el valor de la paciencia y la perseverancia en un sector que siempre esperaba la siguiente gran novedad en un plazo muy breve.

El profesor Ross Walker creó uno de los nuevos usos de las GPU en forma de un programa de biotecnología llamado Assisted Model Building with Energy Refinement (AMBER). El programa simula proteínas en sistemas biológicos y se ha convertido en una de las aplicaciones más populares utilizadas por académicos y empresas farmacéuticas para investigar nuevos fármacos. Originalmente se diseñó para ordenadores de alta potencia, por lo que su alcance se limitaba a los pocos grupos de investigación mejor financiados del mundo. Pero Walker vio que podía funcionar con poco más que unas pocas GPU de consumo trabajando en conjunto, y esto lo ha convertido en una de las herramientas más utilizadas en las biociencias. El software cuenta con más de mil licencias universitarias y comerciales y aparece citado en más de mil quinientas publicaciones académicas al año. Y debe su éxito a su compatibilidad con la arquitectura CUDA de Nvidia.

Walker obtuvo una licenciatura en Química y un doctorado en Química Computacional en el Imperial College de Londres. A continuación, trabajó en el Instituto de Investigación Scripps de San Diego como becario posdoctoral y como investigador científico, investigando software de simulación computacional centrado en reacciones enzimáticas. Una noche, en un bar, coincidió con algunos empleados del Centro de Supercomputación de San Diego y se presentó.

—Te conocemos —le dijeron—. Tu nombre está escrito en nuestra pizarra como la persona que utiliza toda nuestra potencia informática.

A Walker le ofrecieron el puesto de director del Departamento de Biociencias del centro, con sede en la Universidad de

California, San Diego. Él aceptó. Sin embargo, aunque continuó su trabajo en AMBER y fue nombrado profesor, cada vez estaba más desilusionado con el proceso académico, especialmente en lo que se refería a la asignación de los valiosos recursos informáticos.

Formaba parte del comité que revisaba las propuestas y concedía tiempo en los ordenadores del centro a los equipos de investigación ganadores. En cada sesión había normalmente cincuenta propuestas que leer, y la mayoría de los miembros del comité solo dedicaban unos minutos a debatir cada una de ellas. Era desmoralizador.

—Sé que la gente dedica tres meses de su vida, su sangre, sudor y lágrimas a redactarlas, y nosotros dedicamos cinco minutos a decidir su destino —dijo.

La mayoría de las propuestas eran rechazadas: las tasas de financiación eran bajas.

Peor aún, la capacidad computacional de los superordenadores tendía a destinarse a aquellas personas y grupos que ya habían alcanzado el éxito. Científicos famosos como Klaus Schulten, que desarrolló modelos informáticos capaces de simular estructuras proteicas y víricas hasta el nivel atómico, y Greg Voth, que desarrolló algoritmos de teoría multiescala que podían simular el comportamiento de sistemas biomoleculares complejos, tenían prioridad, según la opinión de Walker.

—Pero la razón por la que pudieron escribir esos famosos artículos fue porque disponían de tiempo en los superordenadores —precisó Walker—. Otras personas que tenían grandes ideas nunca tuvieron ese tiempo y no pudieron dejar su huella. No se trataba de lo buena que fuera tu ciencia, sino de si podías acceder al tiempo de computación.

Era una situación sin salida: la única forma de obtener recursos de supercomputación era haber obtenido ya recursos de supercomputación.

Walker recuerda haber rechazado una vez una solicitud de Schulten para obtener tiempo prioritario de emergencia en el superordenador para trabajar en simulaciones de dinámica molecular del virus H1N1, conocido popularmente como gripe porcina, durante el brote de 2009. Sabía que cualquier investigación exploratoria tardaría años en dar lugar a un medicamento y, por lo tanto, no cambiaría el resultado de la pandemia. Pero la decisión de Walker fue revocada, y él creía que fue así porque Schulten pudo mover algunos hilos políticos.

Para Walker, era solo otro ejemplo de cómo los recursos limitados, junto con la política y la burocracia del mundo académico, habían creado un cuello de botella que restringía el progreso de todo un campo de estudio. Estaba desanimado; quería que la potencia informática estuviera disponible en función del mérito, pero no había forma de cambiar la dinámica imperante, en la que todo pasaba por un pequeño número de superordenadores extremadamente potentes, pero también extremadamente caros. Vio la necesidad de un nuevo tipo de tecnología que hiciera más accesible la potencia informática.

—Esa fue mi fuerza motriz —dijo.

Inicialmente, consideró la posibilidad de encargar circuitos integrados específicos para aplicaciones, también conocidos como ASIC, que estuvieran optimizados específicamente para AMBER. Pero, aunque eran menos caros que los superordenadores, seguían costando decenas de miles de dólares cada uno, y los investigadores tendrían que gastar aún más para construir ordenadores especiales para su entorno. Incluso si pudiera encontrar un diseñador y un fabricante, la mayoría de los investigadores no podrían permitirse comprar los chips. Y los que pudieran hacerlo probablemente tendrían fácil acceso a un superordenador de todos modos.

Entonces, Walker se fijó las consolas de videojuegos y decidió que la mejor opción era la serie PlayStation de Sony. Pero aquí también se topó con un obstáculo. Aunque las PlayStation eran bastante baratas, Sony dificultaba el pirateo del firmware y el software de la consola. Walker no tenía forma de utilizarlas para fines distintos al juego.

Sin embargo, pensar en la PlayStation le dio una idea. Aunque nunca logró hackear la consola, su investigación sobre sus capacidades gráficas lo convenció de que los chips gráficos de venta al público eran lo suficientemente potentes como para ejecutar AMBER. Todo lo que necesitaba era una plataforma abierta que pudiera programar. Se dio cuenta de que las estaciones de trabajo de su laboratorio, las que sus colegas utilizaban para crear visualizaciones en 3D, tenían GPU de alta gama comparables a las de la PlayStation. Aunque las estaciones de trabajo costaban decenas de miles de dólares cada una, estaban un paso más cerca del hardware de consumo en el que quería que se ejecutara AMBER. Quizás podrían servir como prueba de concepto.

Primero experimentó con el lenguaje de programación Brook, creado por Ian Buck. Desarrolló sus primeras pruebas en tarjetas gráficas fabricadas para la serie Radeon de AMD, el principal competidor de Nvidia. Sin embargo, estas tarjetas tenían un software poco maduro y no eran fáciles de programar. Entonces, habló con Nvidia sobre la posibilidad de utilizar su arquitectura CUDA para ejecutar sus modelos de dinámica molecular.

Era la combinación perfecta. Walker descubrió que CUDA era un entorno de programación mucho más fácil de manejar, mientras que Nvidia vio la oportunidad de ampliar su alcance al mundo de la informática científica. La empresa proporcionó a Walker los recursos técnicos necesarios para rediseñar AMBER, de modo que no solo pudiera funcionar con CUDA, sino que también aprovechara al máximo sus capacidades informáticas.

—Desde el primer día tomamos la decisión de trasladar todo a la GPU, para que la CPU dejara de ser relevante —explicaba Walker.

En 2009, Walker lanzó la primera versión de AMBER compatible con GPU. Funcionaba hasta cincuenta veces más rápido que la versión anterior.

Walker había roto el yugo de los burócratas académicos y había hecho realidad su sueño de democratizar la potencia informática. CUDA permitió a los científicos llevar a cabo importantes experimentos con hardware asequible, en lugar de depender de los costosos y escasos recursos de supercomputación de unas pocas universidades de élite. Por primera vez, las decenas de miles de posdoctorados que utilizaban AMBER podían llevar a cabo importantes experimentos de computación científica en su propio hardware, a su propio ritmo y sin tener que competir con las eminencias de sus campos, una competencia en la que inevitablemente saldrían perdiendo. Los estudiantes podían equipar un PC con unas cuantas tarjetas GeForce de Nvidia para juegos y disponer de una máquina enormemente potente a un precio razonable.

—Se podía comprar una CPU de 100 dólares y cuatro tarjetas GeForce de 500 dólares y tener una estación de trabajo tan potente como un rack completo de servidores. Fue un cambio revolucionario.

En su informe anual de 2010, Nvidia mencionó el éxito de AMBER en la parte superior de su análisis sobre los productos de «computación de alto rendimiento». Apareció por encima de otros anuncios importantes, como su asociación con Hewlett-Packard, el lanzamiento de un nuevo «paquete de software sísmico» basado en GPU para la prospección petrolera y el uso de GPU por parte de «la división de banca de inversión de una institución financiera europea líder». Para consolidar aún más la relación entre Walker y Nvidia, la empresa lo nombró en noviembre de 2010 miembro del programa CUDA Fellows, que reconocía a los líderes académicos y de investigación por su «trabajo excepcional» en el uso de CUDA dentro de sus disciplinas y en la difusión de la plataforma. Tal y como había predicho Jensen, las GPU estaban haciendo que la informática avanzada fuera mucho más accesible y barata, lo que a su vez hacía que un programa como AMBER fuera mucho más accesible. Y la adopción generalizada de AMBER transformó la forma en que todo el campo de la dinámica molecular llevaba a cabo la investigación.

Sin embargo, había un tema en el que Walker y Nvidia discrepaban. Walker estaba acostumbrado a tratar con instituciones académicas, cuya principal prioridad era el avance del conocimiento científico. Nvidia era una empresa, con objetivos de ingresos que cumplir e inversores a los que satisfacer, por lo que los ejecutivos de la empresa no esperaban que Walker consiguiera que AMBER funcionara de forma tan económica. La división de computación de alto rendimiento de Nvidia comenzó a recomendar a los científicos que utilizaran las tarjetas gráficas Tesla de gama alta de la empresa, que se vendían por unos 2 000 dólares, cuatro veces más caras que las tarjetas GeForce que solía utilizar Walker. La empresa afirmó que basaba esta recomendación en la falta de funciones de corrección de errores de la línea GeForce, lo que podía hacer que los resultados de AMBER fueran vulnerables a la acumulación de pequeños pero perjudiciales errores matemáticos. Las funciones de autodetección y autocorrección de la línea Tesla no estaban disponibles en las tarjetas GeForce, más económicas.

Walker no estaba de acuerdo. Materializó una serie de pruebas que demostraron que la falta de corrección de errores de la línea GeForce no causaba ningún problema con los resultados de AMBER. A continuación, se propuso demostrar prácticamente lo contrario: que las funciones de corrección de errores de la línea Tesla eran superfluas, al menos para AMBER. Se puso en contacto con algunos de sus conocidos que trabajaban en el Laboratorio Nacional de Los Álamos, una de las instalaciones de investigación más importantes del Departamento de Energía y donde se desarrolló la bomba atómica, para que realizaran las mismas pruebas con tarjetas Tesla, solo para ver cuántos errores necesitaban corregir realmente. No hubo diferencia entre el rendimiento de las tarjetas GeForce, más baratas, y las tarjetas Tesla, más caras. Claramente, tal y como él lo veía, Nvidia estaba tratando a AMBER como una oportunidad para vender más tarjetas, tanto como una oportunidad para avanzar en la tecnología de simulación molecular.

—El argumento de Nvidia era que no se podía confiar en los resultados. Yo tengo datos que demuestran que sí se puede —señaló Walker—. Realizamos estas simulaciones durante dos semanas y no observamos ni un solo error ECC. Se trata del peor entorno posible, en la cima de una montaña, junto a un laboratorio nuclear. La radiación es la más alta que se puede encontrar en Estados Unidos. Aun así, no se produjo ningún error.

El conflicto entre Walker y Nvidia se intensificó. Primero, Nvidia cambió el nivel de precisión matemática de sus tarjetas gráficas, lo que tuvo un efecto imperceptible en los juegos de PC, pero potencialmente catastrófico para las herramientas de investigación que dependían de las tarjetas para los cálculos avanzados. En respuesta, Walker y los desarrolladores de AMBER encontraron una forma de sortear el cambio de precisión, de modo que pudieran seguir ejecutando sus simulaciones en GeForce sin problemas de exactitud. A continuación, Nvidia comenzó a imponer controles de compra de tarjetas GeForce a sus proveedores, lo que dificultaba a personas como Walker comprar grandes cantidades de ellas en un solo pedido. Walker criticó esta medida en la lista de correo global de usuarios de AMBER, calificándola de «una tendencia muy preocupante que podría perjudicarnos a todos y tener graves repercusiones en nuestra productividad científica y en la ciencia en general».

Se sentía cada vez más frustrado con el intento de Nvidia de sacarle más dinero, cuando él había hecho tanto para que CUDA fuera algo más que un producto nicho para desarrolladores y académicos con muchos recursos. La arquitectura no habría tenido tanto éxito si Nvidia hubiera restringido su uso a tarjetas que cuestan miles de dólares; habría sido casi tan caro usar CUDA como diseñar un ASIC personalizado.

—Una de las claves del éxito de Nvidia fue permitir que CUDA se ejecutara en tarjetas GeForce, lo que permitió a los científicos con pocos recursos desarrollar un trabajo equivalente al de aquellos que disponían de ordenadores multimillonarios —me contó años más tarde—. Una vez que alcanzó una masa crítica, poco a poco fueron endureciendo las restricciones en GeForce y dificultando su uso.

Walker se incorporó más tarde a GlaxoSmithKline, la empresa farmacéutica y biotecnológica, como director de Informática Científica. Lo primero que hizo fue construir un clúster de centros de datos utilizando miles de tarjetas gráficas GeForce para juegos, que solo costaban unos 800 dólares cada una.

Esto llamó la atención de Kimberly Powell, vicepresidenta de atención sanitaria de Nvidia, quien llamó a Walker y le dijo:

—Ahora estás en GSK. Tienes que comprar nuestros productos empresariales.

—No —respondió Walker—. Debo hacer lo que sea mejor para mi empresa. Ese es mi trabajo.

Jensen no se disculpó por el enfoque agresivo de Nvidia en la venta de chips. De hecho, insistió en que los vendedores adoptaran la misma postura con todos los clientes, independientemente de su tamaño.

Derik Moore era conocido como uno de los mejores vendedores del sector cuando Nvidia lo fichó de ATI. Recordaba haber recibido una llamada de un ejecutivo de Nvidia que le dijo:

—Llevas más de un año dándome una paliza, así que nos preguntamos si te gustaría venir a trabajar para Nvidia.[129]

Moore gestionaba las ventas a grandes empresas informáticas como Hewlett-Packard, que compraba grandes cantidades de GPU para sus líneas de ordenadores personales y portátiles. Nvidia quería que se llevara su cartera de clientes, y estaba dispuesta a pagar generosamente por ello. En ATI, ganaba alrededor de 125 000 dólares al año, lo que en 2004 estaba muy por encima del salario medio de un representante de ventas. Durante el proceso de selección, Nvidia le ofreció casi el doble.

Pronto descubrió por qué. Mientras aún trabajaba en ATI, una vez pasó por delante de la sede de Nvidia alrededor de las 7 de la mañana y vio que la oficina estaba casi llena. Su jefe, que iba con él en el coche, comentó:

—Vaya, deben de estar teniendo una reunión nocturna.

Una vez dentro, se dio cuenta de que las «reuniones nocturnas» eran la norma y no la excepción. Empezó a trabajar regularmente los fines de semana, algo que nunca había hecho en ATI. Recuerda que se vio obligado a participar en una conferencia telefónica en Nochebuena para discutir un déficit en las ventas y qué podía hacer la empresa para recuperar el negocio. No tenía tiempo personal ni ningún día que fuera realmente suyo. Sin em-

129. Entrevista con Derik Moore, 2024.

bargo, el ver que el compromiso que se esperaba de él también se esperaba de todos los demás, hasta de Jensen, hizo que el sacrificio fuera más fácil.

—Había un sentido de dedicación y trabajo duro que resonaba en toda la organización. La ética de trabajo era contagiosa.

El trabajo duro no siempre era suficiente para protegerlo de las críticas de Jensen. A los pocos años de llegar a Nvidia, el trabajo de Moore con la división de servidores de HP había aumentado las ventas anuales a HP de 16 millones de dólares a 250 millones. Un día, dos altos ejecutivos del grupo de servidores de HP acudieron a la sede de Nvidia. Dado que eran de alto rango, Jensen preguntó si podía unirse a la reunión. Moore estaba encantado de tenerlo allí.

El negocio de los servidores era más arriesgado que las ventas generales a empresas, ya que las tarjetas que Nvidia vendía para tales fines se utilizaban a menudo para aplicaciones empresariales de misión crítica y, por lo tanto, debían ser más fiables. Los clientes también eran más litigiosos. Los ejecutivos de HP preguntaron si Nvidia ofrecería a HP una indemnización ilimitada en caso de demandas judiciales si algo salía mal; básicamente pidieron a Nvidia que asumiera todo el riesgo legal si las GPU defectuosas causaban un fallo en los servidores de HP. Esto sorprendió a Moore, que no sabía que los ejecutivos de HP iban a iniciar una negociación legal. Se alegró de que Jensen estuviera presente en la reunión para responder a la pregunta inesperada.

Jensen señaló el problema que planteaba la responsabilidad ilimitada: el chip gráfico es una pequeña parte del servidor, por lo que Nvidia no podía indemnizar el valor total del servidor. Hacerlo supondría un riesgo financiero enorme e irrazonable. En su lugar, propuso que Nvidia vinculase la indemnización a algo más concreto: el volumen de negocio anual que el grupo de servidores generaba con su empresa. Si HP gastaba 10 millones de dólares al año en tarjetas, Nvidia les indemnizaría con hasta 10 millones de dólares en caso de fallo de los componentes. La protección aumentaría a medida que creciera el negocio. Los ejecutivos de HP aceptaron el acuerdo en el acto y Moore salió de la reunión satisfecho con el resultado.

Después, se dirigió a Jensen.

—Gracias por venir a la reunión. Te lo agradezco mucho —dijo Moore.

Jensen, sin embargo, vio la reunión de otra manera.

—Ha terminado bien, pero, Derik, déjame decirte cuál ha sido tu error.

El comentario sorprendió a Moore.

—Me asustó muchísimo —recordó.

—El error aquí fue que no nos dijiste de antemano lo que la empresa iba a pedir —dijo Jensen—. A nadie le gustan las sorpresas. *No* dejes que eso vuelva a suceder.

Jensen se refería a sus vendedores como los «boinas verdes» de Nvidia. Necesitaba que fueran autosuficientes y agresivos. Moore no había logrado cumplir con las expectativas de Jensen para el puesto: que cada vendedor se convirtiera en el «director ejecutivo de sus cuentas». Cuando se reunían con sus clientes, tenían que saber más sobre los negocios de esos clientes que los propios clientes. Tenían que anticipar cuánto estaban dispuestos a pagar estos por los productos superiores de Nvidia. Jensen, por su parte, les proporcionaría todos los recursos necesarios: los «refuerzos» detrás de la vanguardia de élite.

Uno de estos grupos de «refuerzos» era el de los ingenieros de tecnología para desarrolladores, que actuaban como consultores y expertos en implementación de los productos. A veces visitaban a los clientes para solucionar los problemas que surgían o para averiguar cómo conseguir que un programa concreto funcionara mejor en las GPU de Nvidia. Estos ingenieros se aseguraban de que el mayor número posible de socios supiera cómo utilizar las tarjetas de Nvidia para obtener el máximo rendimiento.

Todo esto tenía un coste adicional para los clientes. La empresa nunca rebajaba el precio de sus chips, ni siquiera para igualar los precios de sus competidores, a menos que obtuviera algo a cambio: una pegatina en el ordenador de un socio, un logotipo en la pantalla de inicio.

—No vendemos al precio de coste. No creemos que nuestros productos sean mercancías —le dijo el director de Ventas de Moore—. Creemos que aportamos un valor excepcional al cliente y obtenemos valor para nuestra marca.

A Jensen no le gusta describir la estrategia en torno a CUDA como la construcción de un «foso». Prefiere centrarse en los clientes de Nvidia, en cómo la empresa ha trabajado para crear una «red» sólida y autorreforzada que ayuda a los usuarios de CUDA. De hecho, CUDA es una historia de éxito increíble. Hoy, hay más de 5 millones de desarrolladores de CUDA, 600 modelos de IA, 300 bibliotecas de software y más de 3 700 aplicaciones aceleradas por GPU CUDA. Hay alrededor de 500 millones de GPU de Nvidia compatibles con CUDA en el mercado. La plataforma también es compatible con versiones anteriores, lo que significa que los desarrolladores pueden estar seguros de que cualquier inversión en la creación de software será utilizable en futuros chips.

—Todas las tecnologías que se crean sobre la base de Nvidia se acumulan —explica—. Si se ha sido uno de los primeros y se ha mantenido la intención de ayudar al ecosistema a tener éxito juntos, se acaba teniendo esta red de redes y todos estos desarrolladores y clientes que se han creado a su alrededor.[130]

Nvidia invirtió mucho en el aprendizaje profundo desde el principio, dedicando recursos importantes a crear marcos y herramientas compatibles con CUDA. Este enfoque proactivo dio sus frutos cuando la inteligencia artificial explotó a principios de la década del 2020, porque Nvidia ya era la opción preferida de los desarrolladores de IA en todas partes. Los desarrolladores quieren crear aplicaciones de IA lo más rápido posible con un riesgo técnico mínimo, y la plataforma de Nvidia tiene muchas más probabilidades de presentar menos problemas técnicos, ya que la comunidad de usuarios lleva más de

130. «NVIDIA CEO Jensen Huang», *Acquired*, 15 de octubre de 2023, video, 49:42.

una década corrigiendo errores y buscando optimizaciones. Otros proveedores de chips de IA nunca tuvieron realmente una oportunidad.

—Si tienes aplicaciones de IA basadas en CUDA y GPU de Nvidia, pasar a Cerebras, AMD o, sea lo que sea, es una tarea titánica —señala Leo Tam, director de Ingeniería de Amicus.ai y antiguo investigador científico de Nvidia—. No se trata solo de trasladar tus programas a chips diferentes. No es tan sencillo. Como usuario, puedo decirte que nunca funcionan a la perfección. No merece la pena. Ya estoy trabajando en noventa y nueve problemas para mi *start-up*. No necesito otro problema más.

Nvidia vio la oportunidad desde el principio y la aprovechó. Amir Salek, antiguo director de Ingeniería de Hardware de Nvidia, comentó que esta fue muy rápida a la hora de integrar importantes bibliotecas de software de IA en CUDA, de modo que los desarrolladores pudieran utilizar fácilmente las últimas innovaciones en este campo sin perder tiempo creando o integrando sus propias herramientas de software.

—Si querías escribir un nuevo modelo o algoritmo de IA, CUDA te daba acceso a componentes de biblioteca altamente optimizados y listos para usar, en lugar de tener que entrar en detalles tan minuciosos como mover bits de aquí para allá —dijo Salek.[131]

Por estas y otras razones, es difícil describir la acción de Nvidia como algo distinto a la construcción de una ventaja competitiva. Nvidia creó una GPU de uso general que representó el primer gran avance en la aceleración computacional desde la invención de la CPU. La capa programable de la GPU, CUDA, no solo era fácil de usar, sino que también abrió un amplio abanico de funciones en los sectores científico, técnico e industrial. A medida que más personas aprendían CUDA, aumentaba la demanda de GPU. A principios de la década del 2010, el mercado de las GPU de uso general, que antes parecía moribundo, parecía estar en ascenso.

131. Entrevista con Amir Salek, 2023.

La brillantez estratégica de Jensen garantizó que los competidores tuvieran dificultades para entrar en un mercado que Nvidia había creado y que se basaba en su hardware y software patentados.

La posición actual de Nvidia, tanto entre los diseñadores de chips como en las economías nacionales y mundiales, parece inexpugnable. Como dijo Amir Salek: «La fortaleza *es* CUDA».

9

Torturado hasta alcanzar la grandeza

La empresa que creó CUDA y abrió el camino a la era de la informática de uso general en GPU tenía mucho en común con la empresa fundada en una mesa de Denny's en 1993. Seguía valorando por encima de todo la habilidad técnica y el máximo esfuerzo. Seguía tomando decisiones estratégicas a largo plazo en lugar de intentar sacar partido al precio de sus acciones enseguida. Seguía operando con la paranoia necesaria de una empresa líder en un sector volátil, tratando siempre de corregir el rumbo antes de empezar a caer en la irrelevancia y la obsolescencia. Y su director general seguía gestionando la empresa directamente, involucrándose profundamente en las decisiones sobre productos, las negociaciones de ventas, las relaciones con los inversores y mucho más.

Sin embargo, lo que sí había cambiado era la relación de Jensen con sus empleados. En 2010, Nvidia ya no era la empresa emergente con unas pocas docenas de empleados en nómina, donde podía pasar todo el tiempo que quisiera con cada uno de ellos, independientemente de su nivel o función laboral. Ahora contaba con 5 700 empleados y, aunque muchos de ellos trabajaban en la sede central de Santa Clara, tenía oficinas satélite en toda Norteamérica, Europa y Asia.[132] Jensen había aprendido

132. Nvidia Corporation, «Letter to Stockholders: Notice of 2010 Annual Meeting», Estados Unidos, Nvidia, abril de 2010.

que la cultura corporativa tendía a atrofiarse a medida que más personas de más lugares se incorporaban a la empresa, y que una cultura atrofiada podía perjudicar la calidad del producto, como había pasado con el ventilador «soplador de hojas» de la GeForce FX 5800 Ultra basada en NV30. Siempre había intentado dar *feedback* directo a sus empleados en la medida de lo posible cuando la empresa era pequeña, con el fin de reforzar constantemente sus principios y asegurarse de que todos tuvieran una idea clara y de lo que se esperaba de ellos. Pero, en la nueva y más grande Nvidia, descubrió que era difícil llegar a todos ellos de forma constante.

Jensen decidió ofrecer a los empleados de Nvidia críticas más directas en reuniones grandes, para que más personas pudieran aprender de un solo error.

—Lo hago allí mismo. Te doy mi opinión delante de todos. La opinión es aprendizaje. ¿Por qué eres la única persona que debe aprender esto? Tú creaste las condiciones debido a algún error que cometiste o alguna tontería que hiciste. Todos debemos aprender de esta oportunidad.

Jensen mostraba su característica franqueza e impaciencia en todos los entornos. A menudo reprendía a la gente durante quince minutos seguidos, independientemente del lugar.

—Lo hace todo el tiempo. Ni solo en reuniones de toda la empresa, sino durante reuniones más pequeñas o de coordinación —contaba un exejecutivo de Nvidia—. No puede dejarlo pasar. Tiene que castigar un poco.

Un ejemplo muy conocido ocurrió cuando Nvidia estaba dando sus primeros pasos en el mercado de los celulares y las tabletas, con el chip Tegra 3. En una reunión general de la empresa en 2011, Jensen pidió al cámara que enfocara repetidamente al director del proyecto Tegra 3, un hombre llamado Mike Rayfield, mientras Jensen le daba su opinión. Mientras todos los asistentes veían claramente el rostro de Rayfield, Jensen se lanzó contra él.

—Mike —le dijo—, tienes que terminar Tegra. Tienes que sacar Tegra al mercado. Chicos, este es un ejemplo de cómo no se debe dirigir un negocio.

—Fue lo más vergonzoso y humillante que he visto nunca —afirmó otro antiguo empleado de Nvidia.

Cuando se le preguntó sobre el incidente, Rayfield respondió más tarde en un correo electrónico: «Esa no fue la única paliza que me dio [Jensen]», con un emoticono sonriente al final de su comentario. Menos de un año después del lanzamiento del chip Tegra, casi ocho meses después de lo previsto, abandonó Nvidia. No fue despedido, sino que dimitió. El enfoque a veces duro de Jensen fue una elección deliberada. Sabía que la gente fracasaría inevitablemente, especialmente en un sector tan competitivo. Quería ofrecer a los empleados más oportunidades para demostrar su valía, convencido de que, en todos los casos, a menudo solo les faltaban una o dos revelaciones para resolver sus problemas por sí mismos.

—No me gusta rendirme con la gente —decía—. Prefiero torturarlos hasta que alcancen la grandeza.

El método no pretende ser una forma de demostrar lo mucho más inteligente que es él que sus empleados. Más bien, lo ve como una protección contra la complacencia. El tiempo de Jensen, y el de sus empleados, se aprovecha mejor intentando resolver el siguiente problema. Los elogios son una distracción. Y el pecado más grave de todos es mirar tus logros pasados como si fueran a protegerte de las amenazas futuras.

El antiguo ejecutivo de ventas y marketing Dan Vivoli recuerda haber recibido una llamada telefónica de Jensen cuando se dirigía a la oficina al día siguiente de que Nvidia organizara un evento de marketing para la GeForce 256. Vivoli estaba orgulloso del trabajo que había realizado su equipo.

—¿Cómo ha ido el lanzamiento? —preguntó Jensen. Vivoli habló durante cinco minutos sobre cada parte del evento que consideraba un éxito—. Ajá, ajá, ajá —siguió. Cuando Vivoli dejó de hablar, le preguntó—: ¿Qué podrías haber hecho mejor?

—Eso fue todo lo que dijo. No hubo ningún «bien hecho», ni ningún «buen trabajo». No hubo nada de eso. No importa lo bien que creas que lo has hecho —dijo Vivoli—. Está bien estar orgulloso, pero lo más importante es intentar mejorar.[133]

133. Entrevista con Dan Vivoli, 2023.

Jensen no parece ser menos crítico consigo mismo. Un ejecutivo de ventas llamado Anthony Medeiros recordó una reunión en la que Jensen reveló un hábito, si no una práctica activa, de autocrítica.

—Nunca lo olvidaré. Lo habíamos hecho fantásticamente bien. Habíamos superado con creces los objetivos trimestrales. Entonces, durante nuestra reunión trimestral de revisión, Jensen se puso de pie frente a nosotros.[134]

Las primeras palabras que salieron de la boca de Jensen fueron:

—Cada mañana me miro al espejo y me digo: «Eres un desastre».

A Medeiros le sorprendió que alguien tan evidentemente exitoso pudiera pensar así. Pero era, para bien o para mal, el enfoque que Jensen quería que todos en Nvidia adoptaran hacia sí mismos y su propio trabajo. Haz tu trabajo. No te enorgullezcas demasiado del pasado. Concéntrate en el futuro.

La preferencia de Jensen por el enfoque directo también dio forma a la estructura corporativa de Nvidia a medida que la empresa crecía. Al principio, Nvidia estuvo a punto de desaparecer debido a la falta de alineación interna. La estrategia para un chip no se ajustaba a lo que quería el mercado, como en el caso del NV1. O un chip excelente se vio perjudicado por una mala ejecución en la fabricación, como en el caso del RIVA 128. O una disputa con un socio clave creó una cascada de problemas técnicos que finalmente condenó a toda una línea de chips: la historia del NV30. En los tres casos, Jensen atribuyó el fracaso no a factores externos, sino directamente a Nvidia y a su incapacidad para salir de su propio atolladero.

—Cuando éramos una empresa pequeña —explicó— éramos muy burocráticos y muy políticos.[135]

Con el tiempo, Jensen pensó en cómo crearía una organización ideal desde cero. Se dio cuenta de que elegiría una estructura

134. Entrevista con Anthony Medeiros, 2024.
135. Entrevista con Jensen Huang, 2024.

mucho más horizontal, para que los empleados pudieran actuar con mayor independencia. Se dio cuenta de que una estructura horizontal eliminaría a los empleados con bajo rendimiento que no estaban acostumbrados a pensar por sí mismos y a actuar sin que se les dijera qué hacer.

—Quería crear una empresa que atrajera de forma natural a personas increíbles.[136]

Jensen creía que la pirámide corporativa tradicional, con una suite ejecutiva en la cima, múltiples capas de mandos intermedios en el medio y una base de trabajadores de base en la parte inferior, era la antítesis del fomento de la excelencia. En lugar de una pirámide, él remodelaría Nvidia para convertirla en algo más parecido a una pila de ordenadores o un cilindro corto.

—La primera capa es la de los altos cargos. Se podría pensar que son los que menos gestión necesitan. Saben lo que hacen. Son expertos en su campo.

No quería dedicar tiempo a la orientación profesional porque la mayoría de ellos ya habían alcanzado la cima de sus carreras. Como resultado, rara vez mantenía reuniones individuales con sus subordinados directos, al menos cuando se trataba de temas abiertos. En su lugar, se centró en proporcionarles colectivamente información de toda la organización, así como su propia orientación estratégica. Esto garantizaría que todas las partes del negocio estuvieran alineadas y le permitiría gestionar a más ejecutivos de una manera que realmente aportara valor añadido.

La estructura actual de Nvidia contrasta con la de la mayoría de las empresas estadounidenses, cuyos directores generales solo tienen unos pocos subordinados directos. En la década del 2010, Jensen contaba con cuarenta ejecutivos en su equipo directivo, o «equipo electrónico», cada uno de los cuales dependía de él. Hoy, el número supera los sesenta.[137] Se ha negado rotundamente a cambiar su filosofía de gestión, incluso cuando, por

136. «In Conversation | Jensen Huang and Joel Hellermark», Sana AI Summit, 29 de junio de 2023, video, 32:10.

137. «A Conversation with Nvidia's Jensen Huang», Stripe, 21 de mayo de 2024, video, 11:06.

ejemplo, nuevos miembros se incorporaron al consejo de administración de Nvidia y le recomendaron que contratara a un director de Operaciones para reducir su carga administrativa.

—No, gracias —respondía siempre—. Es una forma estupenda de asegurarse de que todo el mundo sabe lo que está pasando —añadía, refiriéndose a su comunicación directa con gran parte del resto de la empresa.[138]

El gran número de ejecutivos que participan en las reuniones del personal electrónico ha fomentado una cultura de transparencia y de intercambio de conocimientos. Dado que no hay muchos niveles jerárquicos entre el personal electrónico y el empleado más joven de la empresa, todos los miembros de la organización pueden ayudar a resolver problemas y prepararse con antelación para posibles dificultades.

Oliver Baltuch, un antiguo ejecutivo de marketing, quedó impresionado por la capacidad de respuesta de sus compañeros de Nvidia en comparación con los de sus anteriores trabajos.

—La mayor diferencia era que solo había que pedir algo una vez para que se hiciera. Simplemente se hacía. Nunca había que pedirlo dos veces.[139]

Andy Keane, antiguo director general del negocio de centros de datos de Nvidia, recuerda que Jensen explicaba en una pizarra la estructura tradicional de los principales competidores de la empresa, una estructura que él denominaba «las V invertidas». Así era como se estructuraban la mayoría de las empresas.

—Te conviertes en gerente y construyes tu V invertida. La defiendes. Luego te conviertes en vicepresidente y consigues más V invertidas de personas a tu cargo —decía Jensen.

Keane señaló que, en otras empresas, hablar con ejecutivos uno o dos niveles por encima de tu jefe directo estaba mal visto.

—A nadie le gusta. Es una locura, ¿verdad? Nvidia nunca fue así.

138. Entrevista con Tench Coxe, 2023.
139. Entrevista con Oliver Baltuch, 2023.

El propio Keane hablaba con su jefe directo una o dos veces al mes, pero hablaba con Jensen dos o tres veces a la semana.

—Jensen creó una empresa que podía gestionar directamente. Existe una gran diferencia cultural entre Nvidia y otras empresas.[140]

Keane también se sorprendió por la gran transparencia que encontró en Nvidia. Se incorporó al equipo como director general y se le permitió asistir a todas las reuniones de la junta directiva y a los eventos externos de la misma. Mientras que un director ejecutivo típico reuniría a ocho o nueve personas en una sala para celebrar grandes reuniones ejecutivas, Jensen llenaba la sala al completo.

—Todo el mundo podía oír lo que le decía al personal ejecutivo —contó—. «Eso permitía que todos estuvieran al mismo nivel.

Cuando hay información importante que compartir o un cambio inminente en la dirección de la empresa, Jensen se lo comunica a todo el mundo en Nvidia al mismo tiempo y pide opiniones.

—Resulta que al tener muchos subordinados directos y no mantener reuniones individuales, [hemos] logrado que la empresa sea horizontal, la información circule rápidamente y los empleados se sientan empoderados —señala Jensen—. Ese algoritmo estaba bien concebido.

Muchas grandes empresas están divididas en unidades de negocio gestionadas por ejecutivos que compiten entre sí. Estas unidades están sujetas a planes estratégicos a largo plazo y deben luchar entre ellas por los recursos. Como resultado, la mayoría de las organizaciones tienden a moverse lentamente. Hay indecisión. Los grandes proyectos se estancan a la espera de las aprobaciones de múltiples partes interesadas y jerarquías de toda la empresa. Cualquier responsable de la toma de decisiones puede ralentizar unilateralmente las cosas jugando a la política interna.

140. Entrevista con Andy Keane, 2024.

Cuando las cosas van mal, las empresas deben despedir a trabajadores para cumplir los objetivos presupuestarios, incluso si esos trabajadores son los más productivos. Todo ello contribuye a un pensamiento a corto plazo y al acaparamiento de información a nivel corporativo. En lugar de convertir la empresa en un equipo único y cohesionado, la estructura corporativa habitual crea el tipo de entorno tóxico que ahuyenta a las personas competentes.

Como dijo Jensen, «quieres una empresa que sea tan grande como sea necesario para hacer bien el trabajo, pero que sea lo más pequeña posible», y que no se vea entorpecida por un exceso de gestión y procesos.

Para lograrlo, decidió que, en lugar de depender de una clase permanente de gestores profesionales, cuya única función era estar al mando, crearía un sistema mucho más flexible que orientaría a Nvidia hacia sus objetivos empresariales. E incluso, aunque adoptó una visión a largo plazo, eliminó la práctica de la planificación estratégica a largo plazo, que obligaba a la empresa a seguir un camino concreto aunque hubiera motivos para desviarse de él.

—La estrategia no son palabras. La estrategia es acción —explicaba—. No utilizamos un sistema de planificación periódica. La razón es que el mundo es algo vivo, que respira. Simplemente planificamos de forma continua. No hay ningún plan quinquenal.

Decía a sus empleados que su jefe supremo era la misión en sí misma. La idea era tomar decisiones por el bien del cliente, no para impulsar la carrera del ejecutivo que estaba por encima de ellos.

—El concepto de que la misión es el jefe tiene mucho sentido, porque en última instancia estamos aquí para cumplir una misión concreta, no para servir a una organización.[141] Hizo que la gente pensara en el trabajo y no en la organización. En el trabajo, no en la jerarquía.

Bajo la filosofía de «la misión es el jefe», Jensen comenzaba cada nuevo proyecto designando a un líder o «piloto al mando»

141. Entrevista con Jensen Huang, 2024.

(PIC), que le informaba directamente. Descubrió que esto generaba mucha más responsabilidad —y un incentivo mucho mayor para hacer bien el trabajo— que la estructura de división estándar.

—Siempre tenemos un PIC para cada proyecto. Cuando Jensen habla de cualquier proyecto o resultado, siempre quiere saber el nombre. Nadie puede esconderse detrás de un «tal o cual equipo está trabajando en eso» —dijo la exdirectiva financiera Simona Jankowski—.[142] Todo tiene que tener un nombre asociado porque hay que saber quién es el PIC, quién es el responsable.

A cambio de ese nivel de responsabilidad, los PIC contaron con la autoridad de Jensen y recibieron apoyo prioritario en toda la organización. Después de que Jensen organizara a los empleados de Nvidia en grupos centralizados por funciones (ventas, ingeniería, operaciones, etc.), se les trató como un conjunto general de talentos y no se les dividió por unidades de negocio o divisiones. Esto permitió asignar a las personas con las habilidades adecuadas a proyectos de forma *ad hoc*. También ayudó a mitigar parte de la inseguridad laboral siempre presente que lastra a las empresas estadounidenses.

—Nvidia no despide constantemente a personas para volver a contratarlas —señaló Jay Puri, director de Operaciones Globales sobre el Terreno—.[143] Tomamos a las personas que tenemos y somos capaces de reorientarlas hacia una nueva misión.

Los directivos de Nvidia fueron formados para no mostrarse territoriales ni sentir que «poseían» a sus empleados, sino que se acostumbraron a que estos se movieran entre distintos grupos de trabajo. Esta práctica eliminó una de las principales fuentes de fricción en las grandes empresas.

—Los directivos no sienten que obtienen poder por tener equipos grandes —continuó Puri—. En Nvidia se obtiene poder haciendo un trabajo increíble.

Jensen descubrió que los cambios hicieron que Nvidia fuera mucho más rápida y eficiente. Las decisiones se podían tomar

---

142. Entrevista con Simona Jankowski, 2024.
143. Entrevista con Jay Puri, 2024.

enseguida, ya que los empleados tenían la capacidad de contribuir en todas ellas, independientemente de su rango. Las discusiones se resolvían basándose en la calidad de la información, los datos y los méritos, y no en la necesidad de un líder de ascender o ganar una bonificación, ni en la capacidad de ese líder para presionar a los demás para que le siguieran.

Por encima de todo, la estructura horizontal liberó a Jensen para dedicar su valioso tiempo a explicar el razonamiento detrás de sus decisiones en las reuniones, en lugar de arbitrar guerras territoriales. No solo consideraba que la estructura horizontal era clave para la alineación estratégica de Nvidia, ya que mantenía a todos centrados en la misión, sino que también la veía como una oportunidad para desarrollar a sus empleados júnior, mostrándoles cómo un líder sénior debe analizar un problema.

—Déjenme razonar esto. Déjenme explicarles por qué lo hice —decía Jensen—. ¿Cómo comparamos y contrastamos estas ideas? Ese proceso de gestión es realmente empoderador.

Por supuesto, la constante exposición de los empleados a Jensen y su proceso de toma de decisiones incluía sus reprimendas públicas a los ejecutivos y PIC. Justificaba esos momentos potencialmente dolorosos como una ganancia de eficiencia para la empresa: ofrecer comentarios privados e individuales a puerta cerrada le ralentizaría a él y a la organización, ya que requeriría programar reuniones separadas, y también privaría a los empleados júnior de una oportunidad de aprendizaje.

—No hablo con la gente en privado —asevera—. No estamos optimizando para no avergonzar a nadie. Estamos optimizando para que la empresa aprenda de nuestros errores. Si un líder no puede soportar una ligera vergüenza, puede venir a hablar conmigo. Pero eso nunca ha ocurrido.[144]

No todo se puede comunicar en las reuniones. Dado que es una organización tan grande y distribuida, Jensen necesitaba estar al tanto de lo que ocurría dentro de Nvidia para asegurarse de

144. Entrevista con Jensen Huang, 2024.

que todos tuvieran las prioridades correctas. En otras empresas, un ejecutivo se basaría en una actualización formal del estado de la situación por parte de sus subordinados. Pero la dirección de Nvidia creía que los informes formales sobre el estado de la situación solían contener información tan depurada que resultaba inútil. Cualquier cosa que pudiera suscitar controversia —problemas actuales, obstáculos previstos, cuestiones de personal— se eliminaba para presentar una imagen alegre y armoniosa a los responsables.

Así que Jensen pidió a los empleados de todos los niveles que enviaran un correo electrónico a su equipo inmediato y a los ejecutivos en el que detallaran las cinco cosas más importantes en las que estaban trabajando y lo que habían observado recientemente en sus mercados, incluyendo los puntos débiles de los clientes, las actividades de la competencia, los avances tecnológicos y la posibilidad de retrasos en los proyectos.

—El correo electrónico ideal con las cosas más importantes debe contener cinco puntos en los que la primera palabra sea un verbo de acción. Tiene que ser algo como finalizar, construir o asegurar —explicó Robert Csongor, uno de los primeros empleados.[145]

Para facilitar el filtrado de estos correos, Jensen pidió a cada departamento que los etiquetara por tema en el asunto: proveedor de servicios en la nube, OEM, atención sanitaria o venta al por menor. De este modo, si quería obtener todos sus correos recientes sobre, por ejemplo, cuentas de hiperescaladores, podía encontrarlos fácilmente mediante una búsqueda por palabra clave.

Los correos electrónicos «Top 5» se convirtieron en un canal de retroalimentación crucial para Jensen. Le permitieron adelantarse a los cambios en el mercado que eran obvios para los empleados júnior, pero aún no para él ni para su personal electrónico.

—Busco detectar las señales débiles —solía decirles a sus empleados cuando le preguntaban por qué le gustaba el proceso

145. Entrevista con Robert Csongor, 2023.

Top 5—. Es fácil captar las señales fuertes, pero yo quiero interceptarlas cuando son débiles.

Con su equipo electrónico fue un poco más directo.

—No lo tomes a mal, pero puede que no tengas la capacidad intelectual o los recursos necesarios para detectar algo que considero bastante significativo.[146]

Todos los días leía alrededor de cien correos del Top 5 para tener una visión general de lo que estaba sucediendo dentro de la empresa. Los domingos dedicaba una sesión aún más larga al Top 5, normalmente acompañado de una copa de su whisky escocés de malta Highland Park favorito. Era algo que hacía por diversión: «Bebo whisky y leo correos electrónicos».

Los cinco correos más importantes se convirtieron en una fuente de nuevos conocimientos sobre el mercado. Cuando Jensen se interesaba por un nuevo mercado, utilizaba los correos para dar forma a su pensamiento estratégico casi en tiempo real. Por ejemplo, después de leer varios correos de los cinco más importantes de los empleados que hablaban de las tendencias del aprendizaje automático, decidió que la empresa no estaba avanzando lo suficientemente rápido como para aprovechar ese mercado.

—Sigo viendo esto. No creo que hayamos invertido lo suficiente en esta técnica llamada RAPIDS —recuerda el antiguo ejecutivo Michael Douglas.

Jensen ordenó inmediatamente a su personal que incorporara más ingenieros de software al desarrollo de una biblioteca RAPIDS CUDA, que se convirtió en un recurso importante para acelerar las cargas de trabajo de ciencia de datos y aprendizaje automático en las GPU.

Impulsada por Jensen, la cultura del correo electrónico de Nvidia era y sigue siendo implacable.

—Una cosa que aprendí muy rápido es que, si recibías un correo suyo, tenías que actuar en consecuencia —completó Douglas.[147]

146. Entrevista con Michael Douglas, 2024.
147. Entrevista con Michael Douglas, 2024.

—Nada queda pendiente. Nada se pudre. Respondes y sigues adelante —dijo el exdirector de Recursos Humanos John McSorley.[148]

Jensen solía responder a los correos a los pocos minutos de recibirlos y quería una respuesta de los empleados en un plazo máximo de veinticuatro horas. Las respuestas tenían que ser reflexivas y estar respaldadas por datos concretos. Aquellos que no cumplían con sus altos estándares recibían una respuesta típicamente sarcástica: «Ah, ¿sí?».

Debido a las rápidas reacciones de Jensen, los empleados aprendieron a programar estratégicamente sus cinco correos electrónicos más importantes.

—Siempre hay que tener cuidado si se envía un correo electrónico el viernes por la noche, porque Jensen responderá el viernes por la noche —dijo un antiguo empleado—.[149] Te arruinaría el fin de semana.

Como resultado, la mayoría de los empleados enviaban sus Top 5 el domingo por la noche, más o menos a la hora en que Jensen se instalaba en su oficina en casa con un whisky en la mano. Así, podían empezar a trabajar en sus instrucciones al comienzo de la semana laboral.

El antiguo director de la Alianza de Ciencias Biológicas, Mark Berger, desencadenó sin querer todas las manías de Jensen en torno a los cinco correos más importantes cuando envió uno de los primeros, en el que intentaba pronosticar las ventas de GPU en su mercado. Jensen pensaba que Nvidia no había avanzado lo suficiente en el campo de las ciencias biológicas y percibía una falta de rigor en el análisis de Berger. El director ejecutivo le preguntó si se había molestado en hablar con el profesor investigador Ross Walker, que había creado un laboratorio de científicos en el Centro de Supercomputación de San Diego, en la Universidad de California en San Diego.

Berger admitió que no había consultado con Walker, ya que creía que el académico no conocería los detalles específicos del

148. Entrevista con John McSorley, 2023.
149. Entrevista con un exempleado de Nvidia, 2024.

uso de las GPU en los laboratorios de investigación. Jensen lanzó una diatriba y retó a Berger a encontrar una forma de recabar más información.

La experiencia desconcertó a Berger, pero lo convirtió en un mejor empleado.

—Lo único que hay que tener claro con Jensen es que no se le puede engañar —recordó años más tarde—. Si le engañas, pierdes toda tu credibilidad. La respuesta adecuada es: «No lo sé, Jensen, pero lo averiguaré».[150]

Suficientemente escarmentado, Berger se puso en contacto con Walker de inmediato. Entre los dos diseñaron una encuesta para otros académicos de ciencias de la vida que trabajaban con GPU. La encuesta tardaba treinta minutos en completarse, pero Berger incentivó a los científicos a que la rellenaran ofreciéndoles una participación en un sorteo de una GPU para juegos. Berger y Walker recibieron respuestas exhaustivas de trescientos cincuenta científicos sobre el software que tenían instalado, el tamaño de sus proyectos de modelado, las características que deseaban de Nvidia y sus antecedentes. Era un tesoro de datos, y cuando Berger lo presentó en una reunión de seguimiento, Jensen finalmente quedó satisfecho con que hubiera sido diligente con su mercado.

Jensen siempre ha intentado acercarse lo más posible a la fusión mental vulcaniana de *Star Trek*: la fusión completa de las mentes de sus empleados con la suya propia. Como vimos en la introducción, quizá su herramienta favorita para mostrar al resto de la empresa su proceso de pensamiento sea la pizarra blanca.

La preferencia de Jensen por las pizarras blancas va en contra de la forma en que el resto de las empresas estadounidenses se comunican entre sí: mediante presentaciones de PowerPoint en las que el ponente muestra una serie de diapositivas con información que el público suele aceptar sin más. Siempre le ha disgustado lo estáticas que son estas reuniones, en las que hay

150. Entrevista con Mark Berger, 2024.

pocas oportunidades para trabajar en equipo o debatir los temas en profundidad.

En la pizarra, Jensen esboza cómo organizar un mercado, cómo acelerar el crecimiento de un producto y las características técnicas de software o hardware implicadas en un caso concreto. Su pizarra crea un tipo específico de reunión dedicada a resolver problemas, no a revisar cosas que ya se han hecho.

—Cuando Jensen entra en una reunión, prioriza los temas principales, luego comienza con el más importante y trabaja para resolverlo —dijo Jay Puri.[151]

A diferencia de los cinco correos electrónicos principales, el uso de pizarras blancas ha sido una práctica habitual en Nvidia desde el principio. La empresa diseñó sus dos edificios principales actuales, Endeavor y Voyager, construidos en 2017 y 2022, respectivamente, para fomentar la colaboración. Cada edificio cuenta con un espacio de trabajo totalmente abierto y pizarras de pared a pared en docenas de salas de conferencias. Se espera que los empleados de todos los niveles utilicen esas pizarras tanto como les sea posible.

Cada trimestre, por ejemplo, Jensen convoca una reunión con unos cientos de líderes de Nvidia en una gran sala de conferencias. Cada director general tiene que subir al estrado y hablar sobre su negocio. Se espera que los directores generales utilicen la pizarra para explicarse, describir lo que hacen y enfrentarse a los retos que plantean sus hipótesis subyacentes. Jensen se sienta en la primera fila, junto a otros altos ejecutivos, y hace preguntas detalladas a la persona que está frente a la pizarra, preguntas que a menudo requieren más explicaciones en la propia pizarra.

—No era realmente una revisión del negocio, sino algo con visión de futuro —recuerda Andy Keane.

Jensen consideraba los resultados trimestrales como la puntuación final de las decisiones tomadas y aplicadas meses o años atrás. Quería que todos reflexionaran constantemente sobre cómo podrían haber tomado mejores decisiones entonces y cómo utilizarían esas lecciones para tomar mejores deci-

151. Entrevista con Jay Puri, 2024.

siones ahora y en el futuro, especialmente en lo que se refería a la asignación de recursos y la decisión de la estrategia. Incluso cuando las cifras eran buenas, quería que la gente siguiera siendo agresiva.

—Siempre se trataba de cómo hacerlo mejor. Había una presión constante, presión, presión —dijo Keane.

El proceso de utilizar la pizarra ayudó a los ejecutivos a destilar lo esencial. Todos comenzaron con una pizarra en blanco; tenían que olvidar el pasado y centrarse en lo que era importante en ese momento.

—Todas las reuniones giraban en torno a la pizarra —contaba David Ragones, antiguo ejecutivo de Nvidia—.[152] Es un tira y afloja. Mientras tú escribías en la pizarra, él saltaba a otra pizarra y escribía allí sus ideas. Quería ver tu comprensión y cómo estabas analizando los problemas para luego desarrollar su propio pensamiento.

Al final de cada reunión, Jensen resumía en la pizarra las nuevas ideas que el grupo había desarrollado. De esa manera, se aseguraba de que no hubiera malentendidos sobre la dirección o las responsabilidades.

Sus subordinados descubrieron que él esperaba que estuvieran preparados para usar la pizarra, incluso cuando estaban de viaje. Cada vez que Michael Douglas viajaba por negocios con Jensen, se aseguraba de que hubiera una pizarra grande en cada uno de sus destinos, incluso si tenía que alquilar o comprar una en el lugar.

Si cinco personas se ven obligadas a llevar la pizarra, es que tiene el tamaño adecuado —decía Douglas—. Necesita todo ese espacio en la pizarra.[153]

Además del buen whisky, uno de los pocos caprichos de Jensen es su marca preferida de rotuladores para pizarras blancas. Insiste en utilizar rotuladores de punta biselada de doce milímetros de ancho que solo se venden en Taiwán. Quiere que los empleados que se sienten al fondo puedan ver lo que escribe y los

152. Entrevista con David Ragones, 2024.
153. Entrevista con Michael Douglas, 2024.

diagramas. Los empleados de Nvidia deben tener siempre a mano un buen stock de estos rotuladores.

A Jensen no le preocupa la prevalencia de la cultura de las pizarras blancas en Nvidia, casi como si fuera un recurso de reserva.

—Tenemos que usar una pizarra blanca porque no tengo proyector. No tengo televisión y no me gustan las diapositivas, así que simplemente hablamos y dibujamos —dijo encogiéndose de hombros.[154]

Pero hay más de lo que parece. La pizarra obliga a las personas a ser rigurosas y transparentes. Les exige empezar desde cero cada vez que se acercan a ella y, por lo tanto, exponer sus ideas de la forma más exhaustiva y clara posible. Se nota inmediatamente cuando alguien no ha pensado bien algo o basa su lógica en suposiciones erróneas, a diferencia de lo que ocurre con una presentación de diapositivas, en la que se pueden ocultar ideas incompletas con un formato bonito y un texto engañoso. En la pizarra no hay lugar donde esconderse. Y cuando terminas, por muy brillantes que sean tus ideas, siempre debes borrarlas y empezar de nuevo.

Nvidia se convirtió en una empresa madura no por el volumen de sus ingresos, el perfeccionamiento de su estructura interna o la capacidad intelectual colectiva de sus empleados, más bien, alcanzó la madurez cuando Jensen aprendió a alejar sistemáticamente a la organización de la disfunción y el desorden políticos internos. A través de mecanismos como la retroalimentación pública directa, el correo electrónico Top 5 y la obligación de presentar las ideas en una pizarra en lugar de en un PowerPoint estático, Nvidia dota a su plantilla de poderosas armas en la lucha constante por la precisión y el rigor y contra el pensamiento grupal y la inercia. Son estos principios operativos los que han permitido a Nvidia actuar con rapidez para aprovechar las nuevas oportunidades.

154. Entrevista con Jensen Huang, 2024.

Si Nvidia no hubiera evolucionado desde su forma inicial, más convencional, no habría inventado la GPU ni diseñado CUDA; probablemente no habría sobrevivido hasta una segunda década, ni siquiera con Jensen al mando. Pero la dinámica organizativa que finalmente creó, que representa exactamente lo contrario de las «mejores prácticas» en la mayor parte del resto de las empresas estadounidenses, ha permitido a la compañía resistir y prosperar en medio de las presiones de un mercado eternamente implacable.

10

La mente del ingeniero

Al principio de mi vida laboral, cambié de carrera y dejé la consultoría para incorporarme a un pequeño fondo tecnológico como analista bursátil. Recuerdo la primera vez que asistí a una importante conferencia de inversión en Wall Street, donde esperaba con interés las sesiones de preguntas y respuestas con los directores generales que seguían a sus presentaciones principales. En una sesión con el difunto Gerald Levin, director ejecutivo de la recién fusionada AOL Time Warner, le hice una pregunta básica y algo escéptica sobre la estrategia que tenía prevista la empresa para utilizar la tecnología y la plataforma de AOL. La respuesta de Levin me dejó atónito. En lugar de dar una respuesta convincente, se lanzó a dar una charla sobre el poder y las capacidades de AOL Instant Messenger, utilizando tal maraña de palabras de moda que me costó mucho entenderlo.

Como entusiasta de la tecnología que había construido varios ordenadores y dedicado mucho tiempo a la entonces incipiente Internet, me quedó claro que Levin tenía muy poco conocimiento sobre cómo funcionaban realmente los productos de AOL. Me preguntaba cómo un ejecutivo con unos conocimientos técnicos tan limitados había llegado a dirigir una de las mayores empresas de medios y tecnología del mundo.

Sin embargo, como pronto descubrí, Levin no era una excepción. El inversor activista Carl Icahn tiene la teoría de que gran parte de las empresas estadounidenses gestionan mal el proceso de sucesión a la hora de elegir nuevos directores generales. Lo califica de antidarwinista, la antítesis del despiadado proceso de selección natural que solo permite sobrevivir y reproducirse a los más aptos de una especie.[155]

Icahn observó que los ejecutivos competentes a menudo quedan marginados en favor de otros más simpáticos pero menos capaces debido a los incentivos conductuales dentro de las empresas. Las personalidades que ascienden en las filas corporativas se asemejan a los presidentes de las fraternidades universitarias. Se hacen amigos de la junta directiva y no suponen una amenaza para el director general. No son prodigios, pero son afables y siempre están disponibles para tomar una copa cuando uno se siente deprimido. Como dijo Icahn, estas figuras (en su mayoría hombres) «no son las más inteligentes, ni las más brillantes, ni las mejores, pero son agradables y, en cierto modo, fiables».

Los directores generales quieren sobrevivir, por lo tanto, es natural que prefieran no supervisar a un subordinado directo que sea más brillante y que podría sustituirlos. Tienden a optar por alguien ligeramente menos astuto que ellos mismos. Pero cuando el director general finalmente se marcha, el ejecutivo adulador que tiene buenas relaciones con el consejo de administración suele ascender, perpetuando la «supervivencia del menos apto», ya que el nuevo director general inicia un ciclo similar.

En las últimas décadas, he visto varios ejemplos de ejecutivos agradables y sin formación técnica, pero con experiencia en el mundo de los negocios, que se han convertido en directores generales de importantes empresas tecnológicas. Al igual que en el caso de Gerald Levin y AOL Time Warner, los resultados han sido mediocres o incluso peores.

---

155. Icahn, Carl, «Beyond Passive Investing», Founder's Council program, Greenwich Roundtable, 12 de abril de 2005.

Steve Ballmer, de Microsoft, es el ejemplo clásico. Ballmer comenzó su carrera como director de Marketing en Procter & Gamble, luego estudió un MBA en Stanford antes de incorporarse a Microsoft en 1980. Fue el primer director comercial contratado por Bill Gates; ocupó puestos en operaciones, ventas y alta dirección, pero tenía poca experiencia práctica en tecnología.

Tenía mala reputación en el sector tecnológico. Walt Mossberg, antiguo columnista de *The Wall Street Journal*, contó una vez una anécdota sobre una conversación que mantuvo con Steve Jobs en Apple.[156] Mossberg estaba sentado para entrevistar a Jobs cuando el director ejecutivo de Apple le preguntó por su reciente viaje a Microsoft. Jobs parecía especialmente interesado en saber si Ballmer seguía manteniendo un firme control sobre el gigante del software. Cuando Mossberg le confirmó que así era, Jobs hizo una pausa, levantó los brazos y exclamó: «¡Sí!». Mossberg explicó que, aunque Jobs tenía en gran estima a Gates, sentía poco respeto por Ballmer.

Jobs tenía razón. Bajo el mandato de Ballmer, Microsoft perdió el tren de la informática móvil y además realizó una serie de adquisiciones desastrosas, entre ellas aQuantive y Nokia. El precio de las acciones de Microsoft cayó más de un 30 por ciento durante los catorce años que Ballmer ocupó el cargo de director ejecutivo.

Apple ya se había enfrentado a sus propios desafíos con un director ejecutivo con más experiencia en negocios que en tecnología. Jobs fue expulsado por la junta directiva de Apple en 1985, que lo reemplazó por John Sculley, un exespecialista en marketing de PepsiCo. Sculley tuvo cierto éxito inicial, entre otras cosas, por su estrategia de vender computadoras cada vez mejores a precios cada vez más altos. Luego tomó varias decisiones erróneas en materia de productos tecnológicos, como la introducción del asistente digital personal Newton y la selección de procesadores PowerPC para el Mac a principios de la década de los noventa. El estancamiento en la innovación técnica llevó a Apple al borde de la quiebra a finales de la década.

156. Mossberg, Walt, «On Steve Jobs the Man, the Myth, the Movie», Ctrl-Walt-Delete Podcast, 22 de octubre de 2015.

Aunque Ballmer y Sculley podían vender diferentes versiones de Windows o costosos portátiles PowerBook mejor que nadie, no podían predecir hacia dónde se dirigiría la tecnología. Apple no fue capaz de actualizar su sistema operativo a los estándares modernos hasta que adquirió NeXT Computer, la empresa de Jobs, cuya tecnología se convirtió en la base de Mac OS X.

Intel ofrece otro ejemplo. Bob Swan se incorporó al fabricante de chips como director financiero en 2016 y ascendió al cargo de director ejecutivo dos años después. Swan tenía una formación principalmente financiera; anteriormente había ocupado puestos de director financiero en eBay y Electronic Data Systems, la empresa fundada por el antiguo comercial de IBM H. Ross Perot. Bajo el liderazgo de Swan, Intel sufrió repetidos retrasos en la transición a tecnologías de fabricación de chips más avanzadas y a sus próximas generaciones de procesadores, quedando por detrás de su principal competidor en CPU, Advanced Micro Devices. Peor aún, parecía que Swan se centraba principalmente en ejecutar un importante programa de recompra de acciones por valor de miles de millones de dólares y en repartir miles de millones en dividendos para elevar el precio de las acciones de la empresa, lo que desviaba dinero de las inversiones en I+D. Intel se vio tan afectada que perdió una importante cuota de mercado en todos sus negocios y cedió el liderazgo en la tecnología de CPU a AMD, entonces dirigida por Lisa Su, quien, a diferencia de Swan, tenía una sólida formación en ingeniería.

Swan también demostró ser un mal gestor y distribuidor de los recursos de Intel. Al igual que Nvidia, a finales de la década del 2010 Intel invirtió fuertemente en IA. En 2016, la empresa adquirió la *start-up* de aprendizaje profundo Nervana Systems por 408 millones de dólares para desarrollar chips de IA. Al año siguiente, contrató a Raja Koduri, antiguo director de la Unidad de Chips Gráficos de AMD, para dirigir sus esfuerzos en materia de GPU. Como director ejecutivo, Swan amplió aún más la cartera de IA de Intel con la adquisición de la empresa israelí Habana Labs por 2 000 millones de dólares en 2019. Pero Intel no tenía una estrategia coherente, sino que llevaba a cabo múltiples proyectos independientes relacionados con la IA que dividían tanto los recursos como la atención.

Esto se debió en gran medida al desconocimiento de Swan sobre los aspectos técnicos del negocio que dirigía. Carecía de los conocimientos necesarios para tomar decisiones informadas sobre dónde debía centrar sus esfuerzos la empresa y quién debía estar realmente a cargo de tomar esas decisiones. En cambio, se dejaba influir con demasiada facilidad por cualquiera que pudiera preparar la mejor presentación, incluso si, según un antiguo ejecutivo de Intel, esa presentación no tenía ninguna base en la realidad.

Bajo la dirección de Swan, Intel tomó una serie de decisiones erróneas en materia de productos. En el ámbito de la inteligencia artificial, cerró Nervana Systems, a pesar de que esta empresa emergente tenía un producto prometedor que estaba casi listo. En su lugar, reinició sus esfuerzos en inteligencia artificial con Habana, lo que supuso, en la práctica, echar por tierra varios años de desarrollo.

El director de Ingeniería de GPU de Nvidia, Jonah Alben, comentó los planes de Intel en materia de IA tras la adquisición de Habana por parte de la empresa:

—La estrategia de Intel en materia de IA es como lanzar dardos. No saben qué hacer, pero sienten que tienen que comprar algo, así que lo compran todo.[157]

En 2021, Swan dimitió como director ejecutivo de Intel y fue sustituido por Pat Gelsinger, que contaba con una impresionante trayectoria en ingeniería. Una de sus primeras decisiones fue detener la recompra de acciones.

Nvidia pudo evitar problemas similares porque contaba con Jensen, un director ejecutivo con conocimientos técnicos.

—Cuando conoces a Jensen Huang, incluso con docenas de otras empresas de gráficos, te das cuenta de que es una persona

157. Entrevista con un antiguo empleado de Nvidia, 2024.

con la que quieres hacer negocios —comentó Tench Coxe, uno de los primeros inversores de Nvidia, que sigue formando parte de su junta directiva en la actualidad—. Lo que le hace grande es que es ingeniero e informático.[158]

El antiguo director de Producto Ali Simnad recuerda haber trabajado en un producto wifi que nunca se lanzó, en parte debido a la intensa diligencia de Jensen.

—Jensen daba mucho miedo.[159] Ibas a una reunión y él sabía más sobre el producto que tú. —Durante la reunión sobre el producto, Jensen dejó claro que comprendía todos los detalles técnicos de los distintos estándares wifi. El producto no era crucial para la estrategia de Nvidia, pero Jensen se tomó el tiempo necesario para dominar la tecnología y las especificaciones—. Lo sabía todo. En todas las reuniones a las que asistíamos, probablemente era la persona mejor preparada.

Jensen es conocido por participar activamente en numerosos grupos de debate internos de Nvidia a través del correo electrónico para mantenerse al día de las últimas tendencias y ampliar sus conocimientos. En la lista «deep learning», donde los ingenieros debaten sobre los últimos avances tecnológicos en IA, Jensen tiene la costumbre de reenviar artículos de interés.

—Sabías perfectamente lo que Jensen estaba pensando —señaló Leo Tam, antiguo investigador científico sénior de Nvidia.[160]

El exejecutivo de marketing Kevin Krewell recuerda haber conocido a Jensen en la calle, a la salida de la conferencia NeurIPS celebrada en Barcelona, España, en 2016. NeurIPS es una conferencia académica que se celebra en diciembre, en la que expertos en aprendizaje automático y neurociencia presentan sus últimos descubrimientos. No es como SIGGRAPH o GDC, que son conocidas por parte del público en general, NeurIPS es más especializada.

158. Entrevista con Tench Coxe, 2023.
159. Entrevista con Ali Simnad, 2024.
160. Entrevista con Leo Tam, 2023.

Krenwell sabía que Jensen no tenía previsto intervenir y le preguntó qué hacía en la conferencia. Jensen respondió: «Estoy aquí para aprender».[161]

El director ejecutivo de Nvidia no había enviado a nadie en su lugar para tomar notas. Había acudido personalmente para absorber los últimos avances en inteligencia artificial. Quería involucrarse profundamente en el tema, asistiendo a las sesiones y hablando con los ponentes, los estudiantes y los profesores. Más tarde, contrató a muchas de las personas que había conocido en la conferencia.

Jensen ha dicho muchas veces que no podría hacer su trabajo de manera eficaz sin un profundo conocimiento de la tecnología en sí.

—Es esencial que comprendamos los fundamentos de la tecnología para tener una intuición de cómo va a cambiar la industria —comentó en una ocasión—.[162] Nuestra capacidad para extrapolar y ver el futuro es realmente vital porque la tecnología está cambiando rápidamente, pero aún nos llevará varios años crear una solución excelente.

Solo con experiencia en el sector puede decidir qué proyectos apoyar, estimar cuánto tiempo llevarán y, a continuación, asignar los recursos adecuadamente para generar los mejores rendimientos a largo plazo.[163]

Estar tan metido en los detalles puede tener un inconveniente: provocar parálisis a la hora de tomar decisiones. Un buen líder debe tomar decisiones, incluso cuando no se dispone de toda la información necesaria. Esta fue una lección que Jensen aprendió al principio de una clase de ingeniería impartida por el profesor Donald Amort en la Universidad Estatal de Oregón. En sus clases, Amort siempre utilizaba números redondos.

161. Entrevista con Kevin Krewell, 2024.

162. «In Conversation | Jensen Huang and Joel Hellermark», Sana AI Summit, 29 de junio de 2023, video, 29:20.

163. «Jen-Hsun Huang», Stanford Online, 23 de junio de 2011, video, 32:41.

—Odiaba eso —dijo Jensen—. Trabajábamos con exponentes y números del mundo real con una precisión de tres decimales.[164] —Sin embargo, Amort rechazaba tal precisión si le ralentizaba demasiado; redondeaba 0.68 a 0.7, por ejemplo. Enseñaba a sus alumnos a no perder de vista el panorama general—. Me volvía loco. Pero con los años aprendí que la precisión falsa no tiene sentido.

Jensen aplicó la regla de los números redondos en Nvidia. Sus empleados la llaman «matemáticas del director ejecutivo», medio en broma y medio con cariño. Le permite pensar estratégicamente a gran escala sin atascarse. Puede determinar rápidamente el tamaño de un nuevo mercado y su potencial para generar beneficios para Nvidia, y luego dedicar más energía mental a tareas más complejas e intuitivas, como analizar el panorama competitivo y desarrollar una estrategia de entrada. Como señaló Tench Coxe, «es fácil hacer que una hoja de cálculo te diga lo que quieres ver, pero el hecho de que Jensen se sintiera cómodo utilizando las matemáticas del director ejecutivo supuso un gran crecimiento para él».[165]

El enfoque de Jensen hacia las matemáticas —directo, conciso y orientado hacia el panorama general— es también la forma en que se comunica con los empleados de Nvidia en general. Dado que todo en Nvidia está bajo su supervisión, tiene que ser eficiente con sus mensajes externos. Según el antiguo ejecutivo de ventas Jeff Fisher, «sus correos electrónicos son breves y concisos. A veces, demasiado breves».[166]

—Como un haiku —coincide Bryan Catanzaro.[167]

La comparación es muy acertada. Los poemas japoneses de tres versos resultan a menudo impenetrables o ambiguos, y para los nuevos empleados de Nvidia puede ser todo un reto acostumbrarse a la brevedad de los correos de Jensen. Incluso los vetera-

164. «Jen-Hsun Huang», Oregon State University, 22 de febrero de 2013, video, 1:15:58.

165. Entrevista con Tench Coxe, 2023.

166. Entrevista con Jeff Fisher, 2023.

167. Entrevista con Bryan Catanzaro, 2024.

nos pueden pasar horas debatiendo sobre el significado de un correo concreto del director ejecutivo y, cuando no logran ponerse de acuerdo, le consultan para que les aclare sus dudas.

Pero eso es, en cierto modo, lo que él quiere. La mayoría de los altos directivos de Nvidia coinciden en que Jensen confía en que su gente ejerza su buen juicio a la hora de interpretar sus instrucciones. No quiere controlar todas las decisiones; de hecho, ser demasiado prescriptivo puede sofocar la independencia y la predisposición a la acción que busca fomentar. Más bien, quiere asegurarse de que han hecho su trabajo con diligencia y han considerado todos los posibles efectos de sus decisiones. Catanzaro hizo hincapié en que el enfoque de Jensen no se basa únicamente en sus preferencias personales.

—Todos estamos ocupados —señala—. Todos tenemos muchos más correos electrónicos de los que podemos leer. El mensaje es que debes tener empatía por las personas a las que les presentas tu trabajo. No les eches todo encima. Preséntaselo de forma que despierte su interés, para que, si quieren, puedan pedir más detalles. Jensen intenta ayudarnos a ser una empresa más eficaz y a tener cuidado con cómo utilizamos la atención de los demás. Si quieres causar impacto en una gran organización, no malgastes el tiempo de los demás.

La demostración más evidente de la formación en ingeniería de Jensen es su capacidad aparentemente ilimitada para trabajar. En los negocios, tal y como él lo ve, la ética laboral puede ser más importante que la inteligencia.

—No importa lo inteligente que seas, porque siempre hay alguien más inteligente que tú —afirma. Y en un mundo globalizado—, tu competencia no descansa.[168]

Jensen tampoco. Aunque ha cambiado y madurado como líder —por ejemplo, en su visión estratégica, comprensión de los gráficos y la informática acelerada, y capacidad para dirigir una

168. Shiels, Maggie, «Nvidia's Jen-Hsun Huang», BBC, 14 de enero de 2010.

organización—, la única constante en sus tres décadas como director ejecutivo ha sido su compromiso con las largas jornadas laborales y el máximo esfuerzo.

Una ejecutiva de operaciones afirmó que Nvidia no es una empresa que funciona las veinticuatro horas del día, los siete días de la semana, sino veinticinco horas al día, ocho días a la semana. «No bromeo. Me levanto a las 4.30 de la mañana y estoy al teléfono hasta las 10 de la noche», dijo. «Es mi elección. No es para todo el mundo». Otro director de Producto señaló que muchos empleados no quieren aceptar el ritmo de trabajo y acaban marchándose al cabo de unos años. Él mismo solía llegar a la oficina antes de las 9.00 de la mañana y rara vez se marchaba antes de las 7.00 de la tarde. Una vez en casa, tenía que conectarse todas las noches de 10.00 a 11.30 para hablar con sus socios en Taiwán. «Los fines de semana, si no podías responder a un correo electrónico en dos horas, tenías que comunicar al equipo el motivo por el que no podías responder», explicó. Al revisar su calendario, descubrió que había pasado casi la mitad de los fines de semana del último año viajando por trabajo o en la oficina.

La cultura laboral extrema de Nvidia proviene del propio director ejecutivo, que vive y respira por su trabajo y menosprecia a cualquiera que no esté igual de comprometido.

—En realidad, no conozco a nadie que haya tenido un éxito increíble y que se plantee los negocios como: «Esto es solo un negocio. Es lo que hago de 8 a 5, luego me voy a casa y, a las 5.01, lo dejo» —ha manifestado Jensen—.[169] Nunca he conocido a nadie que haya tenido un éxito increíble así. Hay que permitirse estar obsesionado con el trabajo.

Los empleados temen cada vez que Jensen se va de vacaciones, algo poco habitual, porque tiende a quedarse en el hotel y escribir más correos electrónicos, lo que les da aún más trabajo. Durante los primeros días de Nvidia, Michael Hara y Dan Vivoli intentaron intervenir. Llamaron a Jensen:

169. «Saturday's Panel: A Conversation with Jen-Hsun Huang (5/7)», Committee of 100, 18 de mayo de 2007, video, 5:43.

—Oye, ¿qué estás haciendo? Estás de vacaciones.

Jensen respondió:

—Estoy aquí sentado en el balcón viendo a mis hijos jugar en la arena y escribiendo correos electrónicos.

—¡Sal y juega con tus hijos! —insistieron sus subordinados.

—No, no, no —se negó Jensen—. Ahora es cuando puedo trabajar mucho.

Cuando va al cine, Jensen dice que nunca recuerda la película porque se pasa todo el tiempo pensando en el trabajo.

—Trabajo todos los días. No hay un solo día en el que no trabaje. Si no estoy trabajando, estoy pensando en trabajar. Trabajar me relaja.[170]

No siente simpatía por nadie que trabaje menos que él, y no cree que se haya perdido nada en la vida por dedicarse por completo a Nvidia. Cuando *60 Minutes* entrevistó a Jensen en 2024 y le preguntó por los empleados que decían que trabajar para él era exigente, que era perfeccionista y que no era fácil, se mostró de acuerdo.

—Debería ser así. Si quieres hacer cosas extraordinarias, no debería ser fácil.

En todos mis años cubriendo el mundo de los negocios, como consultor, analista y ahora como escritor especializado en temas empresariales, nunca he conocido a nadie como Jensen. En el campo de los gráficos, es todo un pionero. En el competitivo mercado tecnológico, es un superviviente. Y lleva más de treinta años como director ejecutivo, lo que le convierte, en el momento de escribir este artículo, en el cuarto director ejecutivo con más años de servicio en el S&P 500, solo por detrás de Warren Buffett, de Berkshire Hathaway, Stephen Schwarzman, de Blackstone, y Leonard Schleifer, de Regeneron. Dentro del sector tecnológico, su permanencia en Nvidia ha sido más larga que los veintisiete años de Jeff Bezos en Amazon, los veinticinco años de Bill Gates en Microsoft y los catorce años del segundo mandato de Steve

170. «Jensen Huang—CEO of NVIDIA | Podcast | In Good Company | Norges Bank Investment Management», Norges Bank, 19 de noviembre de 2023, video, 44:50.

Jobs en Apple, y ninguno de ellos sigue al frente de sus empresas. Se está acercando al récord general en tecnología establecido por Larry Ellison, cofundador de Oracle, que pasó treinta y siete años como director ejecutivo antes de pasar al puesto de director técnico en 2014.

Lo que diferencia a Jensen de casi todos sus competidores es fácil de entender, pero difícil de implementar. Él cuestiona la división del mundo ejecutivo entre los directores generales fundadores que tienen una orientación técnica, pero son ingenuos en el mundo de los negocios, y los que son operadores con mentalidad empresarial, pero carecen de perspicacia técnica. Él demuestra que es posible que una sola persona desempeñe ambas funciones; de hecho, en la industria altamente técnica de los semiconductores, su ambidexteridad puede ser la clave del éxito. Esta es también la razón por la que tiene una relación casi simbiótica con Nvidia. En muchos sentidos, él *es* Nvidia, y la empresa *es* Jensen, ampliada a las proporciones de una corporación multinacional con decenas de miles de empleados y miles de millones de dólares en ingresos.

Por supuesto, esta realidad plantea una pregunta que probablemente no tendrá respuesta durante algún tiempo: ¿qué pasará cuando él y la empresa se separen, como inevitablemente ocurrirá?

Lo que está en juego no podría ser más importante. Jensen siempre recuerda a los empleados de Nvidia que la empresa está a solo una mala decisión de que se encamine hacia la obsolescencia. La historia de Intel, a veces socio y a veces rival de Nvidia, ilustra este riesgo con toda claridad.

En 1981, IBM presentó el IBM PC, revolucionando con ello el mundo de la informática. El fabricante de ordenadores tomó dos decisiones fundamentales para el PC que definirían el sector. La primera fue elegir un chip Intel 8088 como procesador del PC. La segunda fue decidirse por MSDOS, de una pequeña empresa emergente de software llamada Microsoft, como sistema operativo del PC. Sin embargo, IBM cometió un importante error estratégico. En aquel momento, la empresa tenía tanta confianza en su tamaño y su poder de distribución que no se aseguró la exclusividad de los productos de Intel y Microsoft. Pronto, el mercado se inundó de clones «compatibles con PC» con un hardware idéntico, pero a precios más bajos. Fabricantes de PC como Dell y HP dejaron a IBM fuera de la categoría de productos que ella misma había creado, e IBM vendió su división de PC a Lenovo en 2005.

Pero una consecuencia del error de IBM fue la estrecha asociación entre Microsoft e Intel. Durante las últimas cuatro décadas, estas dos empresas han dominado la industria informática. La asociación comercial acabó recibiendo el nombre de «WinTel», un neologismo que combina Windows, el nombre del sistema operativo que Microsoft desarrollaría más tarde, e Intel.

WinTel es un ejemplo de lo que los analistas denominan «bloqueo». Las empresas desarrollaron la mayor parte de sus procesos comerciales en torno a aplicaciones personalizadas que se ejecutaban en PC con Microsoft Windows y servidores con procesadores Intel x86. Una vez establecido esto, resultó demasiado difícil cambiar a otro sistema operativo o informático, como el ecosistema Mac de Apple. Las empresas no pueden simplemente tomar millones de líneas de código escritas para Windows y ponerlas en otra arquitectura de chip. Reescribir el software dependiente de bibliotecas y utilidades especializadas de Windows habría sido una tarea enorme que los directores de informática consideraron demasiado complicada y que no valía la pena correr los riesgos técnicos.

Sin embargo, las fortunas de Microsoft e Intel divergieron a medida que cada una reaccionaba ante las nuevas tecnologías disruptivas. Después de que Satya Nadella asumiera el cargo de director ejecutivo de Microsoft en 2014, la empresa dio un giro y apostó agresivamente por el auge del software de suscripción en la nube y la computación en la nube, lo que le valió una sólida segunda posición detrás de Amazon Web Services en esta última categoría.

Intel, por el contrario, perdió dos oportunidades generacionales: la llegada de los procesadores para teléfonos inteligentes y el auge del software de inteligencia artificial. En 2006, Steve Jobs preguntó al director ejecutivo de Intel, Paul Otellini, si el fabricante de chips estaría dispuesto a suministrar procesadores para el próximo iPhone. En una decisión fatídica que impediría a Intel participar en el futuro del mercado de chips para teléfonos inteligentes, Otellini se negó.

—Había un chip que les interesaba, por el que [Apple] estaba dispuesta a pagar un precio determinado y ni un centavo más, y ese precio estaba por debajo de nuestro coste previsto. No lo veía claro —declaró en una entrevista con *The Atlantic* en 2013—. El mundo habría sido muy diferente si lo hubiéramos hecho.[171]

También en 2006, Intel vendió su unidad XScale, que desarrollaba procesadores ARM de bajo consumo para dispositivos móviles, a Marvell Technology por 600 millones de dólares. Esto dejó a la empresa sin una importante capacidad justo antes de que el mercado de los teléfonos inteligentes empezara a estar dominado por este tipo de procesadores. (Arm Holdings, que volvió a los mercados públicos en 2023, concede licencias de sus diseños de arquitectura de chips de bajo consumo, muy adecuados para dispositivos móviles, a empresas de semiconductores y fabricantes de hardware, entre los que se incluyen Apple y Qualcomm).

Para empeorar las cosas, Intel cometió una serie de errores en su negocio principal. Tardó en comprar e introducir nuevos equipos de fabricación de chips de la empresa holandesa ASML, que utiliza la avanzada tecnología de fabricación de chips denominada litografía ultravioleta extrema (EUV), y no invirtió lo suficiente en técnicas de producción basadas en la litografía EUV. Como resultado, Intel quedó por detrás de TSMC en capacidad para producir chips más avanzados en grandes volúmenes. En 2020, cuando Intel anunció otra ronda de retrasos en la transición a la fabricación de siete nanómetros, muchos clientes la abandonaron por competidores como Advanced Micro Devices, que diseña semiconductores y paga a TSMC para que los fabri-

---

171. Madrigal, Alexis C., «Paul Otellini's Intel: Can the Company That Built the Future Survive It?», *The Atlantic*, 16 de mayo de 2013.

que. Y ese mismo año, Apple comenzó a sustituir a Intel como proveedor de procesadores para Mac por sus chips de diseño interno basados en la arquitectura de chips ARM que alimenta el iPhone y que ahora se utilizan en toda su gama de Mac.

En cuanto a las GPU, el actual director ejecutivo de Intel, Pat Gelsinger, lamenta que la empresa no haya logrado entrar en este sector con su propio producto interno, que habría competido con el de Nvidia.

—Tenía un proyecto llamado Larrabee que, cuando me echaron de Intel, fue cancelado poco después —comentó—. El mundo sería diferente hoy si eso no hubiera ocurrido.[172]

Gelsinger había sido un defensor ejecutivo del proyecto y dirigió la división de informática empresarial de Intel antes de marcharse en 2009 a la empresa de almacenamiento de datos EMC. La GPU Larrabee se canceló en 2010, e Intel no reinició sus esfuerzos en materia de GPU hasta 2018.

Mientras Intel cometía un error tras otro, Nvidia se centró intensamente en inaugurar la era de la GPU. Bajo el liderazgo de Jensen, la empresa invirtió tanto en CUDA que se convirtió en un ecosistema fundamental para los desarrolladores de IA. También hizo adquisiciones inteligentes, como la del líder en redes de alta velocidad Mellanox, para completar la oferta de productos de computación para centros de datos de la empresa. Nvidia tomó estas decisiones ante las exigencias de Wall Street de reducir costes y aumentar los beneficios, exactamente el tipo de estrategia que adoptó Intel cuando rechazó la arquitectura ARM y las GPU. Fue un ejemplo del dilema del innovador: Intel, como empresa dominante, no supo aprovechar la nueva tecnología, lo que permitió a la más ágil Nvidia socavar todo su modelo de negocio.

Hasta ahora, en todas las grandes eras informáticas, la tecnología ha favorecido a los grandes actores capaces de desarrollar una plataforma líder en el mercado, en una dinámica en la que «el ganador se lo lleva todo». El dominio de WinTel en el sector de los ordenadores personales es un modelo para el lide-

172. Entrevista con Pat Gelsinger, 2023.

razgo de Nvidia en hardware y software de IA. En un informe de agosto de 2023, el analista de Jefferies Mark Lipacis estimó que WinTel generó un increíble 80 por ciento de los beneficios operativos de la era de la industria de los ordenadores personales.[173] Con el auge de Internet, Google acaparó el 90 por ciento del mercado de las búsquedas.[174] Y Apple ha sido capaz de generar casi el 80 por ciento de los beneficios de la era de la industria de los teléfonos inteligentes.

Esta historia podría sugerir que la mayor parte de los beneficios de la era de la IA recaerán en Nvidia. La combinación de CUDA y las GPU de Nvidia, que son los únicos chips que pueden ejecutar la plataforma, es comparable al poder de «bloqueo» que lograron el sistema operativo Windows de Microsoft y los procesadores x86 de Intel durante el auge de los ordenadores personales. Al igual que las empresas se construyeron sobre Windows y sus bibliotecas, los creadores de modelos de IA y las empresas se están construyendo sobre las bibliotecas de software CUDA.

Por supuesto, Nvidia podría flaquear y perder nuevas oportunidades informáticas, tal como lo hicieron IBM e Intel. Si desea continuar siendo relevante, deberá permanecer alerta. Gelsinger elogió a Jensen por no renunciar nunca a su visión de la computación acelerada.

—Tengo mucho respeto por Jensen porque se mantuvo fiel a su misión —dijo.

Sin embargo, no se trata solo de una cuestión de visión estratégica. Nvidia sigue funcionando como una empresa tecnológica, no como un vehículo de inversión. No se centra en los márgenes y la obtención de beneficios a expensas del desarrollo de nuevas innovaciones, incluso cuando esas innovaciones pueden afectar a los resultados de Nvidia.

173. Lipacis, Mark, «NVDA Deep-Dive Presentation», Jefferies Equity Research, 17 de agosto de 2023.

174. «Search Engine Market Share Worldwide», Statcounter. Disponible en <https://gs.statcounter.com/search-engine-market-share> (consultado el 9 de agosto de 2024).

—Solo podemos seguir siendo relevantes si invertimos —dijo Jensen en una ocasión—. En mi negocio, si no inviertes, pronto te quedas fuera del mercado.

En otras palabras, cree que, en la industria de los chips, altamente técnica, la ingeniería innovadora es mucho más importante que los parámetros financieros. Esa creencia es quizás lo que más diferencia a Jensen de sus colegas.

PARTE 4

HACIA EL FUTURO
(2013-PRESENTE)

11

El camino hacia la IA

En 2005, el científico jefe de NVIDIA, David Kirk, pensaba en un cambio. Se había incorporado a NVIDIA a principios de 1997, durante el desarrollo del chip RIVA 128, que había salvado a la empresa. Desde entonces, había supervisado el lanzamiento de varias arquitecturas de chips y había sido testigo de cómo NVIDIA oscilaba entre experiencias cercanas a la muerte y éxitos que definían el mercado. Necesitaba un descanso de las largas jornadas y el estrés del trabajo, pero para ello tenía que encontrar un sucesor digno. Kirk no conocía a nadie en el sector que pudiera cumplir con sus altos estándares —y los de Jensen— para el puesto de científico jefe en Nvidia. Pero tenía en el punto de mira a un académico con un currículum impresionante. La pregunta era: ¿cómo podría la empresa atraerlo para que dejara su puesto actual?

El profesor Bill Dally no tenía nada más que demostrar en el campo de la informática. Era una leyenda viva: tras obtener su licenciatura en Ingeniería Eléctrica en 1980 en Virginia Tech, comenzó a trabajar en Bell Labs en algunos de los primeros microprocesadores. En 1981, obtuvo su máster en Ingeniería Eléctrica en Stanford y, en 1983, se matriculó en el programa de doctorado en Informática de Caltech.[175] Dally escribió su tesis

---

175. Dally, William James, «A VLSI Architecture for Concurrent Data Structures», tesis doctoral, California Institute of Technology, 1986.

doctoral —Richard Feynman, físico teórico ganador del Premio Nobel y pionero en mecánica cuántica, formó parte de su comité evaluador— sobre las estructuras de datos concurrentes, una técnica para organizar la información en un ordenador de manera que pueda ser utilizada por múltiples subprocesos informáticos simultáneamente. Hoy esto se conoce como computación paralela, y Nvidia se basa en esta técnica para toda su línea de procesadores avanzados.

Tras obtener su doctorado, Dally impartió clases en el MIT, donde trabajó tanto con superordenadores de última generación como con máquinas más económicas que utilizaban componentes estándar. Tras once años en Cambridge, regresó a Stanford para dirigir el Departamento de Informática y, finalmente, fue nombrado profesor de una de las codiciadas cátedras financiadas de la universidad, la Willard R. e Inez Kerr Bell de Ingeniería.

Kirk tomó nota del trabajo de Dally a principios de la década del 2000 y lo invitó a asesorar sobre la arquitectura del chip Tesla que finalmente impulsó la serie GeForce 8. Esta fue la quinta generación de GPU «verdaderas» de Nvidia después de la primera GeForce 3 programable, pero una de las primeras en aprovechar realmente la computación paralela. Fue el primer paso de lo que se convertiría en un cortejo de seis años.

—Fue un proceso de contratación largo y lento. Una vez que lo capturamos, lo fuimos atrayendo poco a poco —explicó Kirk—. Bill era otra pieza esencial porque es como un maestro de la computación paralela. Eso es lo que ha estado haciendo durante toda su carrera..., tenía una visión de cómo debería funcionar la computación paralela.[176]

En 2008, Dally se tomó un año sabático para pensar en su próximo paso. Al año siguiente, Kirk finalmente ganó y lo convenció de dar el salto a la industria. Dally renunció a su puesto en Stanford y se unió a Nvidia a tiempo completo, con el objetivo de llevar su trabajo teórico a aplicaciones comerciales.

---

176. Entrevista con David Kirk, 2024.

Kirk contrató a Dally no solo para que lo sucediera como científico jefe, un puesto importante con muchas responsabilidades en toda la empresa. También sabía que Dally podía acelerar el desarrollo de la tecnología GPU de Nvidia.

Durante los primeros cincuenta años de la historia de la informática, el chip más importante dentro del ordenador era la unidad central de procesamiento, o CPU. La CPU es un dispositivo generalista, capaz de ejecutar una amplia variedad de tareas. Pasa de una tarea a otra con gran velocidad y puede dedicar una potencia de procesamiento significativa a cada operación. Sin embargo, solo puede manejar unas pocas operaciones simultáneamente debido a su número limitado de núcleos, que únicamente procesan unos pocos hilos de cálculo a la vez.

La GPU, por el contrario, está optimizada para el volumen por encima de la complejidad. Contiene cientos o miles de diminutos núcleos de procesamiento, lo que le permite dividir las tareas en numerosas operaciones más sencillas que se ejecutan en paralelo. Aunque una GPU es menos versátil que una CPU, puede superar ampliamente a esta última en velocidad de procesamiento para muchas aplicaciones.[177] El secreto del éxito de la GPU es la computación paralela, campo en el que Bill Dally fue pionero.

En Nvision 08, una conferencia celebrada en San José dirigida no a los expertos del sector, sino a los entusiastas de los gráficos, Jamie Hyneman y Adam Savage, del programa de televisión «Mythbusters», prepararon una presentación. Según ellos, Nvidia les había pedido que hicieran una demostración práctica de las diferencias entre una CPU y una GPU, «una especie de lección de ciencias —como dijo Savage— sobre cómo funciona una GPU».[178] Llevaron al escenario dos máquinas diseñadas para realizar la misma tarea —pintar un cuadro— de dos maneras diferentes. La primera máquina se llamaba Leonardo, un robot controlado a distancia que consistía en una pistola de *paintball*

177. Caulfield, Brian, «What's the Difference Between a CPU and a GPU?», Nvidia Blog, 16 de diciembre de 2009.

178. «NVIDIA: Adam and Jamie Explain Parallel Processing on GPU's», Artmaze1974, 15 de septiembre de 2008, video.

montada en un brazo giratorio sobre un par de orugas similares a las de un tanque. Hyneman pilotó el robot por el escenario hasta un punto situado frente a un lienzo en blanco, donde comenzó a disparar bolas de pintura según un algoritmo preprogramado. En treinta segundos, Leonardo produjo una imagen claramente legible de una cara sonriente en un solo color, el azul. Savage explicó que así es como funcionan las CPU:

—Como una serie de acciones discretas realizadas secuencialmente, una tras otra.

La segunda máquina, Leonardo 2, se parecía más a una GPU. Era un enorme bastidor con mil cien tubos idénticos, cada uno de los cuales estaba cargado con una sola bola de pintura. Los tubos estaban conectados a uno de los dos gigantescos tanques de aire comprimido, que lanzaban todas las bolas de pintura al mismo tiempo. Mientras que Leonardo tardaba casi medio minuto en pintar su sencilla cara sonriente, Leonardo 2 tardaba menos de una décima de segundo en salpicar todo un lienzo con una imagen a todo color que era una aproximación reconocible de la *Mona Lisa*.

—Es como un procesador paralelo —dijo Hyneman con su característico tono impasible.

El renderizado de gráficos por ordenador es una tarea que requiere un gran esfuerzo computacional, pero es mucho menos compleja que, por ejemplo, recalcular todas las fórmulas matemáticas de una hoja de cálculo con un millón de celdas. Por lo tanto, la forma más eficaz de mejorar el rendimiento de un ordenador en el renderizado de gráficos es proporcionarle acceso a muchos más núcleos especializados que puedan procesar más subprocesos de software en paralelo, todos ellos optimizados para el pequeño conjunto de tareas relacionadas con el procesamiento de gráficos. Para ser más competente en lo que se diseñó para hacer, una GPU no necesita más flexibilidad ni más potencia bruta; simplemente necesita más rendimiento. Con el tiempo, la distinción entre CPU y GPU se ha difuminado, especialmente porque se ha descubierto que el tipo de matemáticas matriciales que pueden realizar las GPU es aplicable en campos tan diversos como la visión por ordenador, la simulación física y la inteligencia artificial. La GPU se ha convertido más bien en un chip de uso general.

Poco después de incorporarse a NVIDIA, Dally comenzó a reestructurar los equipos de investigación de la empresa para que trabajaran en la computación paralela. Uno de los primeros grandes proyectos en los que participó tenía que ver con fotos de gatos en Internet.

Uno de los antiguos compañeros de Dally en Stanford, el profesor de informática Andrew Ng, colaboraba con Google Brain —uno de los laboratorios de investigación en IA de Alphabet que más tarde se fusionaría con Google DeepMind— para encontrar mejores formas de llevar a cabo el aprendizaje profundo a través de redes neuronales. A diferencia de las primeras redes neuronales, que requerían que los humanos les «enseñaran» lo que estaban viendo, las redes neuronales de aprendizaje profundo eran totalmente autónomas. El equipo de Ng, por ejemplo, alimentó su red de aprendizaje profundo con una muestra aleatoria de 10 millones de imágenes fijas tomadas de YouTube y dejó que decidiera qué patrones se repetían con suficiente frecuencia como para que la red los «recordara». El modelo fue expuesto a tantos videos de gatos que desarrolló de forma independiente una imagen compuesta de la cara de un gato sin intervención humana. A partir de entonces, pudo identificar de forma fiable a los gatos en imágenes que no formaban parte de su conjunto de entrenamiento.[179]

Para veteranos de la informática como Dally, este fue un punto de inflexión.

—En realidad, hay tres cosas que se necesitan para que el aprendizaje profundo funcione —señaló.[180]

En primer lugar, los algoritmos básicos existen desde los años ochenta. Ha habido mejoras, como los transformadores,

179. Markoff, John, «How Many Computers to Identify a Cat? 16,000», *The New York Times*, 26 de junio de 2012.
180. Entrevista con Bill Dally, 2024.

pero en general llevan décadas entre nosotros. En segundo lugar, los conjuntos de datos. Se necesitan muchos datos... Los conjuntos de datos etiquetados fueron algo interesante que comenzó a surgir a principios de la década del 2000. Y en tercero, Fei-Fei Li creó el conjunto de datos ImageNet. Y eso supuso un gran servicio público, porque disponer de ese gran conjunto de datos y hacerlo público permitió que mucha gente pudiera hacer cosas muy interesantes.

El trabajo de Ng había demostrado el poder de aplicar algoritmos bien conocidos y comprendidos a conjuntos de datos suficientemente grandes. Aunque la capacidad de su modelo de aprendizaje profundo para reconocer gatos acaparó los titulares, era capaz de hacer mucho más. Con más de mil millones de parámetros, la red neuronal de Google Brain podía identificar decenas de miles de formas, objetos e incluso rostros diferentes.[181] Ng había necesitado a Google, que le dio acceso a un rico conjunto de datos para el aprendizaje profundo, que resultó ser una de las bibliotecas de contenido más grandes del mundo: YouTube, propiedad de Google desde 2006. Ni siquiera su institución de origen, Stanford, con su amplio presupuesto para investigación, podía proporcionarle ese tipo de material de formación. (Google no actuaba por altruismo: a cambio del acceso a sus datos, se reservaba los derechos para comercializar cualquier cosa que Ng desarrollara utilizando esos datos).

Pero la tercera cosa «necesaria para que el aprendizaje profundo funcionara», según Dally, era el hardware, y esto resultaba más difícil de resolver. Ng había utilizado uno de los centros de datos de Google y había construido su propio servidor de aprendizaje profundo encadenando más de 2 000 CPU, con 16 000 núcleos de computación entre ellas.[182] La hazaña de Ng era impresionante, sin duda. Pero ahora se enfrentaba al mismo reto

181. Coates, Adam *et al.*, «Deep Learning with COTS HPC Systems», Proceedings of the 30th International Conference on Machine Learning, *Journal of Machine Learning Research*, 2013, vol. 28, pp. III-1337-III-1345.

182. Huang, Jensen, «Accelerating AI with GPUs: A New Computing Model», Nvidia Blog, 12 de enero de 2016.

que Ross Walker había afrontado en el Supercomputing Center de San Diego: por muy emocionante que fuera su trabajo de prueba de concepto, seguía poniendo la promesa del aprendizaje profundo mucho más allá del alcance de la mayoría de las organizaciones. Ni siquiera los grupos de investigación con buena financiación podrían comprar miles de costosas CPU, y mucho menos alquilar espacio en un centro de datos que pudiera almacenar, alimentar y refrigerar un sistema informático tan grande. Para aprovechar realmente el potencial del aprendizaje profundo, el hardware tendría que ser mucho más asequible.

Después de dejar Stanford para incorporarse a Nvidia, Dally siguió en contacto con Ng. Una mañana quedaron para desayunar y Ng le habló de su trabajo con Google Brain. Le describió cómo había demostrado con éxito que la teoría del aprendizaje profundo podía aplicarse a un problema del mundo real: el reconocimiento automático de objetos en fotografías, sin etiquetado ni intervención humana. Ng le explicó en detalle su enfoque, que consistía en combinar el extenso conjunto de datos de los vídeos de YouTube con la potencia bruta de decenas de miles de procesadores tradicionales.

Dally quedó impresionado.

—Es muy interesante —dijo. Entonces hizo una observación que cambiaría la trayectoria de la inteligencia artificial—. Apuesto a que las GPU serían mucho mejores para hacer eso.[183]

Asignó a su colega de Nvidia, Bryan Catanzaro, que tenía un doctorado en Ingeniería Eléctrica e Informática por la Universidad de California, Berkeley, para ayudar al equipo de Ng a utilizar las GPU para el aprendizaje profundo. Dally y Catanzaro estaban convencidos de que las tareas computacionales implicadas podían dividirse en operaciones más pequeñas y menos complejas que una GPU podría ejecutar de forma más eficiente. Desarrollaron una serie de pruebas que demostraron de forma concluyente su teoría. El reto, en la práctica, era que los modelos de aprendizaje profundo eran demasiado grandes para ejecutarse en una sola GPU, que únicamente podía manejar modelos con

183. Entrevista con Bill Dally, 2024.

250 millones de parámetros, una fracción del tamaño del modelo Google Brain de Ng. Aunque era posible instalar hasta cuatro GPU en un solo servidor, nunca se había intentado «encadenar» varios servidores GPU para aumentar su potencia de procesamiento colectiva.[184]

Utilizando el lenguaje CUDA de Nvidia, el equipo de Catanzaro escribió una nueva rutina optimizada para permitir la distribución del cálculo entre muchas GPU y gestionar la comunicación entre ellas. Las optimizaciones permitieron a Ng y Catanzaro consolidar el trabajo que antes realizaban 2 000 CPU en tan solo doce GPU de Nvidia.[185]

Catanzaro había demostrado que, con un trabajo de software especializado, las GPU podían proporcionar «la chispa que encendió la revolución de la IA», según Dally.[186]

—Si pensamos en el combustible como la creación de algoritmos y en el aire como los conjuntos de datos, una vez que se dispone de las GPU, es posible aplicarlos entre sí. Sin eso, simplemente no era factible.

Las optimizaciones CUDA de Catanzaro también le llevaron a entrar en contacto directo con Jensen por primera vez.

—De repente, se interesó mucho por el trabajo que estaba haciendo. Me enviaba correos electrónicos para preguntarme qué estaba intentando hacer, qué era el aprendizaje profundo, cómo funcionaba —recuerda Catanzaro—. Y, por supuesto, cuál podría ser el papel de las GPU para que eso fuera posible.[187]

Jensen quería vender más GPU, por supuesto. Pero para ello, necesitaba encontrar la «aplicación estrella» que impulsara la adopción de las GPU. El aprendizaje profundo tenía el potencial de ser precisamente eso, pero solo si alguien podía demostrar su utilidad más allá de la identificación de mascotas domésticas.

184. Coates *et al.*, «Deep Learning with COTS HPC Systems», III-1338.
185. Coates *et al.*, «Deep Learning with COTS HPC Systems», III-1345.
186. Entrevista con Bill Dally, 2024.
187. Entrevista con Bryan Catanzaro, 2024.

En el mismo período en el que Catanzaro trabajaba para ayudar a Ng a desarrollar su proyecto de red neuronal de aprendizaje profundo, un equipo de investigación de la Universidad de Toronto demostró que estas redes podían superar al mejor software creado por el ser humano en la resolución de los problemas más complejos de visión artificial.

Este hito tiene sus raíces en 2007, cuando una recién nombrada profesora de informática en Princeton llamada Fei-Fei Li (a quien Dally menciona en una cita anterior) comenzó a trabajar en un nuevo proyecto. En aquel momento, el campo de la visión artificial se centraba en desarrollar los mejores modelos y algoritmos, ya que se partía de la base de que quien diseñara el mejor algoritmo obtendría necesariamente los resultados más precisos. Li dio un giro a esa suposición y propuso que quien entrenara con los mejores datos obtendría los mejores resultados, incluso si no había diseñado el algoritmo más refinado.[188] Para dar a sus compañeros investigadores una ventaja en la monumental tarea de recopilar los datos necesarios, comenzó a compilar un catálogo de imágenes, cada una de las cuales se etiquetaba manualmente en función de su contenido. Tras dos años de trabajo, la base de datos había crecido hasta alcanzar más de 3 millones de imágenes con mil categorías diferentes y mutuamente excluyentes, que iban desde las específicas (urraca, barómetro, taladro eléctrico) hasta las generales (panal, televisión, iglesia). Bautizó su base de datos como ImageNet y la dio a conocer al mundo académico en forma de artículo de investigación. Al principio, nadie leyó el artículo ni prestó mucha atención a otras vías por las que intentó divulgar su investigación. Así que se puso en contacto con la Universidad de Oxford, que mantenía una base de datos similar a la suya y patrocinaba un concurso anual en Europa para investigadores en visión artificial. Preguntó si estaría dispuesta a copatrocinar algo similar en Estados Unidos, utilizando ImageNet. La universidad aceptó y, en 2010, se celebró el primer ImageNet Large Scale Visual Re-

188. Gershgorn, Dave, «The Data That Transformed AI Research—and Possibly the World», *Quartz*, 26 de julio de 2017.

cognition Challenge (Desafío de Reconocimiento Visual a Gran Escala de ImageNet).[189]

Las reglas eran sencillas: los modelos participantes recibirían imágenes aleatorias de ImageNet y tendrían que asignarlas correctamente en categorías. En las dos primeras competiciones, celebradas en 2010 y 2011, los resultados no fueron muy buenos. Durante la competición inaugural, un modelo clasificó erróneamente casi todas las imágenes y ningún equipo obtuvo una puntuación superior al 75 por ciento de aciertos.[190] En el segundo año, los equipos obtuvieron mejores resultados en promedio —el que obtuvo peores resultados acertó alrededor de la mitad de las imágenes—, pero, una vez más, nadie clasificó correctamente más del 75 por ciento de las imágenes.

En el tercer concurso, celebrado en 2012, el profesor Gary Hinton de la Universidad de Toronto y dos de sus alumnos, Ilya Sutskever y Alex Krizhevsky, presentaron una propuesta que denominaron AlexNet. A diferencia del resto de participantes, que habían comenzado a desarrollar algoritmos y modelos antes de optimizarlos para su uso en ImageNet, el equipo de AlexNet adoptó el enfoque contrario. Utilizaron una GPU de Nvidia para dar soporte a una red neuronal de aprendizaje profundo a pequeña escala a la que se le proporcionó contenido de ImageNet y que luego «aprendió» a establecer relaciones entre las imágenes y sus etiquetas asociadas. El equipo no se propuso escribir el mejor algoritmo de visión artificial posible; de hecho, no escribieron ni una sola línea de código de visión artificial. En su lugar, escribieron el mejor modelo de aprendizaje profundo que pudieron y confiaron en que este resolvería por sí solo el problema de la visión artificial.

—Las GPU que comenzaron con la generación Fermi eran tan potentes que permitían crear redes neuronales de un tamaño considerable y procesar una cantidad enorme de datos

189. Hempel, Jessi, «Fei-Fei Li's Quest to Make AI Better for Humanity» *WIRED*, 13 de noviembre de 2018.

190. Gershgorn, «The Data That Transformed AI Research».

en un tiempo razonable —explicó Dally, refiriéndose a la arquitectura de chip que impulsaba la serie GeForce 500, lanzada por primera vez en 2010—. Así que AlexNet se entrenó en dos semanas.[191]

Los resultados fueron sorprendentes. Una vez más, la barrera del 75 por ciento se mantuvo para la mayoría de los competidores. Pero AlexNet clasificó correctamente casi el 85 por ciento de las imágenes, y lo hizo por sí solo, gracias al poder del aprendizaje profundo. La victoria de AlexNet supuso un gran impulso para las relaciones públicas de Nvidia, ya que Hinton y sus alumnos solo necesitaron un par de GPU comerciales, disponibles en el mercado, que costaban unos cientos de dólares cada una. AlexNet asoció para siempre a la empresa con lo que todavía se considera uno de los acontecimientos más importantes en la historia de la inteligencia artificial.

—Cuando Alex Krizhevsky e Illya Sutskever publicaron su artículo «Aprendizaje profundo de imágenes» sobre ImageNet, causó un gran revuelo en todo el mundo —señaló Catanzaro—. Una de las cosas que la gente suele olvidar es que se trata principalmente de un artículo sobre sistemas. Ese artículo no trata sobre un nuevo y sofisticado concepto matemático sobre cómo pensar en la inteligencia artificial. En cambio, lo que hicieron fue utilizar la computación acelerada para ampliar drásticamente el conjunto de datos y el modelo que estaban aplicando a este problema en particular. Y eso acabó dando unos resultados excelentes.[192]

El trabajo de Alex Krizhevsky e Illya Sutskever despertó el interés de Jensen por la inteligencia artificial. Comenzó a hablar con frecuencia con Bill Dally y se centró en las oportunidades que el aprendizaje profundo, y en concreto el aprendizaje profundo basado en GPU, supondría para Nvidia. Hubo un debate considerable dentro del equipo ejecutivo sobre el tema. Varios de los principales colaboradores de Jensen se oponían a invertir más en el aprendizaje profundo, ya que creían que se

191. Entrevista con Bill Dally, 2024.
192. Entrevista con Bryan Catanzaro, 2024.

trataba de una moda pasajera. Pero el director ejecutivo desestimó sus opiniones.

—El aprendizaje profundo va a ser muy importante —afirmó en una reunión del equipo ejecutivo en 2013—. Debemos apostar por él.

Aunque no era consciente del todo, Jensen había dedicado los primeros veinte años de la historia de Nvidia a prepararla para este momento. La había dotado del mejor talento que había encontrado, incluso fichando a empleados de sus rivales y socios. Había creado una cultura que valoraba la brillantez técnica, el máximo esfuerzo y, sobre todo, el compromiso total. Había construido una empresa a imagen y semejanza de su propia mente, centrada pero con amplios horizontes. Ahora, utilizaría todos los recursos a su alcance para llevar a Nvidia al centro de la industria tecnológica, como la empresa cuyo hardware podría hacer realidad el futuro impulsado por la IA.

El primer paso fue asignar mucho más personal y financiación a la IA. Catanzaro calculó que solo había un puñado de personas trabajando en proyectos relacionados con la IA. Pero cuando Jensen comenzó a comprender la magnitud de la oportunidad que se le presentaba a Nvidia, utilizó la filosofía de «un solo equipo» para reasignar rápidamente los recursos.

—No fue un solo día en el que toda la empresa cambiara para —rememora Catanzaro—. Fue un periodo de varios meses en el que Jensen se interesó cada vez más y empezó a hacer preguntas cada vez más profundas, y, luego empezó a animar a la empresa a pasarse al aprendizaje automático.[193]

Tras la «transición», Nvidia lanzó una avalancha de nuevas funciones diseñadas específicamente para el mercado de la IA. Jensen ya había tomado la importante y costosa decisión de hacer que toda la gama de hardware de la empresa fuera compatible con CUDA, de modo que los investigadores e ingenieros pudieran programar las GPU de Nvidia para sus necesidades específi-

193. *Idem.*

cas. Ahora, le pidió a Dally que propusiera mejoras centradas en la IA.

Jensen anunció el cambio de enfoque estratégico en una reunión con todo el personal de la empresa.

—Debemos considerar este trabajo como nuestra máxima prioridad.[194]

Explicó que Nvidia tenía que conseguir a las personas adecuadas para trabajar en IA. Si actualmente estaban asignadas a otras tareas, cambiarían de enfoque y trabajarían en IA, ya que iba a ser más importante que cualquier otra cosa que pudieran estar haciendo.[195]

Catanzaro convirtió su trabajo de optimización de GPU en una biblioteca de software que Nvidia denominó CUDA Deep Neural Network, o cuDNN. Esta fue la primera biblioteca optimizada para IA de la empresa. Con el tiempo, se convertiría en una herramienta imprescindible para los desarrolladores de IA. Funcionaba con todos los marcos de IA líderes y permitía a los usuarios emplear automáticamente los algoritmos más eficientes para cualquier tarea de GPU que necesitaran.

—Jensen estaba entusiasmado —dijo Catanzaro—. Quería que se comercializara y se distribuyera lo antes posible.

Otra vía prometedora consistía en modificar el nivel de precisión de los cálculos matemáticos que podían realizar las GPU de Nvidia. En aquel momento, las GPU de la empresa admitían una precisión matemática de 32 bits (flotante simple o FP32) o de 64 bits (flotante doble o FP64); cualquiera de estos dos tipos de cálculo era un requisito para muchos campos científicos y técnicos. Sin embargo, los modelos de aprendizaje profundo no necesitaban tanta precisión; solo requerían que las GPU realizaran cálculos de 16 bits en coma flotante, ya que las redes eran resistentes a los errores de cálculo durante el entrenamiento. En otras palabras, las GPU de Nvidia realizaban cálculos matemáticos *excesivamente* precisos —y, por lo tanto, mucho más lentos— para los modelos de aprendizaje

194. *Idem.*
195. *Idem.*

profundo. Para que las GPU funcionaran más rápido y estos modelos se ejecutaran de manera más eficiente, en 2016 Dally implementó la compatibilidad con FP16 en todas las GPU de Nvidia.

Pero la verdadera tarea consistía en fabricar circuitos de hardware a medida que estuvieran optimizados para la IA. Cuando Nvidia dio el salto a la IA, sus arquitectos ya estaban trabajando en la próxima generación de GPU, llamada Volta. La nueva línea llevaba varios años en desarrollo, por lo que introducir un pequeño cambio en el diseño del chip en ese momento sería costoso y difícil. Pero Dally se dio cuenta, con el empujón de Jensen, de que si la empresa no intentaba fabricar chips optimizados para la IA ahora, podría no tener otra oportunidad en años.

—Todo el equipo, el grupo de GPU, Jensen y yo mismo acordamos incorporar un apoyo significativamente mayor a la IA, a pesar de lo avanzado que estaba el proceso de desarrollo.

Ese «apoyo» incluía el desarrollo de un tipo de procesador diminuto totalmente nuevo, denominado Tensor Core, que se integró en Volta. En el aprendizaje automático, un tensor es un tipo de contenedor de datos que codifica múltiples dimensiones de información, especialmente para tipos de contenido complejos, como imágenes y vídeos. Debido a su riqueza, los cálculos basados en tensores requieren una gran cantidad de potencia de procesamiento. Y las formas más interesantes de aprendizaje profundo (reconocimiento de imágenes, generación de lenguaje y conducción autónoma) requerían el uso de tensores cada vez más grandes y complejos.

De la misma manera que las GPU tradicionales supusieron una mejora con respecto a los cálculos basados en CPU debido a su capacidad para gestionar un subconjunto más pequeño de tareas de forma más eficiente, los núcleos Tensor supusieron una mejora con respecto a las GPU tradicionales, ya que estaban optimizados para ejecutar un subconjunto aún más especializado de tareas con una eficiencia aún mayor. En palabras de Dally, eran «múltiples motores matriciales», creados para el aprendizaje profundo y solo para el aprendizaje profundo. Una GPU basada en Volta con núcleos Tensor podía entrenar un modelo de aprendizaje profundo tres veces más rápido que la misma GPU con núcleos CUDA estándar.[196]

Todas estas innovaciones y cambios tuvieron un coste operativo. Dally y su equipo implementaron los últimos ajustes en la línea Volta apenas unos meses antes de la fecha prevista para su lanzamiento, el último paso antes de que el diseño definitivo entrara en producción. Era casi inaudito que un fabricante de chips hiciera algo así de forma voluntaria, en lugar de como respuesta a un defecto grave detectado en el último momento.

—Fue una decisión sobre cuánto espacio de chip íbamos a dedicar, porque pensamos que este mercado de IA en evolución iba a ser un gran mercado —explicó Dally—. Resultó ser una buena decisión. Creo que fue una verdadera fortaleza de Nvidia que pudiéramos hacer eso.[197]

En cierto sentido, Nvidia estaba haciendo lo que siempre había hecho: detectar una gran oportunidad y apresurarse a lanzar sus productos al mercado antes de que nadie más se diera cuenta del potencial que tenía. Jensen comprendió desde el principio de la carrera por la IA que no se trataba solo de quién podía fabricar el chip más rápido para el aprendizaje profundo. Se trataba también de cómo funcionaba todo en conjunto: la infraestructura de hardware y software.

—Contar con una arquitectura y un mecanismo de atención que permitían escalar estos modelos también supuso un gran impulso para el sector —dijo Jensen en 2023.[198]

Dally coincidió con la valoración de Jensen:

—Lo más importante es crear todo el ecosistema de software desde el principio.

196. «NVIDIA Tesla V100: The First Tensor Core GPU», Nvidia. Disponible en <https://www.nvidia.com/en-gb/data-center/tesla-v100/>.

197. Entrevista con Bill Dally, 2024.

198. «No Priors Ep. 13 | With Jensen Huang, Founder & CEO of NVIDIA», No Priors: AI, Machine Learning, Tech, & Startups, 25 de abril de 2023, video, 16:19. Disponible en <https://www.youtube.com/watch?v=ZFtW3g1dbUU>.

Nvidia quería producir «todo tipo de software para facilitar al máximo el aprendizaje profundo eficiente en GPU», ya que presentar un marco listo para usar y una biblioteca de software de apoyo hacía prácticamente inevitable que los desarrolladores, investigadores e ingenieros externos acudieran primero a Nvidia cuando pensaran en la IA.

Al igual que CUDA había dado a conocer el nombre de Nvidia en el hermético mundo de los investigadores académicos de IA, su próxima generación de hardware llegaría justo a tiempo para que esos mismos pioneros probasen suerte en el mercado comercial. Pronto, el centro de gravedad de la IA se desplazaría de Stanford, Toronto y Caltech a las empresas emergentes y a las tecnológicas ya consolidadas. Geoffrey Hinton y Fei-Fei Li acabarían en Google. Andrew Ng trabajó como científico jefe en Baidu, originalmente el mayor motor de búsqueda de China y ahora un conglomerado tecnológico. E Ilya Sutskever, alumno de Hinton y uno de los tres investigadores que lograron el avance de AlexNet, cofundaría una *start-up* de aprendizaje profundo llamada OpenAI que llevaría la revolución de la IA a la conciencia pública.

Lo único que todos ellos tenían en común era que, en su vida académica, habían utilizado GPU de Nvidia para llevar a cabo sus innovadoras investigaciones. Y Nvidia seguiría siendo su opción preferida a medida que transformaban la IA de un oscuro campo académico en una obsesión global que generaba un enorme interés por los nuevos chips, los servidores de IA y los centros de datos.

El trabajo de Bill Dally y Bryan Catanzaro permitió a Jensen detectar una señal temprana del potencial de la nueva tecnología. Jensen estaba convencido de que en una década la IA crearía «la mayor expansión del mercado total accesible (TAM) de software y hardware que hayamos visto en varias décadas».[199] En cuestión de años, remodeló Nvidia en torno a la IA, avanzando con la intensidad de la «velocidad de la luz». De hecho, solo tomando medidas extremas —en contra de las tendencias

199. «Q3 2024 Earnings Call», Nvidia, 21 de noviembre de 2023.

del sector hacia organizaciones estáticas, plazos de desarrollo largos y un gasto moderado en I+D— Jensen pudo preparar a Nvidia para aprovechar el terremoto de la IA cuando finalmente se produjo. E incluso entonces, nadie, ni siquiera Jensen, sabía lo violentamente que iba a cambiar el panorama de todo el sector tecnológico.

12

El fondo de cobertura «más temido»

Aunque pocos lo saben, las historias de Nvidia y Starboard Value, quizás el fondo de cobertura activista más famoso del mundo, están entrelazadas.

Jeff Smith, fundador de Starboard, creció en la localidad de Great Neck, en Long Island. En 1994, se licenció en Economía por la Wharton School de la Universidad de Pensilvania y comenzó su carrera en la banca de inversión. Más tarde, se incorporó a un pequeño fondo de cobertura llamado Ramius Capital, que se fusionó con Cowen Group.[200] En 2011, Smith y dos de sus socios crearon Starboard Value como un fondo independiente, que se «centraría en liberar el valor de las empresas con bajo rendimiento en beneficio de todos los accionistas».[201]

Según un artículo de la revista *Fortune* de 2014, Smith se ganó rápidamente la reputación de ser «el hombre más temido» del mundo empresarial estadounidense por su agresiva in-

---

200. De la Merced, Michael J., «A Primer on Starboard, the Activist That Pushed for a Staples-Office Depot Merger», *The New York Times*, 4 de febrero de 2015.

201. «Transforming Darden Restaurants», Starboard Value, presentación de PowerPoint, 11 de septiembre de 2014.

versión activista.[202] Para entonces, el fondo contaba con más de
3 000 millones de dólares en activos bajo gestión, que generaban
unos sólidos rendimientos del 15.5 por ciento anual. Había sustituido a más de ochenta consejeros en treinta consejos de administración diferentes; entre los consejos que configuró se encontraban los de la empresa biotecnológica SurModics y la empresa
de peluquería Regis. En 2012 sufrió una inusual derrota en una
batalla por el control de AOL para añadir consejeros a su consejo
de administración, pero siguió apuntando a objetivos cada vez
más ambiciosos.

A finales de 2013, Starboard Value dio su paso más destacado hasta la fecha: anunció que había acumulado una participación del 5.6 por ciento del mayor propietario de cadenas de restaurantes de servicio completo del país, Darden Restaurants,
propietario y operador de Olive Garden, Red Lobster, LongHorn
Steakhouse y otras cadenas nacionales. Las ventas de Darden llevaban años cayendo y la empresa había decidido desprenderse
por completo de Red Lobster, alegando el aumento de los costes
del marisco.[203] Smith no estaba de acuerdo con la decisión; acha-
caba los problemas de Darden a una mala gestión y argumentaba que desprenderse de Red Lobster destruiría valor para los
accionistas, en lugar de crearlo. Starboard consideraba que Darden ya tenía todo lo necesario para sobrevivir, excepto un buen
liderazgo.

En septiembre de 2014, Starboard publicó su propuesta para
reflotar Darden en una presentación de PowerPoint de casi trescientas diapositivas. La presentación generó una gran atención
en los medios de comunicación nacionales; los periodistas económicos destacaron el tono especialmente incisivo del plan
(«Darden ha sido mal gestionada durante años y... necesita ur-
gentemente un cambio radical»), mientras que otros se burlaron

202. Cohan, William D., «Starboard Value's Jeff Smith: The Investor CEOs
Fear Most», *Fortune*, 3 de diciembre de 2014.

203. Darden Restaurants, «Darden Addresses Inaccurate and Misleading
Statements by Starboard and Provides the Facts on Value Achieved with Red
Lobster Sale», nota de prensa, 4 de agosto de 2014.

de algunas de sus sugerencias para ahorrar costes, como pedir a los camareros que fueran menos generosos a la hora de repartir palitos de pan de forma ilimitada.[204] Pero el plan de Starboard era completo y lógico, incluso la sugerencia de los palitos de pan, cuyo objetivo era aumentar el número de puntos de contacto entre el personal y los clientes. Además, Starboard sugirió que se preocupaba genuinamente por las marcas de Darden, y no solo por razones financieras: «Olive Garden ocupa un lugar especial en nuestros corazones», decía una diapositiva.[205] La combinación de sentimentalismo y rigor del fondo de cobertura convenció a los accionistas de Darden; Starboard se aseguró la victoria en la votación y sustituyó a los doce miembros del consejo de administración de la empresa. El director general de Darden dimitió poco después y la empresa aplicó el plan de reestructuración aprobado por Starboard. La victoria de Smith consolidó su reputación de minucioso y duro.

Un año antes de la ampliamente difundida victoria de Starboard sobre Darden, Smith había llevado a cabo una maniobra menos publicitada con Nvidia.

A principios de 2013, los accionistas de Nvidia estaban inquietos. El precio de las acciones se había mantenido prácticamente estable durante cuatro años y los resultados financieros eran dispares. En el último trimestre, que finalizó en enero, las ventas aumentaron un 7 por ciento interanual, pero los beneficios descendieron un 2 por ciento.

Nvidia tenía un sólido balance con unos 3 000 millones de dólares en efectivo neto, lo que suponía un activo significativo cuando el valor total de mercado de la empresa era de 8 000 millones de dólares. Sin embargo, su tasa de crecimiento era solo de un dígito, lo que se traducía en un múltiplo precio-beneficio (P/E) de solo catorce veces los beneficios. Tras descontar el efectivo disponible de Nvidia, Starboard consideró que la empresa

204. Udland, Myles y Holodny, Elena, «Hedge Fund Manager Publishes Dizzying 294-Slide Presentation Exposing How Olive Garden Wastes Money and Fails Customers», *Business Insider*, 12 de septiembre de 2014.

205. «Transforming Darden Restaurants», Starboard Value, pp. 6-7.

estaba muy infravalorada y que sus activos principales tenían mucho más margen de crecimiento. El fondo se lanzó a la conquista: según los documentos 13F presentados ante la Comisión de Bolsa y Valores, el fondo de cobertura acumuló una participación de 4.4 millones de acciones de Nvidia, por valor de unos 62 millones de dólares, durante el trimestre que finalizó en junio de 2013.

Algunos ejecutivos de Nvidia no estaban muy entusiasmados con la idea de tener a Starboard como inversor. Un alto ejecutivo de Nvidia afirmó que la junta directiva de la empresa estaba muy preocupada por la posibilidad de que el fondo forzara una reorganización de la empresa, instalara su propia junta directiva y obligara a Nvidia a recortar sus inversiones en CUDA, el tipo de reestructuración drástica que intentaría llevar a cabo con Darden al año siguiente. Otro ejecutivo de Nvidia afirmó que Starboard quería un puesto en la junta directiva, pero que esta se había negado.

Aun así, la relación nunca llegó a ser demasiado antagónica.

—No creo que llegara nunca a lo que yo llamaría una fase de crisis. ¿Conoce el DEFCON 1? —dijo un ejecutivo de Nvidia, refiriéndose al sistema de alerta utilizado por el ejército estadounidense para la guerra nuclear. El DEFCON 5 indica paz, mientras que el DEFCON 1 significa que la guerra nuclear es inminente—. Llegó al DEFCON 3.

El equipo de Starboard se reunió varias veces con Jensen y otros líderes de Nvidia para discutir la estrategia. Al recordar la inversión años más tarde, Smith dijo que Starboard abogó principalmente por un programa agresivo de recompra de acciones y por restar importancia a los proyectos no relacionados con las GPU, como los procesadores para teléfonos.[206] Starboard se abstuvo de ejercer presión adicional después de las reuniones. El fondo de cobertura finalmente consiguió lo que quería en cuanto a las recompras. En noviembre de 2013, Nvidia hizo dos anuncios: el compromiso de recomprar 1 000 millones de dólares en acciones para el año fiscal 2015 y la autorización de una recom-

206. Entrevista con Jeff Smith, 2024.

pra adicional de acciones por valor de otros 1000 millones de dólares. El precio de las acciones subió alrededor de un 20 por ciento en los meses sucesivos, y Starboard vendió su posición en Nvidia en marzo del año siguiente.

Lejos de tener una relación conflictiva, Nvidia y Starboard parecían trabajar bien juntos en este breve periodo.

—Jensen nos causó una impresión increíble —afirmó Smith.

Por su parte, Jensen recuerda las reuniones con Starboard, pero no recuerda especialmente lo que se discutió. Antes de que se diera cuenta, Starboard ya no era inversor. Pero eso no fue el final de la influencia de Starboard en la industria de los chips y en Nvidia.

Mellanox fue fundada en 1999 por varios ejecutivos tecnológicos israelíes, liderados por Eyal Waldman, quien se convirtió en su director ejecutivo. Esta empresa proporcionaba productos de red de alta velocidad para centros de datos y superordenadores bajo el estándar InfiniBand y pronto se convirtió en líder del sector. Tuvo un impresionante crecimiento de ingresos, pasando de 500 millones de dólares en 2012 a 858 millones en 2016. Sin embargo, su elevado gasto en investigación y desarrollo le dejó con unos márgenes de beneficio muy reducidos.

En enero de 2017, Starboard compró una participación del 11 por ciento en Mellanox. Envió una carta en la que criticaba a Waldman y a su equipo por sus decepcionantes resultados durante los cinco años anteriores. El precio de las acciones de Mellanox había caído a pesar de que el índice del sector de los semiconductores había subido un 470 por ciento. Sus márgenes operativos eran la mitad de la media de sus empresas homólogas. «Mellanox ha sido una de las empresas de semiconductores con peor rendimiento durante un largo periodo de tiempo», se lee en la carta de Starboard. «El momento de los cambios marginales y las mejoras insignificantes ya ha pasado hace tiempo».[207]

207. Carta de Starboard Value a Mellanox Technologies, Ltd., 8 de enero de 2017.

Tras una larga serie de conversaciones con el consejo de administración, Starboard y Mellanox llegaron a un acuerdo en junio de 2018. Mellanox nombraría a tres miembros aprobados por Starboard para su consejo de administración y otorgaría al fondo de cobertura derechos adicionales en el futuro si Mellanox no cumplía determinados objetivos financieros no revelados. A pesar de estas concesiones, Starboard se reservó la opción de iniciar una batalla por el control de la empresa para sustituir a Waldman. Como alternativa, Mellanox podría optar por venderse a una empresa que pudiera generar mejores rendimientos de sus activos que los que podría obtener como empresa independiente. Se sentaron las bases para lo que sería una de las transacciones más importantes en la historia de la industria de los chips.

En septiembre de 2018, Mellanox recibió una oferta de compra no vinculante de una empresa externa a 102 dólares por acción, lo que suponía una prima del casi un tercio por encima de su precio de entonces de 76.90 dólares. Mellanox estaba ahora totalmente en riesgo. Solicitó a un banco de inversión que buscara otros postores y, finalmente, amplió su lista de posibles compradores a siete en total.

Según un ejecutivo de Nvidia, Jensen no pensaba adquirir Mellanox cuando salió al mercado. Sin embargo, rápidamente se dio cuenta de la importancia estratégica de este activo, decidió que Nvidia tenía que ganar la subasta y se unió a la puja en octubre.

Finalmente, la lista se redujo a tres postores serios: Nvidia, Intel y Xilinx, que fabricaba chips principalmente para usos industriales. Los tres posibles compradores se enzarzaron en una guerra de ofertas que duró varios meses, en la que Intel y Xilinx llegaron a un máximo de 122.50 dólares por acción. Nvidia subió un poco más, hasta 125 dólares por acción. Ganó la guerra de ofertas el 7 de marzo de 2019, con una oferta en efectivo de 6 900 millones de dólares.

Días más tarde, Nvidia y Mellanox hicieron público el acuerdo y celebraron una conferencia telefónica con analistas e inversores.

—Déjenme explicarles por qué esto tiene sentido para Nvidia y por qué me entusiasma tanto —dijo Jensen.

Habló sobre cómo aumentaría la demanda de computación de alto rendimiento y la manera en que las cargas de trabajo, incluyendo la IA, la computación científica y el análisis de datos requerían enormes aumentos de rendimiento que solo podían lograrse mediante la computación acelerada con GPU y mejores redes. Explicó que las aplicaciones de IA acabarían requiriendo decenas de miles de servidores conectados entre sí y trabajando juntos de forma coordinada, y que la tecnología de redes líder en el mercado de Mellanox sería fundamental para hacerlo posible.

—Las cargas de trabajo emergentes de IA y análisis de datos exigen una optimización a escala de centro de datos —añadió.

Jensen predijo que la computación iría más allá de un solo dispositivo: todo el centro de datos se convertiría en el ordenador.

La visión de Jensen se hizo realidad solo unos años después. En mayo de 2024, Nvidia reveló que la parte de la empresa que anteriormente era Mellanox había generado 3 200 millones de dólares en ingresos trimestrales, más de siete veces más que en el último trimestre de principios de 2020, en el que Mellanox presentó sus resultados como empresa cotizada. Después de solo cuatro años, la antigua empresa Mellanox, que le había costado a Nvidia una cuota única de 6 900 millones de dólares, generaba más de 12 000 millones de dólares en ingresos anuales y crecía a tasas de tres dígitos.

—Francamente, Mellanox fue algo maravilloso que nos regalaron los activistas —manifestó un alto ejecutivo de Nvidia—. Si hablas hoy con las empresas emergentes de IA, InfiniBand, la tecnología de redes de Mellanox, es increíblemente importante para escalar la potencia de cálculo y hacer que todo funcione.

Brian Venturo, cofundador y director técnico de CoreWeave, un proveedor líder de computación en la nube con GPU y cliente de Nvidia, sostiene que la tecnología InfiniBand sigue siendo la mejor solución para minimizar la latencia, controlar la congestión de la red y hacer que las cargas de trabajo se ejecuten de manera eficiente. Mellanox fue un feliz accidente para Nvidia en algunos aspectos. Jensen no estaba al tanto de ello desde el principio. Pero una vez que Nvidia identificó y comprendió la oportunidad, tomó la decisión de perseguir a Mellanox de forma agresiva. Fue un gran negocio, aunque el resultado dependía de la capacidad de Nvidia para ejecutarlo una vez que se convirtiera en parte de la empresa. En ese sentido, Mellanox fue un logro típico de Nvidia: la empresa se lanzó cuando otros no lo hicieron, y Mellanox contribuyó al ascenso de Nvidia hasta alcanzar el dominio en el ámbito de la IA.

—Sin duda, pasará a la historia como una de las mejores adquisiciones de todos los tiempos —señaló Jay Puri, director de Operaciones Globales de Nvidia—. Jensen se dio cuenta de que la informática a escala de centro de datos requiere una red de alto rendimiento realmente buena, y Mellanox era la mejor del mundo en ese aspecto.[208]

Después de ver todo lo que Nvidia ha logrado en la última década, Jeff Smith, de Starboard Value, resumió.

—Nunca deberíamos abandonar la posición.

208. Entrevista con Jay Puri, 2024.

13

Iluminando el futuro

La luz es un fenómeno natural terriblemente complejo. A veces se comporta como una partícula; otras, como una onda. A veces rebota en los objetos, otras se dispersa a través de ellos y otras es absorbida por completo por ellos. A diferencia, por ejemplo, del movimiento de un objeto a través del espacio o la deformación de un objeto al chocar con otro, la luz no se rige por un único conjunto de principios físicos. Sin embargo, estamos expuestos a ella desde el momento en que abrimos los ojos; sabemos intuitivamente cómo «funciona» en la vida real.

Por lo tanto, la luz puede ser el elemento visual más importante en los gráficos por ordenador y también el más difícil de reproducir. Sin una buena iluminación, las imágenes se vuelven planas, duras o irreales. Con una buena iluminación, las imágenes pueden aproximarse a la obra de los antiguos maestros, transmitiendo emoción y dramatismo incluso en composiciones sencillas. Un artista o fotógrafo humano puede tardar toda una vida en controlar la luz en su trabajo. Durante años, parecía que los ordenadores nunca alcanzarían el mismo nivel de habilidad.

La mayoría de los primeros gráficos por ordenador no lograban crear una iluminación convincente porque los cálculos eran demasiado difíciles incluso para los procesadores más avanzados. Los mejores algoritmos de renderizado solo podían modelar la física de la luz de forma sencilla, lo que daba lugar a texturas planas, sombras difusas y reflejos superficiales poco naturales. Incluso después de dos décadas de mejoras constantes en la mayoría de las demás áreas de los gráficos, e incluso tras la invención de la GPU, que hizo que el renderizado de gráficos mejorase y se hiciese más eficiente en casi todos los aspectos, la luz seguía siendo un problema difícil de resolver.

Luego llegó David Luebke. En 1998, Luebke obtuvo un doctorado en Informática por la Universidad de Carolina del Norte en Chapel Hill y quería dedicarse a los gráficos por ordenador como carrera académica. Pasó ocho años como profesor adjunto en la Universidad de Virginia, pero se sentía cada vez más frustrado por la lentitud de su trabajo. Cada vez que su equipo inventaba una nueva técnica gráfica para el renderizado de partículas o el mapeo de texturas en objetos, esta quedaba obsoleta cuando se completaba el proceso de revisión por pares del artículo resultante, más de seis meses después. La razón de la obsolescencia casi inmediata del trabajo de Luebke era Nvidia, que lanzaba constantemente nuevas funciones de GPU que eran superiores a las que su equipo inventaba en el laboratorio.

—Estaba muy desmotivado y pensaba en abandonar por completo el mundo académico —explicó.[209]

Entonces, recibió una llamada de David Kirk, científico jefe de Nvidia, que conocía el trabajo de Luebke.

—Estamos creando un grupo de investigación a largo plazo en Nvidia —le dijo—. ¿Te interesaría participar?

Luebke no guardaba rencor a Nvidia por superar continuamente su propio trabajo. Al contrario, se dio cuenta de que quería unirse a la organización líder en gráficos por ordenador, especialmente si eso ayudaba a definir su futuro.

En 2006, se convirtió en el primer empleado de una nueva división llamada Nvidia Research. En sus primeras semanas en el puesto, Luebke almorzó con Steve Molnar, arquitecto de sistemas de Nvidia y amigo suyo desde hacía mucho tiempo, y le preguntó qué creía que debía hacer un grupo de investigación en

---

209. Entrevista con David Luebke, 2024.

Nvidia. Por ejemplo, ¿debería organizarse en torno a la obtención de patentes? Molnar lo pensó un rato y dijo:

—No veo a Nvidia como una especie de fortaleza de propiedad intelectual. Nuestra fuerza radica simplemente en superar al resto.

Era una observación acertada. Nvidia se había mantenido a la vanguardia de la innovación principalmente gracias a su excelencia operativa y su disciplina estratégica. Tenía ciclos de lanzamiento rápidos y una idea clara de cuáles eran sus prioridades, y financiar investigaciones especulativas sin un objetivo comercial claro no era una de ellas. Nvidia Research parecía casi estar en contradicción con las competencias básicas de la empresa.

Sin embargo, Kirk había defendido la nueva división precisamente porque veía que los problemas más complejos en gráficos por ordenador requerirían una investigación sostenida a lo largo del tiempo, aunque la comercialización pudiera alargarse más. A las pocas semanas de empezar, Luebke tenía tres nuevos compañeros de trabajo. En su primera comida de equipo con Kirk, le preguntaron por dónde podían empezar. Kirk no se comprometió: les dijo que dependía de ellos averiguar cuál sería su trabajo. Al menos les ofreció algunas pautas básicas. Debían trabajar en algo importante para la empresa. Debían crear un impacto significativo con sus proyectos. Y debían centrarse en innovaciones que no se producirían en el curso normal de los negocios de Nvidia, inventos que no serían posibles sin un trabajo dedicado y a largo plazo, del tipo que el resto de la empresa no estaba preparada para realizar.

El *ray tracing*, una técnica que simula el comportamiento de los rayos de luz al rebotar o atravesar objetos en una escena virtual, era uno de esos proyectos. En teoría, el trazado de rayos permitiría obtener efectos de iluminación mucho más realistas que los que ofrecían los productos disponibles en el mercado. En la práctica, resultó ser tan exigente que el hardware informático no podía con él.

La opinión generalizada en aquel momento era que las CPU eran mejores que las GPU para el trazado de rayos, ya que podían desarrollar un conjunto de cálculos más amplio y diverso. El grupo de investigación interno de Intel defendió con firmeza esta idea, argumentando que, debido a la complejidad del comportamiento de la luz en el mundo real, solo una CPU podía modelarlo con precisión.

A los seis meses de la fundación de Nvidia Research, el equipo había llevado a cabo experimentos que parecían indicar no solo que las GPU se habían vuelto lo suficientemente potentes como para manejar cálculos de trazado de rayos, sino también que podían hacerlo más rápido que la generación de CPU de ese momento. Entusiasmado por el potencial de resolver y comercializar un problema de larga data en los gráficos por ordenador, Luebke programó la primera reunión de Nvidia Research con Jensen.

Normalmente, cuando Jensen asiste a una presentación, los ponentes solo disponen de unos minutos sin interrupción antes de que se convierta en un debate. En este caso, sin embargo, Jensen escuchó durante toda la presentación, que duró una hora.

—Creo que fue muy paciente con nosotros y nos dejó expresar nuestra opinión —señaló Luebke.

Después de que Luebke terminara, Jensen hizo varios comentarios. El trazado de rayos tenía un potencial evidente en el mercado de los videojuegos. Sin embargo, el director ejecutivo sugirió que Luebke y su equipo no debían ignorar otros campos. Por un lado, el trazado de rayos podía ser útil para promocionar las tarjetas gráficas Quadro para estaciones de trabajo de Nvidia, que se vendían en pequeñas cantidades, pero que representaban casi el 80 por ciento de los beneficios en ese momento, debido a su elevado precio. Impresionar al mercado profesional y técnico podría acabar siendo mejor para la empresa.

Con Jensen convencido de que valía la pena seguir adelante con el trazado de rayos, Luebke acudió a una sesión de diseño del equipo de ingeniería de GPU de Nvidia. Su equipo tenía varias ideas sobre cómo conseguir la capacidad computacional necesaria para el trazado de rayos, entre ellas implementar cambios en los procesadores que se encuentran en el corazón de las propias

GPU. Acostumbrados a los debates académicos libres, Luebke y su equipo dieron por sentado que los ingenieros estarían abiertos a algo similar.

—Nos presentamos en una reunión sobre la arquitectura del chip Fermi —dijo, refiriéndose a una generación de chips que entonces se encontraba en fase de desarrollo—. Solo queríamos que un grupo de subprocesos pudieran ejecutarse simultáneamente en el mismo núcleo CUDA.

Al igual que Jensen, los arquitectos de GPU de Fermi aceptaron a sus nuevos colegas y su comportamiento poco ortodoxo y ajeno a la cultura corporativa.

—El coste es bastante bajo. Creo que podemos hacerlo —les dijo Jonah Alben, director de Ingeniería de GPU, pero había una trampa—. Tienen que entender que debemos tomar estas decisiones basándonos en datos.

El equipo de investigación de Nvidia recibió el mensaje y aprendió una lección importante. Era aceptable pensar en voz alta, pero para tomar decisiones importantes, el equipo de hardware de GPU necesitaba pruebas que justificaran la inversión de tiempo y recursos.

—No basta con decir que es obvio, que es una buena idea —señaló Luebke.

Durante el año siguiente, los investigadores se dedicaron a proporcionar esas pruebas. Trabajaron en la tecnología de prueba de concepto y crearon algoritmos para demostrar que las GPU podían utilizarse de forma rentable para el trazado de rayos. Fue un trabajo apasionante y emocionante, y no solo para los propios investigadores. Brian Catanzaro, que en aquel momento era becario, recuerda que Jensen asistió a una reunión del equipo de investigación sobre trazado de rayos en 2008. No hizo ninguna pregunta. No llevó ningún ordenador. Solo estuvo allí para escuchar al equipo hablar sobre el trazado de rayos durante una hora.

David Kirk quedó tan convencido por los resultados del equipo que presionó a la dirección de Nvidia para que actuara con rapidez y llevara las ideas de Luebke a la producción. El primer paso fue adquirir empresas emergentes que tuvieran experiencia específica en trazado de rayos. Nvidia buscó y compró dos: Mental Images, con sede en Berlín, y RayScale, en Utah. Luebke y Kirk volaron a Utah para mostrar a los cofundadores de RayScale, Pete Shirley y Steve Parker, que el trazado de rayos funcionaba mucho mejor en las GPU que en las CPU que estaban utilizando.

Justo después de que RayScale se uniera a Nvidia, sus empleados trabajaron junto con el equipo de investigación para crear una demostración para la conferencia SIGGRAPH de 2008. Se trataba de la misma conferencia en la que, en 1991, Curtis Priem había presentado al mundo su simulador de vuelo Aviator y, con él, había mostrado las posibilidades de los gráficos por ordenador. Nvidia asistía con frecuencia a la conferencia y ahora, tras casi dos décadas, estaba lista para presentar la siguiente evolución en gráficos por ordenador. El equipo presentó una demostración impulsada por GPU de un elegante y brillante coche deportivo conduciendo por una ciudad llena de efectos que solo el trazado de rayos podía producir: reflejos en superficies curvas, sombras nítidas, reflejos distorsionados y desenfoque de movimiento.

—Fue un momento crucial para la empresa. Fue el comienzo de algo grande —recuerda Luebke—. La demostración acabó definitivamente con la idea de que las GPU no podían ejecutar trazado de rayos.

Varios empleados de Intel asistieron a la demostración. Después, se acercaron al equipo de investigación de Nvidia y preguntaron si realmente se estaba ejecutando en una GPU. Cuando Luebke lo confirmó, los vio empezar a teclear frenéticamente en sus Blackberry. Los equipos de investigación de Intel nunca volvieron a publicar otro artículo sobre el trazado de rayos en CPU.

Al año siguiente, en SIGGRAPH 2009, Nvidia lanzó OptiX, un motor de trazado de rayos totalmente programable basado en CUDA para tarjetas Quadro, que aceleraría el trazado de rayos para el renderizado fotorrealista, el diseño industrial y la investigación sobre radiación. Para apoyar el lanzamiento, Steve Parker y los antiguos empleados de RayScale se separaron de la división de investigación y se unieron al negocio principal de Nvidia.

—Siempre hemos considerado Nvidia Research como una incubadora. Si algo tiene éxito, lo empujamos fuera del nido y se convierte en un producto —dijo Luebke.

En solo tres años, Nvidia Research había pasado de ser un grupo que se dedicaba a proyectos informáticos especulativos a convertirse en una fuente fiable de nuevas oportunidades de negocio para la empresa. Aun así, quedaba un largo camino por recorrer para que el trazado de rayos fuera accesible para el gran público. La demostración que Nvidia había presentado en SIG-GRAPH 2008 aún estaba más allá de las capacidades de las tarjetas gráficas de consumo. Si bien OptiX permitía a los ingenieros renderizar escenas con trazado de rayos más rápidamente, a menos que se tratara de una escena muy simple, el trazado de rayos no se podía realizar en tiempo real, ya que requería demasiada potencia de cálculo. La empresa decidió dejar de lado cualquier idea de avanzar en las aplicaciones de trazado de rayos en los videojuegos.

Años más tarde, en 2013, David Kirk volvió a ponerse en contacto con Luebke.

—Tenemos que volver a plantearnos el trazado de rayos —le dijo—. ¿Qué haría falta para convertirlo en el centro de los gráficos?

Pensaba que había llegado el momento de aplicar el trazado de rayos en tiempo real a los videojuegos. Luebke estaba tan entusiasmado con la perspectiva que el 10 de junio de 2013 envió un correo electrónico a todos los empleados de Nvidia, que se conoció como el correo electrónico del gran salto del trazado de rayos. «Llevamos tiempo planeando esta nueva iniciativa en torno al trazado de rayos», escribió. «¿Qué podríamos hacer si el trazado de rayos fuera cien veces más eficiente y qué se necesitaría para hacerlo cien veces más eficiente?».

Luebke no exageraba la magnitud del problema. Solo una ganancia de eficiencia de tal magnitud haría posible el trazado de rayos en tiempo real para tarjetas gráficas de consumo más económicas. Llegar a ese punto requeriría nuevos algoritmos y la creación de nuevos circuitos de hardware especializados. También nuevas perspectivas sobre lo que era posible con la tecnología GPU.

Una contribución clave provino de un equipo de Nvidia ubicado en Helsinki, al que los empleados de Santa Clara llamaban «los finlandeses». Timo Aila, que se incorporó a Nvidia tras una adquisición en 2006, fue el primer empleado en Helsinki. Con el tiempo, Aila y sus colegas se convirtieron en una especie de equipo de ataque interno, encargado de las cuestiones de investigación más difíciles. En ese momento, asumieron el reto de investigar un nuevo núcleo de procesador especializado en trazado de rayos dentro de las GPU. Contaron con el apoyo de Erik Lindholm, uno de los primeros empleados de Nvidia y arquitecto de chips, que viajó a Finlandia.

—Los finlandeses son un equipo de investigación de primera categoría en el que todo lo que tocan se convierte en oro —comentó Luebke.

Después de que Nvidia Research presentara el proyecto al equipo de arquitectura de GPU y obtuviera su apoyo, en marzo de 2014 se asignó a ingenieros de Estados Unidos la tarea de trabajar con los finlandeses en los núcleos de trazado de rayos. En 2015, los finlandeses viajaron a la sede de Nvidia para resolver los problemas pendientes. En 2016, el proyecto estaba casi terminado y Nvidia Research lo entregó por completo al equipo de ingeniería de la empresa. Aunque la tecnología de trazado de rayos llegó demasiado tarde para el lanzamiento de la arquitectura Pascal, que se presentó más adelante ese mismo año, Nvidia se preparó para lanzar núcleos dedicados al trazado de rayos con la siguiente arquitectura, que se llamaría Turing.

—Mi trabajo en todo esto es proteger esta iniciativa, asegurándome de que reciban los cuidados, la alimentación y la atención que necesitan —dijo Luebke, refiriéndose a los finlandeses.

Jensen presentaría Turing, con sus núcleos dedicados al trazado de rayos, como parte de su discurso inaugural para SIGGRAPH 2018, exactamente diez años después de que la presentación de Nvidia Research demostrara de un plumazo que el trazado de rayos pertenecía a las GPU en lugar de a las CPU. La mayor parte de su discurso se centró en presentar la arquitectura Turing, así como el núcleo Tensor de segunda generación mejorado, diseñado para acelerar las cargas de trabajo de las redes neuronales de «aprendizaje profundo». Pero Jensen no estaba satisfecho. Quería incluir material adicional en su discurso para cautivar al público de la conferencia.

Dos semanas antes de la convención, invitó a los ejecutivos de Nvidia a presentar ideas para su discurso inaugural. Aaron Lefohn, de Nvidia Research, sugirió que mostrara la nueva función de *anti-aliasing* de aprendizaje profundo, o DLAA. Impulsada por los núcleos Tensor de Turing, la DLAA utilizaba la inteligencia artificial para mejorar la calidad de la imagen, haciendo que los gráficos de alta resolución fueran nítidos y los objetos aparecieran con gran definición. Jensen no quedó muy impresionado. Quería algo más emocionante.

—Una imagen más bonita no va a vender muchas GPU.

Pero encontró inspiración en la sugerencia. En lugar del *anti-aliasing* de aprendizaje profundo, que mejoraba imágenes que ya eran excelentes, ¿qué pasaría si pudieran usar núcleos Tensor para que las tarjetas de gama baja funcionaran tan bien como las de gama alta? Por ejemplo, Nvidia podría utilizar la función de mejora de imagen para muestrear e interpolar píxeles adicionales, de modo que una tarjeta diseñada para renderizar gráficos de forma nativa a una resolución de 1440p, también conocida como Quad HD, pudiera producir imágenes con una resolución superior de 4K, Ultra HD, a una velocidad de fotogramas similar. Se utilizaría la IA para rellenar los detalles y llevar la imagen de menor resolución (1440p) a una imagen de mayor resolución (4K).

—Lo que realmente ayudaría —dijo Jensen—, es que se pudiera hacer un supermuestreo de aprendizaje profundo. *Eso* sería muy importante. ¿Se puede hacer?

Lefohn se reunió con su equipo y luego le dijo a Jensen que podría ser posible. Necesitaban investigar la idea. Una semana más tarde, pocos días antes de la presentación, Lefohn informó a Jensen de que los primeros resultados eran prometedores y que podrían crear lo que se conocería como DLSS.

—Ponlo en las diapositivas —dijo Jensen.

—Nadie en el mundo había pensado nunca en crear un sistema y un modelo de aprendizaje automático capaz de inferir cientos de millones de píxeles por segundo en un ordenador doméstico —comentó Brian Catanzaro.[210]

Jensen había ideado DLSS sobre la marcha. Había visto el potencial inherente a una tecnología y lo había transformado en una nueva característica con un mejor modelo de negocio. Ahora, si DLSS funcionaba, toda la gama de productos de la empresa, desde la baja hasta la alta, sería más eficiente y, por lo tanto, más valiosa, lo que permitiría a Nvidia cobrar precios más altos.

—Los investigadores habían inventado algo increíble, pero Jensen vio para qué servía. No era lo que ellos habían pensado —dijo Luebke—. Esto demuestra lo buen líder que es Jensen y lo técnico e inteligente que es.

El discurso inaugural de Jensen fue bien recibido, pero las tarjetas GeForce RTX basadas en la GPU Turing no.

—Lanzamos el trazado de rayos y DLSS con un estrepitoso fracaso —señaló Jeff Fisher.

El problema era que la GeForce RTX ofrecía unas mejoras insignificantes en el rendimiento de la velocidad de fotogramas con respecto a las tarjetas Pascal de la generación anterior. Y cuando los jugadores activaban el trazado de rayos, que se suponía que era la nueva característica estrella, las tarjetas RTX sufrían una caída del 25 por ciento en la velocidad de fotogramas.

DLSS funcionó ligeramente mejor. Cuando se activaba, permitía que las tarjetas funcionaran aproximadamente un 40 por ciento más rápido que Pascal, pero con una pérdida notable de calidad de imagen. Nvidia también tuvo que ajustar y entrenar la IA de DLSS con imágenes de cada juego con el que querían que funcionara la tecnología, lo cual fue un proceso laborioso y que requirió mucho tiempo. Aun así, para entonces Nvidia ya había

210. Entrevista con Bryan Catanzaro, 2024.

aprendido el valor de desarrollar e iterar la tecnología a lo largo del tiempo y de esperar a que la demanda del mercado se pusiera al día.

—El problema del huevo y la gallina se resuelve con el *bootstrapping* —señala Bryan Catanzaro—. No se puede tener una IA increíble en cientos de millones de hogares sin construirla primero. Tanto el trazado de rayos como la IA iban a cambiar los videojuegos para siempre. Sabíamos que era inevitable.

Catanzaro se unió al proyecto DLSS tras el lanzamiento de Turing en 2018. Trabajó en DLSS 2.0, que se presentó en marzo de 2020 y no necesitaba ajustarse para cada juego. Recibió críticas mucho mejores.

—Replanteamos el problema y obtuvimos mejores resultados sin necesidad de datos de entrenamiento personalizados para cada juego.

La siguiente versión fue aún mejor. Catanzaro dejó Nvidia para trabajar durante un breve periodo en el motor de búsqueda y empresa tecnológica china Baidu, pero regresó para ocuparse de lo que se convirtió en DLSS 3.0. El objetivo era utilizar el aprendizaje profundo para crear fotogramas intersticiales generados por IA entre los fotogramas renderizados para los juegos. La idea era que en cada fotograma sucesivo de un videojuego había patrones y correlaciones, y si el chip de IA podía predecir estos patrones y correlaciones, aliviaría parte de la carga computacional de renderización de la GPU.

Según Catanzaro, se necesitaron seis años de desarrollo para crear un modelo de IA lo suficientemente preciso para la función de generación de fotogramas.

—Mientras trabajábamos en ello, observamos una mejora continua en la calidad de los resultados, por lo que seguíamos en ello —señaló—. La mayoría de los académicos no tienen la libertad de trabajar en un proyecto durante seis años porque necesitan graduarse.

El desarrollo de DLSS y el trazado de rayos en tiempo real revelan cómo Nvidia abordaba la innovación. Aunque lanzaba nuevos chips y placas a un ritmo muy rápido, ahora, con Nvidia

Research y otros grupos, perseguía al mismo tiempo «metas ambiciosas».

—Cuando llegamos a la siguiente generación de Ampere, teníamos el impulso suficiente para que el trazado de rayos y DLSS convirtieran ese producto en un éxito rotundo —comentó Jeff Fisher.

Era una forma más institucionalizada de protección contra el tipo de estancamiento sobre el que Clayton Christensen advertía en *El dilema del innovador*: el inevitable deseo de centrarse en el negocio principal de la empresa, el que genera beneficios, a expensas de invertir en innovaciones más exploratorias que podrían no ser comercialmente viables durante años.

Según Jon Peddie Research, la cuota de mercado de Nvidia en el sector de las tarjetas gráficas discretas o complementarias se ha mantenido en torno al 80 por ciento durante la última década, en el momento de redactar este artículo. Aunque AMD ofrece una mejor relación calidad-precio según los parámetros tradicionales, los jugadores siguen eligiendo Nvidia por su capacidad de innovación. Tanto el trazado de rayos como el DLSS se han convertido en características imprescindibles que los desarrolladores han incorporado a cientos de juegos. Y estas características funcionan mejor en las tarjetas gráficas de Nvidia, lo que dificulta que AMD pueda competir de forma eficaz.

En el caso del trazado de rayos, el proceso desde su creación hasta su integración en las GPU duró una década. Del mismo modo, la creación de sucesivas iteraciones de DLSS, como la generación de fotogramas, llevó seis años.

—Se necesita visión y perseverancia a largo plazo. Se requiere inversión incluso cuando los resultados no están del todo claros —explicó Catanzaro.

En última instancia, Nvidia Research demostró cómo la visión estratégica de Jensen ha cambiado con el tiempo. Al principio, cuando la empresa se encontraba en modo de supervivencia, quería que todo el mundo se centrara en proyectos concretos: entregar la próxima generación de chips a la «velocidad de la luz», vender «la vaca entera» y superar a la competencia mediante la ejecución pura y dura. A medida que Nvidia crecía, Jensen se dio cuenta de que la supervivencia ahora significaba preparar la empresa para el futuro de todas las formas posibles. La innovación continua requeriría un enfoque más flexible de las operaciones de Nvidia, incluso si eso significaba apostar por algunas cosas que el Jensen más joven habría descartado. Este nuevo Jensen, más maduro, ya no temía dar un paso en falso, sobre todo porque la empresa ahora contaba con un colchón financiero.

—No se puede innovar si no se está dispuesto a arriesgarse y pasar vergüenza —afirmó—.[211] No tenemos un calendario de retorno de la inversión. Si no tienes un calendario de retorno de la inversión y no tienes un objetivo de rentabilidad, esas no son cosas para las que estemos optimizando. Lo único para lo que estamos optimizando es: ¿es increíblemente genial y le va a gustar a la gente?

Un antiguo ejecutivo sénior del sector sostiene que Nvidia se diferencia de sus rivales por su disposición a experimentar e invertir a largo plazo, monetizando con éxito sus esfuerzos más abiertos. Esto contrasta con los gigantes tecnológicos más grandes, como Google, que a menudo invierten mucho en la investigación de nuevas tecnologías, pero tienen poco que mostrar a nivel comercial. Cabe destacar que los ocho científicos de Google que escribieron el influyente artículo «Attention Is All You Need» [La atención es todo lo que necesitas] sobre la arquitectura de aprendizaje profundo Transformer, que resultó fundamental para los avances en los modelos de lenguaje grandes (LLM) de la IA moderna, incluido el lanzamiento de ChatGPT, abandonaron Google poco después para dedicarse al emprendimiento en IA en otros lugares.

—Es solo un efecto secundario de ser una gran empresa —dijo Llion Jones, uno de los coautores del artículo sobre Transformer—.[212] «Creo que la burocracia [en Google] había llegado a tal punto que sentía que no podía hacer nada —añadió, expre-

211. Entrevista con Jensen Huang, 2024.
212. Novet, Jordan, «Google A.I. Researcher Says He Left to Build a Startup after Encountering 'Big Company-itis'», CNBC, 17 de agosto de 2023.

sando su frustración por su incapacidad para acceder a los recursos y los datos.

La segunda década de Nvidia comenzó con exitosas inversiones en I+D en sombreadores programables y luego avanzó hacia la innovación que ha transformado la industria: CUDA. A continuación, llegaron los avances de Nvidia Research en trazado de rayos, DLSS e IA, todos ellos fundamentales para el futuro de la empresa. El equipo cuenta ahora con trescientos investigadores, dirigidos por el científico jefe Bill Dally. Nvidia no solo parecía haber resuelto el dilema del innovador, sino que también lo había superado por completo.

14

El *big bang*

Los operadores profesionales son una especie en extinción. Los ordenadores, que son más rápidos y, en general, más eficaces a la hora de apostar en respuesta a la publicación de resultados financieros corporativos y datos económicos, han diezmado las filas de los operadores humanos en las últimas dos décadas.

Connors Manguino es uno de los pocos miles de seres humanos que aún se ganan la vida negociando con titulares de noticias y anuncios de resultados financieros. Armado con décadas de experiencia y un terminal Bloomberg, sigue yendo en contra de los algoritmos cada trimestre. Es lo suficientemente bueno como para mantenerse a flote y ganarse la vida.

Necesita reaccionar rápidamente. Un retraso de menos de un segundo al pulsar la tecla de compra o venta podría suponer la diferencia entre un buen punto de entrada y una pérdida devastadora. La broma habitual entre sus amigos es que Manguino tiene una habilidad sobrehumana para no parpadear durante los periodos de noticias importantes.

El miércoles 24 de mayo de 2023, esperaba el informe de resultados de Nvidia, que estaba previsto que se publicara tras el cierre del mercado. Era uno de los informes más esperados en años y, a medida que los minutos iban pasando hacia el final de la jornada bursátil, se encontró mirando fijamente su terminal.

El lanzamiento de ChatGPT por parte de OpenAI a finales de 2022 generó una enorme cobertura mediática. El *chatbot* cautivó al público con su capacidad para crear poemas, recetas de cocina y letras de canciones a demanda. ChatGPT se convirtió en la aplicación de consumo con mayor crecimiento de la historia, superando los 100 millones de usuarios activos mensuales en solo dos meses. De repente, todas las empresas intentaban aprovechar los supuestos beneficios de la IA —su velocidad, su potencia computacional y, sobre todo, su capacidad para procesar y generar un lenguaje que sonaba natural— de cualquier forma posible.

Manguino sabía que Nvidia estaba en una posición privilegiada para aprovechar el auge de la IA. La pregunta era: ¿qué magnitud tendría ese auge y qué efecto tendría en Nvidia? Las GPU de la empresa eran muy conocidas en el mundo académico, gracias en gran parte a los esfuerzos de David Kirk por establecer relaciones con las mejores universidades. Por su parte, Jensen había trabajado en la última década para transformar la reputación de Nvidia, que pasó de ser una empresa de gráficos a una empresa de IA. Había logrado cierto éxito, ya que Meta y TikTok utilizaban las GPU de Nvidia para que sus algoritmos fueran más eficaces a la hora de recomendar videos y anuncios. Pero la IA no era un generador importante de los ingresos de Nvidia. Durante el año fiscal 2023 de la empresa, que finalizó en enero de 2023, los ingresos de los centros de datos, que incluían las GPU de IA, representaron alrededor del 55 por ciento de las ventas totales. Pero esa cifra se debió principalmente a una caída del 25 por ciento en otros ámbitos, concretamente en los ingresos por tarjetas gráficas de, tras la ralentización de la demanda de videojuegos en general tras la pandemia.

Entonces todo cambió, veintiún minutos después del cierre de la bolsa a las 16.00 Manguino vio el titular aparecer en la pantalla de su terminal.

NVIDIA PREVÉ UNA CIFRA DE NEGOCIOS EN EL SEGUNDO TRIMESTRE DE 11 000 MILLONES DE DÓLARES, CON UNA VARIACIÓN MÁXIMA DEL 2 POR CIENTO, Y UNA ESTIMACIÓN DE 7 180 MILLONES DE DÓLARES

Para un operador bursátil experimentado, esa información financiera era nada menos que extraordinaria. Nvidia había superado con creces las estimaciones de Wall Street sobre sus previsiones de ingresos para el segundo trimestre en aproximadamente 4 000 millones de dólares. Mientras leía los resultados y las previsiones, Manguino se quedó paralizado.

«¿4 000 millones de dólares? ¿Cómo puede ser eso posible? —pensó—. Joder. ¡Menudo aumento!».

Cuando recuperó el sentido común, ya era demasiado tarde para aprovechar la diferencia entre la publicación de los resultados y la reacción del mercado. Las acciones de Nvidia ya se habían disparado en un porcentaje de dos dígitos en las operaciones fuera de horario. Como premio de consolación, Manguino compró acciones de Advanced Micro Devices, el principal competidor de Nvidia en el mercado de GPU, con la esperanza de que la subida de las acciones de Nvidia también impulsara a sus competidores. En este caso, los algoritmos habían ganado; a diferencia de él, no dudaron en reaccionar ante un informe de resultados que era mejor que cualquiera que hubiera visto jamás.

Otros analistas de Wall Street tuvieron reacciones similares. Stacy Rasgon, de Bernstein, tituló su artículo «El *big bang*»: «En los más de quince años que llevamos haciendo este trabajo, nunca habíamos visto un progreso como el que acaba de publicar Nvidia», escribió, y añadió que las perspectivas de la empresa «eran, según todos los indicios, cosmológicas». El analista de Morgan Stanley Joseph Moore informó de que «Nvidia prevé el mayor aumento de ingresos en dólares de la historia del sector». Y el antiguo gestor estrella de fondos de Fidelity, Gavin Baker, que ahora tiene su propio fondo de cobertura tecnológico con varios miles de millones de dólares bajo gestión, comparó las previsiones de Nvidia con otros informes financieros fundamentales en la historia del sector tecnológico. Estuvo presente en el sensacional primer informe de Google tras su salida a bolsa en 2004, en el que se anunciaba la duplicación de los ingresos y los beneficios tras solo un trimestre como empresa cotizada.[213] Es-

213. Markoff, John, «At Google, Earnings Soar, and Share Price Follows», *The New York Times*, 22 de octubre de 2004.

tuvo presente en la presentación de resultados del segundo trimestre de 2013 de Facebook, cuando la empresa demostró por primera vez que podía transitar con éxito de su negocio publicitario al ámbito móvil, superando en 200 millones de dólares las expectativas de ingresos de Wall Street.[214] Las previsiones de Nvidia fueron mejores que las de ambas.

—Nunca había visto una superación tan grande a esta escala —afirmó.

Al día siguiente, las acciones de Nvidia se dispararon un 24 por ciento y sumaron 184 000 millones de dólares en valor de mercado, más que el valor total de Intel, y una de las mayores ganancias en un solo día de una empresa pública estadounidense.

Jensen aprovechó la atención y reforzó su ventaja la semana siguiente, cuando pronunció el discurso inaugural en la conferencia tecnológica Computex, celebrada en Taiwán. Allí anunció el nuevo superordenador DGX GH200 AI de Nvidia, que incorporaba 256 GPU en un solo sistema, treinta y dos veces más que el modelo anterior. Esto significaba una potencia de cálculo significativamente mayor para las aplicaciones de inteligencia artificial generativa, lo que permitía a los desarrolladores crear mejores modelos de lenguaje para los *chatbots* de IA, crear algoritmos de recomendación más complejos y desarrollar herramientas de detección de fraudes y análisis de datos más eficaces.

Pero su mensaje principal era tan sencillo que incluso alguien sin conocimientos técnicos podía entenderlo. Nvidia ofrecía mucha más potencia de cálculo a un menor coste por GPU. Insistió en este punto a lo largo de su intervención, acompañando la lectura de las especificaciones técnicas con un estribillo: «Cuanto más compres, más ahorras».

En términos más generales, los comerciales de Nvidia habían logrado avivar una demanda sin precedentes argumentando a los clientes que debían invertir agresivamente en IA generativa o enfrentarse a la amenaza existencial de quedarse atrás con respecto a sus competidores. El propio Jensen ha calificado

214. Popper, Ben, «Facebook's Q2 2013 Earnings Beat Expectations», *The Verge*, 24 de julio de 2013.

la IA como un «aproximador de funciones universal» capaz de predecir el futuro con una precisión razonable. Esto se aplica tanto a campos de «alta tecnología», como la visión artificial, el reconocimiento de voz y los sistemas de recomendación, y a tareas de «baja tecnología», como la corrección gramatical o el análisis de datos financieros. Él cree que, con el tiempo, se aplicará a «casi cualquier cosa que tenga estructura».

La mejor manera de acceder a este aproximador de funciones universal era, por supuesto, a través de la tecnología de Nvidia. Y durante los cuatro trimestres siguientes, la empresa logró uno de los aumentos de ingresos más increíbles de la historia de la tecnología. Su negocio de centros de datos del primer trimestre del año fiscal 2024 aumentó un 427 por ciento con respecto al año anterior, hasta alcanzar los 22 600 millones de dólares, impulsado principalmente por la demanda de chips de inteligencia artificial. A diferencia del software, que es fácil de escalar sin apenas costes adicionales, Nvidia produce y comercializa productos y sistemas de IA complejos y de alta gama, algunos de los cuales contienen hasta 35 000 piezas. No había precedentes de un crecimiento de hardware de este nivel en una empresa tecnológica del tamaño de Nvidia.

Para quienes están fuera de la empresa, el meteórico ascenso de Nvidia parece un milagro. Sin embargo, quienes están dentro lo consideran una evolución natural, según Jeff Fisher. Nvidia no tuvo suerte; fue capaz de percibir la ola de demanda que se avecinaba con años de antelación y se preparó para este momento. Acudió a sus socios fabricantes —Foxconn, Wistron, TSMC, entre otros— para ayudarles a ampliar su capacidad de producción. Envió a sus socios los llamados «equipos tigre», que hicieron todo lo posible para ayudarlos a ser más eficientes: compraron equipos, ampliaron el espacio de las fábricas, automatizaron las pruebas y adquirieron envases avanzados para los chips.

De acuerdo con el modelo de «justicia aproximada» de Jensen, Nvidia no hacía todo esto solo para que sus socios fueran más eficientes en sus procesos en marcha. Quería producir nuevos diseños de chips más rápidamente, pasando de su anterior ciclo de producto de dos años a una cadencia de un año para sus chips de IA. En la década de los noventa, pasó a una cadencia de producto más rápida al lanzar una nueva tarjeta gráfica cada seis meses. Ahora, quería hacer lo mismo con los chips de IA.

—Cuanto más grande sea la IA, más soluciones se necesitarán y más rápido alcanzaremos esos objetivos y expectativas —dijo Colette Kress, directora financiera de Nvidia.[215]

Por lo general, las plantas de producción de hardware tienen ciclos medios de entre catorce y dieciocho semanas entre las fases del proceso de fabricación. Los fabricantes incorporan un margen de tiempo entre las fases, por si acaso un problema en una fase anterior crea problemas en las siguientes. Esto puede dejar máquinas, materiales y componentes inactivos durante días. Los equipos de Nvidia descubrieron cómo añadir controles de calidad en las primeras fases del proceso para reducir el riesgo de problemas imprevistos y eliminar la necesidad de tiempo de reserva. Según Jeff Fisher, el enfoque de Nvidia «no tiene nada de mágico». Se trata simplemente de trabajo duro y eficiencia implacable, todo ello al servicio de mantener la ventaja competitiva. Y todos los que trabajan con Nvidia deben aceptarlo, no solo sus equipos internos.[216] Todo lo que hicieron los equipos tigre fue caro y supuso un lastre para los resultados finales. Sin embargo, Nvidia siempre ha estado dispuesta a utilizar sus recursos financieros para invertir en partes críticas del negocio, incluso cuando eso ha significado el negocio de otras empresas.

Nvidia tiene ventajas clave sobre otros fabricantes de chips de IA. Al igual que Apple con el iPhone, la empresa usa un modelo *full-stack* que mejora la experiencia del cliente en hardware, software y redes. La mayoría de sus rivales solo hacen chips. Y Nvidia se mueve más rápido que sus competidores.

Por ejemplo, la arquitectura central utilizada en los modelos lingüísticos modernos de gran tamaño es el Transformer, presentado en el artículo «Attention Is All You Need», publicado en 2017 por científicos de Google. La principal innovación es la autoatención, que permite al modelo medir la importancia de las

215. Entrevista con Colette Kress, 2023.
216. Entrevista con Jeff Fisher, 2024.

diferentes palabras de una frase y también las dependencias de largo alcance en función de su contexto. El mecanismo de atención permite al modelo centrarse en la información más importante, entrenar el modelo de IA más rápidamente y, por lo tanto, generar resultados de mayor calidad en comparación con las arquitecturas de aprendizaje profundo anteriores.

Jensen comprendió casi de inmediato la necesidad de añadir compatibilidad con Transformers en las ofertas de IA de Nvidia. Simona Jankowski, antigua ejecutiva financiera de Nvidia, recuerda que Jensen entabló una discusión bastante detallada sobre Transformers en una conferencia trimestral sobre resultados, solo unos meses después de la publicación del artículo de los científicos de Google.[217] Ordenó a sus equipos de software de GPU que escribieran una biblioteca especial para los núcleos Tensor de Nvidia que los optimizara para su uso con operaciones Transformer; la biblioteca se denominó posteriormente Transformer Engine.[218] Se incluyó por primera vez en la arquitectura del chip Hopper, que se empezó a desarrollar a finales de la década del 2010 y se lanzó en 2022, un mes antes del lanzamiento de ChatGPT. Según las propias pruebas de Nvidia, las GPU con Transformer Engine podían entrenar incluso los modelos más grandes en cuestión de días o incluso horas, mientras que sin Transformer Engine esos mismos entrenamientos podían tardar semanas o meses.

—El Transformer fue algo muy importante —dijo Jensen en 2023—. La capacidad de aprender patrones y relaciones a partir de datos espaciales y secuenciales debe ser una arquitectura muy eficaz, ¿no? Por eso creo que, en principio, se puede pensar que Transformer va a ser algo muy muy importante. No solo eso, sino que se puede entrenar en paralelo y realmente ampliar este modelo.[219]

217. Entrevista con Simona Jankowski, 2024.

218. Salvator, Dave, «H100 Transformer Engine Supercharges AI Training, Delivering Up to 6x Higher Performance without Losing Accuracy», Nvidia Blog, 22 de marzo de 2022.

219. «No Priors Ep. 13 | With Jensen Huang, Founder & CEO of NVI-

Cuando la demanda de IA generativa se disparó en 2023, Nvidia era el único fabricante de hardware preparado para darle soporte completo. Y lo estaba, porque fue capaz de detectar las primeras señales, convertirlas en productos en forma de funciones de aceleración de hardware y software, e insertar esas funciones en una línea de chips que estaba a solo unos meses de salir al mercado. La impresionante velocidad que demostró Nvidia fue una señal de que será difícil destronarla, a pesar de que otras grandes empresas tecnológicas, como Microsoft, Amazon, Google, Intel y Advanced Micro Devices, están desarrollando sus propios chips de IA. Nvidia ha demostrado, al entrar en su cuarta década, que todavía puede superar a la competencia.

Su segunda ventaja, aunque menos conocida, es su poder de fijación de precios. Nvidia no cree en la fabricación de productos básicos, ya que estos están sujetos a una presión a la baja en los precios a medida que aumenta la competencia. En cambio, desde el principio, sus precios solo han ido en la dirección opuesta: al alza.

—Jensen siempre ha dicho que debemos hacer cosas que otros no pueden hacer. Tenemos que aportar un valor único al mercado, y él cree que, al realizar un trabajo innovador y revolucionario, la empresa puede atraer a buenos profesionales —señaló Jay Puri, ejecutivo de Nvidia—. No tenemos la cultura de limitarse a perseguir la cuota de mercado. Preferimos crear el mercado.[220]

Un antiguo ejecutivo de Nvidia recuerda cómo Jensen se enfadaba si alguna otra empresa intentaba negociar los precios con él. Los clientes potenciales siempre querían reunirse con él cuando las negociaciones del contrato estaban a punto de concluir.

—Siempre intentamos hacer todo lo posible para preparar a los clientes —comentó—. No hablen del precio. Estamos aquí para cerrar el trato.[221]

DIA», No Priors: AI, Machine Learning, Tech, & Startups, video, 16:51. Disponible en <https://www.youtube .com/watch?v=ZFtW3g1dbUU>.

220. Entrevista con Jay Puri, 2024.
221. Entrevista con exejecutivo de Nvidia, 2024.

Jensen ha inculcado esta mentalidad en toda la empresa. Michael Hara, antiguo director de Marketing, recuerda haber debatido con Jensen sobre cómo fijar el precio de los primeros productos de Nvidia. Cuando Hara dejó S3 para incorporarse a Nvidia, estaba acostumbrado a una estrategia de precios similar a la de los productos básicos; en aquel momento, el chip gráfico 3D líder del mercado de S3 se vendía por 5 dólares (unos 11 dólares actuales). Cuando salió al mercado el RIVA 128 en 1997, a Hara le preocupaba que, si le ponían un precio demasiado alto, los compradores se echarían atrás.

—Diez dólares como máximo —propuso.

—No —dijo Jensen—, creo que es demasiado barato. Pongámoslo en 15 dólares.

La tarjeta se agotó a ese precio. El chip derivado RIVA 128ZX, que salió al mercado al año siguiente, tenía un precio de 32 dólares. Y la siguiente generación, GeForce 256, que salió en 1999, costaba 65 dólares.

Jensen sabía que los jugadores que compran tarjetas Nvidia están dispuestos a pagar por el rendimiento.

—Siempre que miren la pantalla y vean algo radicalmente diferente a lo que veían antes, lo comprarán —afirmó.

Fue una lección que Hara ha recordado desde entonces. Cuando pasó del Departamento de Marketing al de Relaciones con los Inversores, expuso el mismo argumento a los inversores de Nvidia: que sería una empresa única de semiconductores en la que los precios medios de venta (ASP) de los productos aumentarían.

—Seremos los únicos cuyos ASP aumentarán con el tiempo, mientras que los de todos los demás bajarán —dijo.

La razón es que el cálculo de gráficos 3D es un problema infinitamente complejo de resolver y, por lo tanto, impulsa una competencia para fabricar hardware cada vez mejor. El hardware nunca será lo suficientemente potente como para reflejar perfectamente la realidad. Aun así, cuando compras la última tarjeta gráfica 3D, puedes ver una clara mejora en el rendimiento con respecto a la generación anterior: la iluminación se ve mejor, las texturas parecen más realistas y los objetos se mueven con mayor fluidez.

En la actualidad se está produciendo un problema dinámico similar con el aprendizaje profundo y la inteligencia artificial. El hardware de última generación de Nvidia ha permitido que los modelos de IA crezcan exponencialmente en tamaño y capacidad en solo unos años. Sin embargo, la demanda de potencia computacional de IA está creciendo aún más rápido porque los problemas que la IA puede resolver son cada vez más complejos. Hay cambios graduales entre las generaciones de modelos de IA debido a que el hardware y el software subyacentes también han mejorado al mismo tiempo que los modelos. Aun así, la promesa de una verdadera inteligencia artificial general sigue estando muy lejos: queda mucho trabajo por hacer. Al mantenerse a la vanguardia de la tecnología y posicionarse inteligentemente en campos muy visibles donde los aumentos de rendimiento son enseguida evidentes, Nvidia es capaz de aumentar su poder de fijación de precios y sus precios medios de venta.

Hoy, las tarjetas gráficas Nvidia cuestan más de 2 000 dólares cada una, ese es el precio para el consumidor. En la última década, la empresa ha comenzado a ofrecer sistemas de servidores de IA equipados con ocho GPU, cada uno de los cuales cuesta cientos de miles de dólares. Ross Walker, que se enfrentó a Nvidia por utilizar la línea GeForce, más económica, para acelerar su software de dinámica molecular AMBER (como vimos en el capítulo 8), recuerda que, en aquel momento, un servidor GPU Nvidia de gama alta costaba lo mismo que un coche pequeño de segunda mano, como un Honda Civic. Ahora, un servidor similar puede costar lo mismo que una casa.

—Estaba entre el público cuando Nvidia anunció el DGX-1 por 149 000 dólares —dijo, refiriéndose al primer servidor GPU optimizado con Tensor Cores y Transformer Engine para la investigación en IA—. Se oyeron exclamaciones de sorpresa entre el público. No podía creerlo.[222]

Y ese ni siquiera es el producto más caro de Nvidia. El último sistema de rack para servidores de Nvidia en el momento de es-

222. Entrevista con Ross Walker, 2024.

cribir este artículo, la serie Blackwell GB200, se diseñó específicamente para entrenar modelos de IA con «billones de parámetros». Viene con setenta y dos GPU y cuesta entre 2 y 3 millones de dólares, lo que lo convierte en la máquina más cara que ha fabricado Nvidia hasta la fecha. El precio de los productos de gama alta de la empresa no solo está aumentando, sino que se está acelerando.

Jensen no poseía poderes visionarios especiales que le permitieran predecir exactamente cuándo despegaría la IA. De hecho, se podría argumentar que, en un principio, la empresa adoptó un enfoque prudente; Nvidia no destinó muchos recursos humanos ni materiales al desarrollo de la IA hasta que vio señales significativas que indicaban lo que podría ser posible. Entonces, actuó con una rapidez y determinación sin parangón entre la competencia.

Sin embargo, sí supo desde el principio cuál sería el resultado final. Pensemos en lo que Reed Hastings logró con Netflix, empresa de la que fue cofundador. Hastings sabía que algún día el mundo pasaría al *streaming* de video a través de Internet. Aunque no sabía exactamente cuándo ocurriría, tenía la intuición de que se convertiría en la solución definitiva. Como director ejecutivo, gestionó el negocio del envío de DVD por correo solo hasta que la tecnología avanzó lo suficiente como para hacer posible el *streaming*, y cuando llegó el momento, llevó a cabo la transición con firmeza.

Jensen hizo algo similar con la IA y, antes de eso, con los videojuegos. A principios de la década de los noventa, estaba convencido de que los videojuegos iban a convertirse en un mercado enorme.

—Crecimos en la generación de los videojuegos —dijo—.[223] El valor de entretenimiento de los videojuegos y los juegos de ordenador me resultaba muy evidente.

223. «Jen-Hsun Huang», Stanford Online, 23 de junio de 2011, video, 9:25.

Creía que el mercado de los juegos para PC explotaría en poco tiempo, en un plazo de cinco, diez o quince años, y así fue cuando se lanzó GLQuake en 1997.

Jensen siempre está tratando de averiguar qué será lo próximo y qué puede hacer Nvidia para prepararse y aprovecharlo. A principios de 2023, un estudiante le pidió que predijera qué vendría después de la IA y qué se desarrollaría a partir de ella.

—No hay duda —respondió—. Será la biología digital.[224]

Aunque la biología es uno de los sistemas más complejos, Jensen explicó que, por primera vez en la historia, se puede diseñar digitalmente. Con los modelos de IA, los científicos ahora pueden empezar a modelar la estructura de los sistemas biológicos con mayor profundidad que nunca. Pueden aprender cómo interactúan las proteínas entre sí y con su entorno, y utilizar la enorme potencia de cálculo que ofrece la informática avanzada para investigar y descubrir fármacos asistidos por ordenador.

—Me enorgullece decir que Nvidia está en el centro de todo ello. Hemos hecho posible que se produzcan algunos de estos avances —señaló—. Va a ser algo trascendental.

Jensen ve paralelismos entre la biología digital y casi todos los hitos importantes en la historia de Nvidia. Cuando cofundó la empresa, el diseño de semiconductores asistido por ordenador apenas empezaba a ser viable.

—Fue la combinación de algoritmos, ordenadores lo suficientemente rápidos y conocimientos técnicos.[225]

Cuando esos tres elementos alcanzaron un cierto nivel de desarrollo, la industria de los semiconductores pudo crear chips más grandes y complejos, ya que los ingenieros podían diseñar y simular chips utilizando abstracciones de mayor nivel en el software sin tener que disponer físicamente cada transistor de señal. La misma combinación de factores llevó a Nvidia a inventar la

224. «Dean's Speaker Series | Jensen Huang Founder, President & CEO, NVIDIA», Berkeley Haas, 31 de enero de 2023, video, 49:25.

225. «Download Day 2024—Fireside Chat: NVIDIA Founder & CEO Jensen Huang and Recursion's Chris Gibson», Recursion, 24 de junio de 2024, video, 1:32.

GPU a principios de la década del 2000 y a conquistar el espacio de la IA a finales de la década del 2010: la «mezcla de combustible y aire» de la que hablaba Bill Dally. La vicepresidenta de Atención Sanitaria de Nvidia, Kimberly Powell, ha afirmado que el descubrimiento de fármacos asistido por ordenador hará por el diseño de fármacos lo que el diseño asistido por ordenador y la automatización del diseño electrónico hicieron por el diseño de chips. Las empresas serán más coherentes y eficientes a la hora de encontrar fármacos para tratar enfermedades e incluso personalizarlos para cada persona.

—Irá más allá del descubrimiento y evolucionará hacia el diseño, lo que ayudará a crear las condiciones para que deje de ser una industria aleatoria.[226]

Generate:Biomedicines es una de las empresas emergentes que utiliza la IA y las GPU de Nvidia para desarrollar nuevas estructuras moleculares y fármacos basados en proteínas que no se forman a partir de procesos naturales. La empresa biotecnológica ha estudiado millones de proteínas usando algoritmos de aprendizaje automático para obtener una imagen más detallada del funcionamiento de la naturaleza, imagen que luego utiliza para crear nuevos fármacos. Gevorg Grigoryan, cofundador y director tecnológico de la empresa, fue anteriormente profesor en el Dartmouth College, donde estudió los patrones estadísticos de las proteínas e intentó mejorar el diseño y la modelización de las proteínas utilizando la potencia informática.

—Utilizando estadísticas muy sencillas, observé que los patrones de los datos eran generalizables. Estábamos descubriendo principios que iban más allá del conjunto de datos —explicó—. Estaba muy claro que el siguiente paso era utilizar la inteligencia artificial, el aprendizaje automático y la generación de datos a gran escala.[227]

Grigoryan no podía hacerlo en el ámbito académico, ya que adquirir la potencia informática necesaria estaba fuera del al-

226. Entrevista a Kimberly Powell por el analista Harlan Sur, 42nd Annual J.P. Morgan Healthcare Conference, San Francisco, 8 de enero de 2024.

227. Entrevista con Gevorg Grigoryan, 2024.

cance de su institución. Vio el potencial comercial de una nueva forma de diseñar moléculas y, en poco tiempo, nació Generate: Biomedicines.

A principios de la década del 2000, Grigoryan observó que muchos científicos que realizaban simulaciones de dinámica molecular compraban GPU para juegos de Nvidia y las utilizaban para hacer los cálculos no gráficos. Apreció la forma en que la empresa atendía y colaboraba con la comunidad investigadora, a pesar de que las tarjetas estaban destinadas al uso en videojuegos.

—Ese fue realmente el comienzo de esta hermosa unión entre Nvidia y la ciencia molecular —dijo.

Cuando él mismo comenzó a utilizar el aprendizaje automático, le resultó natural recurrir a PyTorch, una biblioteca de aprendizaje automático gratuita y de código abierto creada por Meta en 2016, que ahora depende de la Fundación Linux.

—PyTorch era algo muy bien desarrollado, contaba con una gran comunidad y tenía un enorme apoyo por parte de Nvidia. Ni siquiera tuvimos que elegir qué tipo de GPU íbamos a utilizar. PyTorch funciona bien con CUDA, y CUDA es una creación de Nvidia. Por defecto, siempre utilizábamos hardware de Nvidia sin pensarlo demasiado.

La predicción estructural y el diseño de proteínas, que antes se consideraban problemas imposibles de resolver, ahora son solucionables. Grigoryan explica que la complejidad de una proteína y sus posibles estados superan el número de átomos del universo.

—Esos números son extremadamente difíciles de manejar para cualquier herramienta computacional.

Sin embargo, considera que un biofísico especializado en proteínas puede examinar una estructura molecular concreta y deducir sus posibles funciones, lo que sugiere que puede haber principios generales aprendibles en la naturaleza, exactamente el tipo de operación que un «motor de predicción universal» que, como la IA, debería ser capaz de resolver.

Generate:Biomedicines ha aplicado la IA para examinar y mapear moléculas a nivel celular, y Grigoryan ve el potencial de extender la misma técnica a todo el cuerpo humano. Simular cómo reaccionará es mucho más complicado, pero Grigoryan cree que será posible.

—Una vez que ves que funciona, es difícil imaginar que no continúe —dijo, refiriéndose al poder de la IA.

Aunque pueda parecer ciencia ficción, Grigoryan y su equipo ya están creando modelos generativos que optimizan las funciones de las moléculas dentro de las células. El sueño definitivo es convertir el descubrimiento de fármacos en una cuestión de software, en la que un modelo de IA pueda tomar una enfermedad, incluido un cáncer, como entrada y generar una molécula que la cure.

—No es una locura total. Creo que incluso podremos ver ese tipo de impacto en nuestra vida —dijo—. La ciencia siempre nos sorprende, pero vaya, qué época tan maravillosa para estar vivos, ¿verdad?

Existe un enorme repositorio de datos dentro de las empresas que permanece intacto y sin estructurar por la IA: correos electrónicos, memorandos, documentos internos privados y presentaciones. Dado que los *chatbots* como ChatGPT ya han agotado casi por completo el Internet de consumo, la próxima oportunidad significativa se encuentra dentro de las empresas, donde los modelos de IA personalizados permiten a los empleados acceder a conocimientos que actualmente están aislados en la estructura de la empresa.

Jensen ha afirmado que la IA cambiará por completo la forma en que los empleados interactúan y trabajan con la información. Los sistemas informáticos tradicionales se han basado en un sistema estático de recuperación de archivos, que requiere búsquedas técnicas explícitamente escritas y dirigidas a un dispositivo de almacenamiento específico. Estas solicitudes a menudo no funcionan debido a la naturaleza frágil y delicada del formato de consulta.

Los modelos actuales de IA ahora pueden comprender las solicitudes a través del contexto y porque pueden captar el lenguaje de conversación natural. Se trata de un gran avance.

—La esencia de la IA generativa es la capacidad del software para comprender el significado de los datos —dice Jensen.[228]

Él cree que las empresas «vectorizarán» sus bases de datos, indexando y capturando representaciones de la información y conectándolas a un gran modelo lingüístico, lo que permitirá a los usuarios «hablar con sus datos».

Este caso de uso me parece muy lógico. Mi primer trabajo después de la universidad fue en consultoría de gestión. Lo peor de ese puesto era tener que revisar manualmente los directorios de archivos en los servidores, buscando en documentos de PowerPoint o Word información específica que un socio había solicitado años atrás. A veces se tardaba horas o incluso días en encontrar el documento. Los grandes modelos de lenguaje impulsados por aplicaciones de IA, como ChatRTX de Nvidia, permiten a los usuarios recibir respuestas contextualmente relevantes al instante a partir de archivos privados de los ordenadores. Esto aumenta drásticamente la productividad. Lo que antes era una tarea tediosa y repetitiva que llevaba mucho tiempo, ahora se hace en segundos y da a los empleados más espacio para asumir trabajos más críticos y de alto nivel. Los empleados dispondrán de un asistente virtual, casi como un brillante becario con una memoria casi perfecta, capaz de recordar al instante cualquier información almacenada en los ordenadores y en Internet. En lugar de la simple recuperación de archivos, los modelos pueden generar conocimientos más inteligentes a partir de todo el conjunto de datos internos de una empresa.

En un informe de finales de 2023, Goldman Sachs predijo que las reducciones de costes impulsadas por la IA generativa podrían superar los 3 billones de dólares en la próxima década en todos los sectores. La dirección de Nvidia ha declarado en repetidas ocasiones que el billón de dólares que se ha invertido a lo largo de los años en la infraestructura informática de los centros de datos globales, que actualmente funciona con servidores CPU tradicionales, acabará pasando a utilizar GPU capaces de realizar los cálculos paralelos necesarios para la IA. Esa transición

228. «Nvidia CEO», HBR IdeaCast, 14 de noviembre de 2023.

representa una mina de oro para Nvidia. A mediados de 2024, J. P. Morgan publicó los resultados de una encuesta dirigida a 166 directores de información, responsables de 123 000 millones de dólares en gasto tecnológico empresarial anual. El informe reveló que los directores de información tienen previsto aumentar su gasto en hardware de computación de IA en más de un 40 por ciento anual durante los próximos tres años, pasando del 5 por ciento del presupuesto total de TI a más del 14 por ciento en 2027. Un tercio de los directores de información también afirmaron que recortarán la financiación de otros proyectos de TI para apoyar las nuevas inversiones en IA. Las tres categorías más importantes que se prevé recortar son las actualizaciones de sistemas heredados, la infraestructura y el desarrollo de aplicaciones internas.

Jensen cree que el aumento del gasto en IA beneficiará no solo a los ejecutivos y los inversores.

—Creo que la inteligencia artificial es la mayor contribución de la industria tecnológica al progreso social, para ayudar a todas las personas que históricamente se han quedado atrás —afirmó Jensen en un evento celebrado en la Universidad Estatal de Oregón en 2024.[229] No suele aventurarse en comentarios sociales, pero el tamaño y la prominencia de Nvidia ahora casi le obligan a dar este tipo de opiniones.

Lo único que podría obstaculizar a Nvidia son las denominadas leyes de escalabilidad de la IA. Estas leyes tienen tres componentes: tamaño del modelo, potencia de cálculo y datos. Las grandes empresas tecnológicas y las *start-ups* confían en que las capacidades de los modelos de IA seguirán mejorando a corto plazo y están aumentando agresivamente su gasto en infraestructura de IA hasta 2025. Sin embargo, a medida que las empresas sigan aumentando el tamaño de los modelos, añadiendo más potencia de cálculo de las GPU de Nvidia e incorporando conjuntos de datos más grandes, acabarán encontrando rendimientos de-

---

229. Caulfield, Brian, «AI Is Tech's 'Greatest Contribution to Social Elevation,' NVIDIA CEO Tells Oregon State Students», Nvidia Blog, 15 de abril de 2024.

crecientes. Esto provocaría un vacío en la demanda de Nvidia, ya que la mayor parte de los ingresos de sus centros de datos está relacionada con el entrenamiento de modelos. A principios de 2024, Nvidia afirmó que alrededor del 60 por ciento de las GPU de sus centros de datos se vendían para entrenar modelos de IA, mientras que el 40 por ciento restante se compraba para la inferencia, es decir, el proceso de generar respuestas a partir de modelos de IA.

Nadie sabe cuándo se producirá esta desaceleración de la IA, si será en 2026, 2028 o dentro de más de cinco años. Pero la historia demuestra que Nvidia estará preparada para afrontar el reto. También estará lista para adaptarse a la próxima gran tendencia informática, sea cual sea.

Conclusión

El método Nvidia

Incluso después de treinta y un años liderando Nvidia, Jensen Huang aún se niega a trabajar en un despacho privado. Muy al contrario, instala su centro de mando en la sala de conferencias conocida como Metropolis y ubicada en el edificio Endeavor, el cual es parte de la sede corporativa de Nvidia, donde le gusta celebrar las muchas reuniones que preside a lo largo del día. Cuando los convocados van a ser pocos, prefiere trasladarse a una sala para cinco personas a la que puso por nombre Mind Meld, una clara referencia a la capacidad que tenían los vulcanianos de *Star Trek* para comunicar sus pensamientos telepáticamente con otros seres. Sin duda, una metáfora que viene de maravilla y que incluso peca de ser demasiado directa, teniendo en cuenta cómo Jensen ha diseñado Nvidia: una extensión de su formidable intelecto.

Jensen es fundador técnico y CEO de su empresa, lo cual nos permite entender gran parte de la ventaja que Nvidia tiene respecto de sus competidores. Sin embargo, referirnos a él como un mero ingeniero técnico sería infravalorar, y mucho, su don para contratar gente y moldearla de la manera más adecuada para la particular cultura de Nvidia. Gusta de conceder a sus empleados una enorme libertad para con sus proyectos individuales, siempre y cuando estén perfectamente alineados con los principales objetivos de la empresa. Con el fin de reducir la ambigüedad, Jensen dedica muchísimo tiempo a hablar con sus empleados y se asegura de que todo el mundo conozca como la palma de su mano la estrategia y la visión de la empresa. Ofrece un nivel de visibilidad que en la mayoría de las empresas solo existe entre los directivos.

Un ex alto ejecutivo de una gran firma de software me contó que siempre le había llamado infinitamente la atención cómo uno podía hablar con distintos empleados de Nvidia y estos jamás se contradecían los unos a los otros. El mensaje procedente de la cúpula no podía ser más consistente, y todo el personal de Nvidia lo aprendía, lo interiorizaba y lo volvía propio. Aquello contrastaba infinitamente con lo que conocía de las otras empresas con las que había trabajado, cuyos representantes más de una vez discutían entre sí delante de los clientes.

—Ahora mismo, mi asignatura pendiente es aprender cómo trabajar con el personal que trabaja a distancia. La organización de la empresa se asemeja a un coche de carreras. Ha de ser una máquina que el CEO sepa cómo conducir —explicaba Jensen.

En el método Nvidia, la primera clave del éxito tiene que ver con contratar talentos natos. En este sentido, Paul Graham, cofundador de Y Combinator y quien en su día trabajara para Yahoo, afirmó que Yahoo empezó a perder la guerra cuando sus mejores ingenieros se marcharon hacia Google y Microsoft, y la empresa cayó en la mediocridad.

«Los buenos programadores quieren trabajar con otros buenos programadores. Así que, en cuanto la calidad de los programadores de una empresa empieza a decaer, esta entra en un círculo vicioso del que no hay retorno —escribió—. En el mundo de las tecnologías, como tengas malos programadores, estás perdido».[230]

Muchas de esas veces, ese talento encuentra primero a Nvidia. O puede suceder que sea Nvidia la que proactivamente en-

230. Graham, Pau, «What Happened to Yahoo», PaulGraham.com, agosto de 2010.

cuentre a los mejores: más de un tercio de las nuevas contrataciones son recomendaciones de los propios empleados.[231]

Cuando Nvidia ve la más mínima oportunidad de robarle algún talento a sus rivales, mueve sus fichas con rapidez y agresividad. Hock Leow, exdirector tecnológico de Creative Labs, fue testigo de sus artimañas. En el año 2002, Creative Labs adquirió una empresa llamada 3Dlabs, la cual contaba con una oficina para ingenieros de chips gráficos en Huntsville, Alabama. Tres años más tarde, Creative anunció que iba a cerrar las puertas de 3Dlabs y de la sede de Huntsville.

Intel se movió rápido, de hecho, al principio fue más rápido que Nvidia, y tentó a los empleados de 3Dlabs en Huntsville. Mas su oferta estaba supeditada a recolocarlos a todos en alguna de las plantas de Intel, todas ellas lejos de Alabama. Muchos de los trabajadores eran reacios a desarraigar a sus familias o a mudarse a otro lugar en el que el coste de vida fuera más alto.

Jensen, nada más enterarse del interés de Intel, envió a sus directivos a proponer una oferta al equipo de 3Dlabs que no exigía ninguna recolocación. De hecho, dio órdenes a sus ejecutivos de abrir una nueva oficina en Huntsville para acoger allí a los nuevos miembros del equipo.

—Nvidia se mueve muy rápido —dijo Leow—. Tienen una mentalidad muy agresiva a la hora de acumular activos humanos y tecnológicos para ganar. Su velocidad de ejecución y toma de decisiones es el rasgo más distintivo de Nvidia.

Hoy, Nvidia mantiene abierta una oficina en Huntsville.

Ben de Waal, un antiguo ejecutivo de Nvidia, recordaba a la perfección una experiencia muy similar. En el año 2005, él y su jefe, el responsable de ingeniería de software Dwight Diercks, viajaron a Pune, en la India, para tantear una posible adquisición: una empresa de unas cincuenta personas dedicada a la fabricación de un software codificador de video. Nada más llegar, descubrieron que los propietarios habían reunido a los empleados en el salón de baile de un hotel para anunciarles la disolución de la

231. Nvidia Corporation, «NVIDIA Corporate Responsibility Report Fiscal Year 2023», Nvidia, 16.

empresa. La compañía tenía problemas fiscales y su situación económica resultaba insostenible.

—El panorama era demoledor y muy emotivo. Todo el mundo lloraba desconsoladamente. La gente había entregado toda su vida a esa empresa —contaba De Waal—. Hasta llegué a plantearme qué hacíamos nosotros allí.[232]

Diercks sabía bien que regresar a California con las manos vacías sería una oportunidad perdida. Nvidia necesitaba equipos de software más grandes para sus nuevos proyectos, y esos trabajadores eran excelentes. Él ya había viajado nueve veces en plan de exploración a la India ese mismo año, y había echado el ojo a la empresa, a la que había catalogado como la mejor opción disponible.

Se le ocurrió una idea: ¿por qué no contratar directamente a los empleados en lugar de adquirir la empresa? Y tal cual se lo planteó a Jensen, a quien la sugerencia le pareció genial nada más escucharla.

—Y así fue como nuestro viaje pasó del modo adquisición al modo contratación —señalaba Diercks—. Estuvimos toda la noche en la sala de negocios de un hotel destartalado, redactando alrededor de cincuenta paquetes de ofertas, pues en la India el proceso es más complejo que lo que supone en los Estados Unidos proponer un paquete estándar.[233]

Al final de aquel primer día, cincuenta y uno de los cincuenta y cuatro empleados ya habían aceptado las ofertas de Nvidia. Y así se convirtieron en el alma de una nueva oficina de Nvidia en Pune, la cual iría creciendo hasta tornarse un centro de operaciones de ingeniería con más de mil cuatrocientos empleados.

—Uno debe rodearse siempre de los mejores —insistió Diercks, y añadió que para Nvidia lo de contratar el talento de forma colectiva era una buena estrategia.

También estaban esas veces en que Nvidia apostaba por el enfoque más directo posible. Sus ejecutivos no se cortaban un pelo al decirles a los más reputados arquitectos técnicos de otras empresas que iban a sufrir una derrota, por lo que más les valía

232. Entrevista con Ben de Waal, 2023.
233. Entrevista con Dwight Diercks, 2024.

unirse al bando ganador. Así fue como Nvidia sedujo a Walt Donovan, el arquitecto jefe de Rendition, tras enseñarle su chip RIVA 128 en una conferencia celebrada en el año 1997.

—Walt fue el primer arquitecto jefe de una empresa rival que quiso formar parte del equipo de Nvidia en lugar de obcecarse en competir contra nosotros —dijo Kirk—. Y ahí fue cuando me convencí de que, si contratábamos a los mejores de cada empresa de la competencia, lograríamos hacer mucho más, y hacerlo mucho mejor.[234]

David Kirk, excientífico jefe de Nvidia, se volvió especialmente diestro en el arte de la caza furtiva de empleados. Adquirió la costumbre de ir por ahí averiguando quién era el empleado más imprescindible de cada empresa, y luego lo llamaba con su ensayado discurso persuasivo.

—Ey, ¿cómo te va la vida? ¿Qué tal en el trabajo? Me han hablado de ti. Te admiro mucho. —Y recordaba preguntarles por sus objetivos—. Tus compañeros están fabricando grandes productos. ¿Cuántos arquitectos tienes contigo trabajando en ello?

Normalmente, en cada firma había uno o dos arquitectos como mucho. Esa era la norma, y en cierto modo tenía sentido: un arquitecto solía supervisar toda una familia de chips, y la gran mayoría de las empresas tenían un puñado de familias de chips en producción a la vez. Pero en Nvidia las cosas no eran así. A cada uno que llamaba, Kirk le explicaba que Nvidia contaba con veinte arquitectos en plantilla, y que todos ellos estaban trabajando en proyectos rompedores y tenían a su disposición todos los recursos que pudieran requerir. Les decía que necesitaba a alguien como quien estaba al otro lado de la línea.

—Quizá te apetezca entrar a formar parte de la familia de Nvidia y empezar a trabajar en este proyecto con nosotros. Verás que será muy divertido, y probablemente ganemos un dineral. Vente, y deja de estar trabajando allí tú solo. Dudo que te resulte gratificante estar así.

En los años siguientes, los empleados de Nvidia estaban impresionados por cómo su empresa se las había ingeniado para

234. Entrevista con David Kirk, 2024.

reclutar a tantísimos altos arquitectos, los cuales eran más que conocidos por su gran ego. Sin embargo, como los chips de Nvidia se habían vuelto tan complejos, hacían falta tantos diseñadores de chips de alto nivel como fuera posible. Había trabajo más que suficiente para todos. Y Kirk tenía muy claro a quién quería contratar, pues estaba más a favor de fichar a gente con una serie de destrezas complementarias que al primero que pasara por la puerta. Algunos eran líderes y gerentes, mientras que otros eran contratados para ocuparse de áreas específicas como los algoritmos matemáticos y gráficos.

—Ya no se trataba solo de dibujar un diagrama en la parte posterior de un sobre y tener a un par de ingenieros para que diseñaran un chip juntos —explicaba Kirk.

Como ejemplo del énfasis que Nvidia ponía en la complementariedad, cabe destacar su más famosa contratación, la de John Montrym, procedente de Silicon Graphics, quien estaba detrás de la creación del hardware de gráficos en 3D de gama alta Reality Engine, de SGI. Entró a trabajar en Nvidia de la mano de Donovan, quien se había unido a la empresa tan solo unos cuantos meses antes. Según Kirk, Montrym tenía un enorme talento como arquitecto de sistemas general, puesto que tenía un conocimiento profundo del modo en que encajaban todos los componentes. Donovan, por su parte, era experto en texturas gráficas y filtrado de texturas, y hasta tal punto dominaba con maestría el campo que otro de los empleados de Nvidia hablaba de él como «nuestro dios de la calidad del píxel». Ambos permanecerían décadas en Nvidia.

—Formamos todo un equipo de arquitectos estrellas —confesó Kirk—. Los ejecutivos de la industria mostraron antipatía hacia nosotros porque íbamos por ahí robándoles a los mejores.

La propia entrada de Diercks en Nvidia en 1994 demostró la persistencia de Jensen cuando se trataba de contrataciones importantes pero difíciles. Antes de Nvidia, Diercks había trabajado en una *start-up* gráfica llamada Pellucid, la cual después fue adquirida por Media Vision, una empresa que años más tarde se enfrentó a denuncias por fraude fiscal. Su anterior compañero en Pellucid, Scott Sellers, quien después cofundaría 3dfx, había hablado primero con Jensen sobre la posibilidad de unirse a Nvidia, aunque esas conversaciones no llegaron a ningún lado. Sin embargo, durante aquellas entrevistas, Jensen preguntó a Sellers por más gente que destacara en Pellucid, y este último le habló de dos miembros del equipo de software, Diercks y su jefe directo, quienes, según él, eran excepcionales. Jensen se quedó con aquellos nombres grabados en la cabeza.

Fue ya tiempo después cuando Jensen telefoneó al jefe de Diercks y le dijo:

—Me han dicho que eres uno de los tipos más inteligentes de Valley. ¿Por qué no vienes a Nvidia y hablamos un rato?

El jefe de Diercks aceptó de inmediato la propuesta y no dudó a la hora de saltar del barco y unirse a Nvidia.

No mucho más tarde, Diercks decidió marcharse también, ya que la situación en Media Vision se iba deteriorando por momentos. En cuanto se enteró, su exjefe se puso en contacto con él y lo animó a citarse con Jensen. Después de conversar con Diercks, Jensen, claramente impresionado, le dijo al exjefe:

—Dwight es un guerrero. Si los envío a Dwight y a ti a Vietnam, regresarías sobre su espalda.

Diercks estaba emocionado. Al día siguiente dimitió y comunicó al CEO de Pellucid que se marchaba a Nvidia. Su ya exjefe montó en cólera nada más enterarse.

—No te puedes ir allí —bramó—. Los demandaré a ti y a Nvidia. Te aseguro que nunca jamás volverás a trabajar en Valley. —Y aseguró a Diercks que una amenaza legal asustaría a Nvidia y la haría cambiar de opinión respecto de su incorporación, puesto que la empresa solo tenía un año en ese momento y su capital era limitado.

Cuando Diercks puso a Jensen al tanto de la amenaza, el CEO de Nvidia ni se inmutó.

—¡Adelante! ¡Que empiece! —replicó.

Tras ello, Diercks se dio cuenta de que él era el tipo de jefe para el que quería trabajar. Aceptó la oferta de Nvidia y estuvo en la empresa durante más de treinta años.

Los métodos de contratación de Nvidia no eran más que un componente de su método. Y su énfasis en la retención, otro. Jensen recompensaba el desempeño de sus empleados ofreciéndoles opciones para la adquisición de acciones, las cuales se distribuían según la importancia que cada empleado tenía para empresa.

—Para Jensen, sus acciones eran sangre de su sangre, y las cuidaba como tal —explicaba el exjefe de Recursos Humanos John McSorley—. Devoraba los informes referentes a la asignación de acciones.

La retribución en acciones se lleva a cabo a través de concesiones de acciones denominadas unidades de acciones restringidas (RSU, por sus siglas en inglés). Cuando una persona empieza en la empresa, recibe una cuenta de corretaje. Al término del primer año, el empleado adquiere por fin la propiedad y recibe una cuarta parte de su concesión inicial en una suma global. Si el paquete total constaba de mil acciones, el empleado recibirá doscientas cincuenta. Posteriormente, el empleado va recibiendo una cuarta parte de su concesión anual cada trimestre.

Para evitar lo que se conoce como «cliff» (cuando los ingenieros se marchan un vez que se han hecho con todo su paquete de acciones en el transcurso estándar de los cuatro años que estipula la industria), Nvidia ofrece a sus empleados unas acciones anuales por perfeccionamiento. Cuando un empleado recibe una valoración «sobresaliente» por parte de su superior, es galardonado con trescientas acciones adicionales cuya propiedad va progresivamente adquiriendo en los cuatro años siguientes. En teoría, los empleados pueden recibir este tipo de remuneración cada año, lo que, sin duda, es una razón más por la que permanecer en la empresa.

Otro guiño es el que viene dado por la designación de «trabajador estrella». Los responsables de cada departamento pueden proponer a un empleado a los ejecutivos sénior para que estos lo premien con una consideración especial. Jensen es quien revisa el listado de trabajadores estrella y les concede una gratificación única cuya propiedad van adquiriendo también en un período de cuatro años.

Cada vez que se aprueba uno de estos reconocimientos, el empleado recibe un correo electrónico de un alto ejecutivo, con Jensen en copia. En el asunto suele aparecer algo así como «Reconocimiento especial», y luego sigue el texto diciendo que por dicho reconocimiento se autorizan unas unidades de acciones restringidas «como valoración a tus extraordinarias contribuciones», y a continuación se describen detalladamente las razones que están detrás de dicha concesión.

Jensen también puede detenerse a analizar la organización cuando quiera y premiar con acciones directamente sin necesidad de esperar a la revisión para la compensación anual. Esto le permite asegurarse de que la gente que esté desempeñando un trabajo brillante se sienta reconocida en el momento. Se trata de otra muestra de su interés en todos los aspectos, y niveles, de la empresa.

El exdirector sénior de Ventas y Marketing Chris Diskin, quien desempeñó un destacadísimo papel cerrando el acuerdo para la Xbox con Microsoft en el año 2000, dijo que Jensen le duplicó su asignación de acciones a los pocos meses de unirse a Nvidia. Diskin se acordaba de cómo le había dado las gracias a Jensen, pero, a la vez, lo había presionado diciéndole:

—Si realmente estás tan impresionado, no me la dupliques solamente. Dame más.

Y cuando lo comprobó, le había dado más.

Esa filosofía de compensación ágil, adaptativa y basada en méritos ha sido crucial en Nvidia para mantener una tasa de rotación excepcionalmente baja. En el año fiscal de 2024, Nvidia reportó una tasa de rotación inferior al 3 por ciento en una industria en la que la media se sitúa en un 13 por ciento según LinkedIn. Por supuesto, a ello ayuda que el precio de las acciones continúe al alza, lo que confiere aún más motivos para quedarse a todo aquel que aún no haya adquirido la propiedad de sus acciones.

—Estamos hablando de una empresa que trata extremadamente bien a su personal, y no solo en términos de salarios y beneficios. Aquí todos los empleados son, ante todo, seres humanos, y no meros ingenieros fungibles —valoraba un exempleado de Nvidia—. Se brindan infinidad de oportunidades para crecer.

Esta misma persona mencionó que Nvidia era muy flexible a la hora de facilitar el trabajo remoto cuando un familiar recibía un diagnóstico de cáncer. Y, por ejemplo, también proporcionaba pagos *ex gratia* cuando a un empleado se le quemaba la vivienda.

—La gente tiende a ser leal a una empresa que los respalda —decía.

Otro ejecutivo sénior hablaba de una ocasión en que su esposa sufrió un importante revés de salud. Él le había dicho a Jensen que tenía que irse a la otra punta del país para estar cerca de su familia.

—No te preocupes por nada de eso en absoluto ahora —le dijo Jensen—. Vete con tu familia de inmediato, y llámame cuando te sientas preparado para incorporarte al trabajo.

El empleado siguió recibiendo su nómina con normalidad, aun cuando no le fue posible trabajar a jornada completa.

Una empresa puede retener a su gente no solo a través de compensaciones, sino también con una cultura de excelencia, que era precisamente el tercer componente del método Nvidia. Ningún empleado quería pasarse años trabajando en productos o tecnologías que enseguida quedaran obsoletas. En Nvidia, los ingenieros trabajaban codo con codo con auténticos lumbreras de la industria con un enorme conocimiento técnico y mucha experiencia, y lo hacían en productos que tenían el potencial de cambiar el mundo.

Un gran número de ejecutivos sénior e ingenieros tienden a permanecer en Nvidia durante mucho tiempo, incluso más de lo habitual en otras grandes empresas tecnológicas. El responsable de ingeniería de software Dwight Diercks, el ejecutivo encargado de los negocios con los ordenadores personales Jeff Fisher y el responsable de la arquitectura de la GPU Jonah Alben estuvieron trabajando en la empresa durante casi tres décadas. Realmente pocos ejecutivos sénior se marchan a la competencia o prueban suerte emprendiendo su propio camino en el mundo de las *start-ups*. (Por supuesto, muchos se sienten intimidados por el mero hecho de imaginarse rivalizando con Nvidia).

Para todos los empleados, con independencia de su lugar en la jerarquía de la firma, el hecho de tan solo centrarse en la excelencia de su trabajo, y no en cuestiones de política interna, era razón más que suficiente para comprometerse de lleno con la empresa. Las personas que solo buscaban crecer ellas y no se preocupaban por contribuir al bien común sobran en Nvidia.

—Algunas empresas prefieren a ese tipo de trabajadores, pero en Nvidia las cosas no funcionan así —apuntaba el exarquitecto de GPU Li-Yi Wei—. Aquí hay que centrarse al cien por cien en la parte tecnológica y olvidarse de todo lo demás.[235]

De hecho, Nvidia se resiste activamente al surgimiento de ese tipo de cultura despiadada que la mayoría de las demás empresas promueven, ya sea intencionadamente o no. Aquí los empleados han de pedir ayuda si sienten que les está costando alcanzar un objetivo o si de pronto se dan de bruces con un desafío técnico.

—Si perdemos, no será por no ayudarnos. Aquí trabajamos todos juntos. Trabajamos a una. Aquí nadie pierde solo —recordaba Jensen a sus empleados una y otra vez.[236]

Por ejemplo, si eres un ejecutivo de ventas encargado de una región en concreto y ves que te estás quedando atrás y que no logras alcanzar la cuota establecida, informa al resto del equipo lo antes posible para que entre todos puedan ayudarte. El resto de recursos humanos de la empresa, desde Jensen hasta cualquier ingeniero sénior, se sumarán a tu causa para resolver la cuestión.

—Lo de que «nadie pierde solo» es especialmente pertinente en la organización de las ventas —explicaba Jay Puri, responsable de operaciones de campo globales. En cuanto a la plantilla de su equipo de ventas, añadía—: Nosotros somos tan pocos en comparación con nuestros competidores que, cuando sucede algo importante, todos hemos de aunar esfuerzos.[237]

235. Entrevista con Li-Yi Wei, 2024.
236. Entrevista con Anthony Medeiros, 2024.
237. Entrevista con Jay Puri, 2024.

El ejecutivo de ventas Anthony Medeiros observó una mentalidad del todo diferente durante el tiempo que trabajó en Sun Microsystems. Allí, tanto él como sus compañeros tenían que solventarlo todo solos y justificar sus salarios. Pedir ayuda se consideraba una debilidad.

—Aquí es imprescindible alzar la voz —decía al describir la cultura en Nvidia—. Porque, cuando no lo haces, es cuando te metes en problemas.[238]

A cambio del apoyo y de la alta compensación, Nvidia exige mucho a su gente. Si hay algo fundamental para el método Nvidia es el compromiso extremo. Las semanas de trabajo de sesenta horas se consideran el mínimo indispensable, incluso en los puestos júnior. Esta semana laboral puede llegar a estirarse hasta las ochenta horas o más en los períodos más críticos del desarrollo del chip, en especial en el caso de los ingenieros de software, o como resultado de un cambio repentino o mayúsculo en la estrategia corporativa, como sucedió durante el salto a la inteligencia artificial.

La transparencia también es imprescindible en el método Nvidia. Aparte de las líneas de comunicación estándares, los empleados de Nvidia también deben tener comunicación directa con Jensen. Y dicha comunicación puede adoptar la forma de correo electrónico, con lo que ha dado en llamar los Top 5. En otros casos, puede tratarse de un breve y directo cuestionario en mitad del pasillo o incluso en el baño.

En Nvidia no es posible pasar desapercibido, ni tan siquiera en los grandes eventos de la empresa. Respecto de esto, el exingeniero de desarrollo tecnológico Peter Young cuenta que le presentaron a Jensen en una fiesta para nuevos empleados. Y en ese momento Jensen ya sabía perfectamente quién era él.

—Tú eres Peter Young —le espetó Jensen—. Llevas ya aquí un año, trabajaste para Sony PlayStation y 3dfx antes de unirte a nosotros.

---

238. Entrevista con Anthony Medeiros, 2024.

Jensen recordó muchos datos personales similares de cada uno de los cincuenta asistentes a la fiesta.

A Young le dejó boquiabierto todo lo que el CEO sabía sobre empleados tan relativamente nuevos y de bajo nivel en el escalafón. Tan sorprendido estaba que lo comentó con su jefe de área, quien le respondió con total naturalidad:

—Es lo normal. Jensen es así con todo el mundo.

A Young le resultó increíblemente motivador que el CEO de una empresa con miles de empleados dedicara tantísimo tiempo y esfuerzo a conectar con cada uno de sus trabajadores.[239] Pero aquella actitud también indicaba que Jensen tenía el ojo puesto en cada uno: sabía cuál era el potencial de todo el mundo, y, por ello, esperaba que cada cual rindiera en consecuencia.

Jensen confía en que los empleados no dejen de hacer crecer la base de conocimientos de la empresa, y también la suya propia. Los ejecutivos que lo rodean se ríen con un hábito de su CEO que ha permanecido constante a lo largo de las décadas. Siempre que alguno de ellos regresa de una feria de negocios, de un evento de videojuegos o simplemente de un viaje a Taiwán, Jensen lo arrincona y le pregunta: «Bueno, cuéntame. ¿Qué aprendiste?».

—Esa actitud es indudablemente la que más caracteriza a Jensen, porque está siempre deseoso de saber qué está pasando ahí afuera —señalaba Jeff Fisher—. Su obsesión es saber qué está sucediendo en el mundo, para así poder tomar las mejores decisiones posibles.[240]

Cuando Jensen siente que no puede tomar las mejores decisiones, se frustra, y se frustra muchísimo, lo cual, dada la cultura de transparencia imperante en Nvidia, a menudo da lugar a todo un espectáculo público. Aun así, algunos empleados consideran que sería injusto describir a Jensen como una persona impulsiva.

—Claro que tiene su carácter, pero también es verdad que hay que hartarlo mucho para que pierda los estribos —admite uno de sus empleados—. Lo que pasa es que él quiere estar implicado y conocer absolutamente todo lo que se está haciendo.

239. Entrevista con Peter Young, 2024.
240. Entrevista con Jeff Fisher, 2024.

Necesita saber a qué dedicas tu tiempo. Y para ello, se va a comportar de un modo muy directo y te va a preguntar de todo, sin cortapisas. Por supuesto, si tú no estás preparado para un intercambio de información de ese tipo, te puede resultar alarmante, pero no hay ninguna malicia por su parte. Es solo que le gusta tenerlo todo absolutamente cerrado antes de pasar a otra cosa.

Asimismo, Jensen mantiene una actitud inexorable en lo referente a la priorización del tiempo. El CEO de Adobe, Shantanu Narayen, siempre recordará un desayuno con Jensen durante el cual mantuvieron una interesante conversación sobre todo tipo de cuestiones empresariales, desde innovación y estrategia hasta cultura.[241] Cuando Narayen echó un vistazo a su reloj, Jensen lo avasalló con una de sus preguntas:

—¿Por qué estás mirando el reloj?

A lo que Narayen le respondió:

—Jensen, ¿acaso tú no tienes una agenda?

Y Jensen le contestó, sin andarse con medias tintas:

—¿Qué haces tú? Porque yo hago lo que quiero.

En aquel momento, Narayen agradeció el consejo. Jensen le estaba diciendo que se centrara cada vez en la actividad más importante, sin vivir sujeto a un horario.

Por el contrario, cuando un empleado comienza a divagar y a irse por las ramas, Jensen tiene por costumbre decir «LUA», que pronuncia como una sola palabra. Bryan Catanzaro, el ejecutivo de Nvidia, explicó que el término LUA patentado por Jensen es una señal de alarma que indica que se le está acabando la paciencia. En cuanto LUA sale de sus labios, Jensen lo único que quiere es que el empleado se detenga y haga tres cosas: escuchar la pregunta, entender la pregunta y responder la pregunta.

—LUA nos insta a prestar atención. Nos recuerda que estamos hablando de algo importante y que debemos hacerlo bien —aclara Cantanzaro—. Detesta cuando la gente sale con una abstracción o empieza a dejarse llevar por la palabrería para es-

241. Entrevista con Shantanu Narayen, 2024.

quivar una pregunta. Todos los que trabajamos para Jensen hemos oído hablar de LUA.[242]

Se trata de un mantra que Jensen también se aplica a sí mismo. Todo el mundo con el que he hablado para redactar este libro destaca la extraordinaria capacidad de Jensen para escuchar, comprender y responder cualquier tipo de pregunta sobre computación avanzada. Eunhak Bae, inversor de Nvidia desde hace años, valora el don que tiene Jensen para «hablar de todo, no solo desde un punto de vista tecnológico, sino también empresarial. Siempre que pienso en CEO bien formados y muy tecnológicos, el nombre de Jensen es el primero que me viene a la cabeza. No hay vez en que no encabece mi lista».[243]

Jensen Huang es seguramente la única persona con la capacidad de llevar a Nvidia adonde está hoy. Conjuga mejor que nadie la tecnología con la estrategia empresarial, y comprende a la perfección lo duro que puede llegar a resultar dirigir un gran negocio en el día a día. Él mismo se autoimpone y se encarga de hacer cumplir sus altos estándares y de disipar cualquier mínima posible disfunción antes de que pueda enraizarse en la empresa. Ha estructurado Nvidia de tal manera que la empresa sea capaz de lograr un cambio radical en su rendimiento, pues no se conforma con una Nvidia que a duras penas consiga una mejora incremental. Absolutamente toda su compañía opera a la velocidad de la luz, y, si Jensen ve a alguien perdiendo el tiempo, rápidamente le lee las cartas delante de todo el mundo. Quizá la definición más sucinta del método Nvidia es que todo es a la manera de Jensen, o que directamente es el propio Jensen.

Sin embargo, esto también implica que Nvidia es del todo dependiente de él; podía decirse que él es el único fallo. En el momento de escribir este libro, Jensen tiene sesenta y un años. Cuesta pensar que vaya a jubilarse a los sesenta y cinco como la mayoría de los hombres norteamericanos, pero, como todo en esta vida, llegará el momento en que definitivamente deba dar un paso atrás. Y entonces ¿quién ocupará su lugar en el epicen-

242. Entrevista con Bryan Catanzaro, 2024.
243. Entrevista con Jeff Fisher, 2024.

tro de la empresa informática de hardware más importante del globo? ¿Quién podría llevar las riendas de Nvidia con la misma diligencia que él en los últimos treinta y un años?

Mientras escribía la historia de Nvidia, no pude evitar sorprenderme por el número de veces que estuvo en un escarpado precipicio, completamente al borde del fracaso o de la destrucción más absoluta. Si las cosas hubieran sido diferentes en algunos casos, el mundo de la computación habría seguido otro rumbo, y hoy todos habitaríamos una era bien distinta. Parte del éxito de Nvidia fue pura casualidad. Chris Malachowsky podría haber decidido seguir adelante con su carrera en Medicina después de presentarse al MCAT. O podría haberse presentado a esa entrevista en Digital Equipment en lugar de aceptar la oferta de Sun Microsystems, que se suponía que solo era para practicar. De igual modo, Curtis Priem podría haber optado por hacer el chip NV1 similar a los que ya había en el mercado, y podría haber cosechado éxitos igualmente. Pero todo ello habría privado a Nvidia de la posibilidad de aprender de sus errores y de responder a ellos con el RIVA 128, el chip que salvó a la empresa.

—Nvidia habría sido un fracaso si el NV1 no hubiera fallado —afirmó Priem con rotundidad.[244]

Pero gran parte de la historia de Nvidia es el resultado del propio esfuerzo de Jensen. Se encargó de recaudar fondos para crear Nvidia y después volvió a hacerlo cuando era la única manera de salvar a la empresa. Adquirió la licencia de la interfaz VGA para lograr sacar el RIVA 128 a tiempo. Mantuvo a Wall Street a raya durante los años de gloria de la plataforma CUDA, cuando todo el mundo sin excepción le insistía para que sacrificara su visión a largo plazo a cambio de obtener beneficios en el corto. Aprendió a poner el listón muy alto en lo que tenía que ver con el rendimiento y el talento, y también a rentabilizar la sabiduría convencional. Su franqueza y honestidad ahorraron tiempo, evitaron problemas de comunicación y aceleraron el ritmo de Nvidia en los momentos clave. Más allá de eso, ha condensado su filosofía en unas cuantas frases hechas o clichés que ayu-

244. Entrevista con Curtis Priem, 2024.

dan a mantener a la gente centrada en lo realmente importante. Por ejemplo, «La misión es el jefe», «Velocidad de la luz» y «¿Qué tan difícil puede llegar a ser?».

Jensen y la cultura que ha creado han logrado mantener a Nvidia internamente alineada a pesar de sus experiencias cercanas a la muerte y del crecimiento exponencial que ha vivido la empresa en plantilla y beneficios. Cuando tuve la oportunidad de entrevistar a Jensen, me dijo repetidas veces que la inteligencia y el genio tenían poco que ver con el éxito de Nvidia. En lugar de ello, para él todo era fruto del trabajo duro y de la resiliencia. Claro que no tenía que ser así de arduo, pero lo había sido, y lo seguiría siendo en el futuro. El trabajo en Nvidia demandaba una única cosa de cada uno, incluido él: «pura voluntad».

Hasta la fecha, Nvidia continúa siendo una empresa de chips gráficos independiente, aun cuando cientos de otras empresas han querido lanzarse al ruedo. Y actualmente Jensen es el CEO más longevo en su cargo de toda la industria tecnológica.

En ocasiones, distintos expertos en autoayuda y gurús tratan de convencernos de que se puede hacer dinero trabajando menos. Pero Jensen es la antítesis de semejante idea. Para él no hay atajos. La única manera de tener éxito es tomando el camino más difícil. Y el mejor profesor de todos es la adversidad, algo con lo que él ha acabado trabando amistad. Precisamente por eso él continúa avanzando a un ritmo que para toda la demás gente, de cualquier edad, resulta extenuante. Y también por eso él sigue diciendo, sin el menor ápice de duda ni ironía: «Amo Nvidia».

Apéndice

Jensenismos

«Cuantos necesites, pero los menos posibles»: A las reuniones, convoca solo a los trabajadores esenciales, a aquellos con conocimientos relevantes, y evita que la gente pierda el tiempo en reuniones en las que su presencia no es necesaria.

«AMAN, ALAP»: Acrónimo en inglés que recoge la idea de «cuanto necesites, pero lo menos posible». Sé comedido y ahorrativo tanto con el tiempo de los empleados como con los recursos de la empresa.

«Contrata siempre a los mejores»: Si contratas a gente inteligente y capaz, tus empleados serán capaces de solucionar problemas y adaptarse a nuevos desafíos.

«La crítica es un regalo»: Proporcionar un *feedback* directo conduce a la mejora continua.

«No te preocupes por el resultado. Céntrate en el juego»: No te dejes distraer por la volatilidad de los precios de las acciones. Céntrate en brindar un trabajo excelente y en crear valor.

«Los primeros indicadores del éxito futuro»: Proporcionar pruebas de un nuevo proyecto es comenzar a ganar terreno.

«Barrer» y «Sacar al mercado el cerdo entero»: Diseñar los chips con redundancia, de tal modo que, aunque tengan pequeños defectos de fabricación, se puedan seguir vendiendo como partes de menor rendimiento, para así reducir residuos.

«Afilar la espada»: El debate intenso acostumbra a llevar a las mejores ideas.

«¿Qué tan difícil puede llegar a ser?»: Una frase que se pronuncia para evitar que uno se sienta sobrepasado por la cantidad de trabajo que tiene por delante.

«Honestidad intelectual»: Hay que decir la verdad, reconocer los fracasos y estar dispuestos a seguir adelante y aprender de los errores cometidos.

«Si lo mides, lo puedes mejorar, pero tienes que medir lo correcto»: No midas lo que no es. Básate en los datos, pero con inteligencia.

«¿Es de talla mundial?»: Los productos, el talento y las prácticas empresariales de Nvidia han de compararse siempre con las mejores de la industria.

«Regresemos a los principios originales»: Hay que enfrentarse a los problemas con una hoja de papel en blanco, no basándose en cómo los abordamos en el pasado.

«LUA»: Acrónimo en inglés de: escucha la pregunta, comprende la pregunta y responde la pregunta. Es la señal de alerta que nos indica que Jensen se está molestando por una respuesta tediosamente larga.

«La misión es el jefe»: Las decisiones han de tomarse pensando en el objetivo final de servir al cliente, no en luchas internas.

«Nadie pierde solo»: Si te quedas detrás, informa cuanto antes a tu equipo para que pueda ayudarte.

«Nvidia puede ejecutar»: Nvidia gana con una tecnología y una ejecución superiores.

«Capitán» o «Piloto al mando»: Jensen ha sido designado el líder de un importante proyecto y, como tal, debería recibir el apoyo de toda la empresa.

«El segundo puesto es el del primer perdedor»: El objetivo es ganar siempre.

«Pequeños pasos, gran visión»: Prioriza los elementos accionables y lleva a cabo la primera tarea más importante todo lo mejor que puedas.

«Velocidad de la luz»: Hay que esforzarse por mejorar el rendimiento al máximo según las leyes de la física en lugar de comparar unos resultados con los anteriores.

«La estrategia tiene que ver con las cosas a las que renunciamos»: Revisa todo, escoge lo más importante, haz eso y deja lo demás a un lado.

«No robamos cuota de mercado, creamos mercados»: Nvidia quiere liderar el mercado en una nueva área, en lugar de pelear por hacerse un hueco en un mercado ya existente.

«Tienes que creer en lo que tienes que creer»: Si crees en algo, debes invertir en ello. Ve por todo. Concentra toda tu energía en eso.

«Tu fortaleza es tu debilidad»: Ser extremadamente amable y diplomático puede entorpecer el progreso.

Agradecimientos

El origen de este libro comenzó con un frío correo electrónico. El día 10 de mayo de 2023, recibí un mensaje cuyo asunto rezaba: «Hola, de W. W. Norton. ¿Un libro sobre Nvidia?». Era de un editor, Dan Gerstle. Se ponía en contacto conmigo por recomendación de uno de sus autores (gracias, Matthew Ball), quien pensó en mí para escribir un libro sobre Nvidia.

Al principio, supuse que debía de haber muchos libros sobre Nvidia, ya que de la mayoría de los gigantes tecnológicos existe como mínimo media docena. Busqué y busqué, pero no di con ninguno. Fue en ese momento cuando me di cuenta de que verdaderamente quería escribir este libro.

A partir de ahí, las cosas transcurrieron rápidamente. Quedé con Dan en Bryant Park Café, en Manhattan. Al final de nuestro encuentro, me dijo que necesitaba un agente literario. Por consejo de mis amigos, me reuní con Pilar Queen, quien aceptó con gusto representarme. Un mes después de aquel primer correo electrónico, ya tenía firmado el contrato del libro.

Para mí, el año pasado fue un auténtico torbellino. Me siento profundamente en deuda con Dan y Pilar: gracias por brindar esta enorme oportunidad a un autor novel como yo, y por obsequiarme con sus valiosísimos consejos y ayuda. También quiero transmitir mi agradecimiento a mi editor *freelance*, Darryl

Campbell, quien trabajó sin descanso para editar y darme su opinión sobre el manuscrito.

Cómo no, gracias a Jensen. Aunque Nvidia inicialmente tuvo dudas sobre su colaboración en este libro, quizá por culpa de mi desfavorable cobertura anterior, jamás impidió a mis fuentes que hablaran conmigo. Asimismo, infinitas gracias a Curtis Priem y Chris Malachowsky por sus aportaciones, y gracias también al equipo de Nvidia: Stephanie, Bob, Mylene, Ken y Hector.

Por último, quisiera destacar mi más sincero agradecimiento a toda la gente que ha dedicado un pedacito de tiempo de su ajetreada vida a compartir conmigo sus experiencias. Ha sido un auténtico honor para mí recopilar su testimonio de las primeras décadas de la historia de la informática, pues mucho de lo aquí narrado no se había documentado nunca antes. Sin duda, su generosidad ha enriquecido infinitamente este libro y lo ha hecho posible.